ANDRÉ MORIZET

CHEZ LÉNINE ET TROTSKI

MOSCOU 1921

PRÉFACE DE LÉON TROTSKI
DOCUMENTS PHOTOGRAPHIQUES INÉDITS

LA RENAISSANCE DU LIVRE
78, BOULEVARD SAINT-MICHEL, 78 — PARIS

CHEZ
LÉNINE
ET TROTSKI
MOSCOU 1921

NOTE DES ÉDITEURS

*Nous ne nous sommes pas reconnu le droit de refuser
ce livre. D'abord, parce qu'il est d'une bonne foi absolue.
Ensuite, parce qu'il est d'une documentation exception-
nellement riche et précise. Or, nous ignorons à peu près
tout de l'Europe orientale bouleversée, et nous sommes
tous intéressés à la connaître au moment où les représentants de la Russie soviétique se trouvent à Gênes et,
selon toute vraisemblance, traitent avec les mandataires
des grandes Puissances capitalistes. M. Morizet est communiste. Il ne s'en défend pas. Au contraire, M. Morizet
qui depuis plus de vingt ans appartient au Parti socialiste, a, comme il convient à tout homme de bonne foi,
l'orgueil de ses opinions. Et c'est à titre officiel, comme
délégué du Parti Communiste français, qu'il s'est rendu
à Moscou. Mais, s'il fait table rase des légendes accu-
mulées pour discréditer la Révolution russe, il ne dissu-
mule pas les erreurs de celle-ci. Son livre donne l'impression très nette d'être le premier ouvrage d'une méthode
à la fois vivante et scientifique. Il méritait d'être édité,
comme il mérite d'être lu. Ce n'est point pour ce qu'il
contient de théorique que nous le publions, mais bien
pour la somme de vérités utiles qu'il nous apporte. Dans
les grandes causes, tous les témoins doivent être entendus.
Sans conteste, voici un grand témoignage.*

LA RENAISSANCE DU LIVRE.

ANDRÉ MORIZET

CHEZ
LÉNINE
ET TROTSKI

MOSCOU 1921

PRÉFACE DE LÉON TROTSKI
DOCUMENTS PHOTOGRAPHIQUES INÉDITS

LA RENAISSANCE DU LIVRE
78, BOULEVARD SAINT-MICHEL, 78 — PARIS

A ma femme, à ma chère collaboratrice,
je dédie ce livre de tendresse.

DU MÊME AUTEUR

Les Secrétariats ouvriers en Allemagne. — Éditions du *Mouvement socialiste*, 1904. *(Épuisé)*.

De l'Incohérence à l'Assassinat. — *Le premier ministère Clemenceau* (20ᵉ mille). — Éditions de *L'Humanité*. *(Épuisé)*.

La Presse moderne (20ᵉ mille). — Éditions de *L'Humanité*. *(Épuisé)*.

Le Plan 17. — *Étude sur l'incapacité de l'État-Major avant et pendant la guerre* (5ᵉ mille). — Éditions de *L'Humanité*.

De l'Incapacité des militaires à faire la guerre. — Éditions « *Clarté* ».

PRÉFACE

Cher camarade Morizet,

La nouvelle que vous avez sous presse un ouvrage sur la Russie des Soviets m'a réjoui sincèrement. C'est en ami que vous êtes venu en Russie. Vous avez eu la possibilité de voir tout ce qui méritait votre attention. Vous servez la cause du prolétariat français et du prolétariat universel; vous ne pouvez donc être mû par autre chose que le désir de dire aux masses laborieuses la vérité sur la première République du Travail. Or, c'est ce qu'il y a de plus important et de plus précieux.

Vous savez mieux que moi combien de mensonges on a répandu sur nous. La calomnie internationale capitaliste ou social-démocrate contre la Russie Soviétiste peut être divisée en deux groupes: Au premier appartiennent les produits d'une fantaisie haineuse et non désintéressée : informations sur les festins des dignitaires soviétistes, sur leurs emprisonnements les uns par les autres, sur la « nationalisation » des femmes de la bourgeoisie par les artilleurs, etc., etc. Ces mensonges sont pleins de contradictions internes, ils sont monotones et stupides. Ils ne trompent que les concierges les plus arriérés et quelques ministres. Au second groupe appartiennent les mensonges renfermant des parcelles de vérité. C'est une calomnie de qualité supérieure. Son champ est plus large et ses sources plus riches.

La révolution est chose très âpre, surtout dans un pays qui compte des dizaines de millions de paysans retardataires. Armé d'un appareil photographique et de mauvaises intentions, il n'est pas difficile de prendre des vues de la Russie Soviétiste actuelle qui, dans leur ensemble, feront grand plaisir à n'importe quel bourgeois réactionnaire. La révolution consiste à détruire pour construire du nouveau. Pour comprendre la révolution dans ses côtés élevés comme dans ses côtés sombres, il faut la prendre dans sa nécessité interne, dans la lutte de ses forces vives, dans la suite logique de ses étapes. Je ne veux aucunement dire par là que la révolution soit infaillible. Mais pour comprendre ses fautes, de même que ses conquêtes fécondes, il faut un horizon historique étendu.

Lorsque nous entreprîmes de créer une armée, il se trouvait encore en Russie un groupe important d'officiers français; ils furent témoins des premiers efforts militaires de la Russie des Soviets. Ils considéraient ces efforts avec un extrême scepticisme. Je n'en doute pas, leurs rapports à Paris devaient toujours aboutir à cette conclusion : il n'en sortira rien. Ces petits bourgeois en uniforme ne voyaient dans la révolution que destruction, cruauté, désordre et chaos. Tout cela fait en effet partie de la révolution. Mais il y a dans la révolution quelque chose de plus grand : elle éveille à la vie des millions d'hommes dans les masses populaires arriérées, elle les arme de grands buts politiques, elle leur ouvre des voies nouvelles, elle suscite en eux l'énergie sommeillante. Voilà pourquoi la révolution accomplit des miracles. Il semblerait que tout cela n'est plus à démontrer à un peuple qui a dans son passé la Grande Révolution.

Bien souvent, au cours de ces dernières années, j'ai songé à étudier la presse anglaise de l'époque de la Grande Révolution française, les discours des ministres d'alors et de leur domesticité politique, des Clemenceau et des Hervé d'alors, afin de comparer la *calomnie réactionnaire des classes dirigeantes anglaises de la fin du XVIIIe siècle aux mensonges répandus par Le Temps et ses acolytes sur la Russie Soviétiste pendant ces dernières années. Je n'ai malheureusement pas encore trouvé le temps de faire ce travail. Mais je suis sûr d'avance que le parallélisme aurait été frappant. Les radicaux anglais contemporains de Robespierre ont, sans nul doute, cherché des analogies, alors parfaitement justifiées, avec la Révolution anglaise du XVIIe siècle, ce qui devait inévitablement provoquer les protestations indignées des pieux historiens réactionnaires. La Révolution anglaise — durent-ils dire — malgré tous ses « excès », fut quand même un grand événement, tandis que la Terreur française n'est que la révolte d'une populace ignorante et sanguinaire. En somme, la réaction, même armée des plus mauvaises intentions du monde, n'est pas inventive. La calomnie officieuse française contre la Révolution Soviétiste n'est, entre autres, qu'un larcin littéraire, un misérable plagiat des journaliers de plume de Pitt.*

Il faut voir la joie mauvaise avec laquelle les Merrheim et leurs patrons parlent de nos difficultés économiques. Maintenant ils exultent de proclamer à tout l'univers que nous sommes revenus au capitalisme. Liesse prématurée! La République Soviétiste a socialisé les banques, les entreprises industrielles et la terre. Pour rendre tous ces biens à leurs propriétaires, il faut renverser la Révolution et l'écraser. Nous en sommes plus loin que jamais. Vous pouvez l'affirmer en toute certitude au prolétariat français.

Ce qui est juste, c'est que nous avons changé notre méthode de construction. Tout en conservant les entreprises entre les mains de l'Etat Ouvrier, nous employons, pour estimer si elles sont avanta-

geuses ou non, les méthodes d'évaluation du capitalisme et de la circulation marchande. Lorsque nous aurons atteint un niveau infiniment plus élevé du développement socialiste, alors seulement nous pourrons diriger toutes les entreprises d'un centre unique en distribuant rationnellement entre elles les forces et ressources nécessaires selon un plan national préalablement établi. Le stade actuel de développement porte un caractère préparatoire. Le marché subsiste. Les entreprises industrielles de l'Etat ont dans certaines limites leur liberté d'action, peuvent vendre et acheter, créant ainsi des bases vivantes pour le futur plan économique unique du socialisme.

Il est vrai, nous consentons en même temps à donner telle ou telle entreprise en concession aux capitalistes. Le régime économique retardataire et les richesses naturelles inépuisables de la Russie ouvrent un large champ d'application au capital des concessionnaires. L'Etat conserve les entreprises essentielles, les plus importantes, de l'industrie et des transports. Nous admettons ainsi une concurrence entre les concessions purement capitalistes et les entreprises homogènes appartenant à l'Etat socialiste, ces dernières ayant une indiscutable prédominance. Toute la question est dans la corrélation des forces.

Les réformistes avaient naguère chéri l'espoir que la coopération engloutirait peu à peu le capitalisme. Tant que le pouvoir appartenait à la bourgeoisie, défendant le droit de propriété privée sur les moyens de production, cet espoir était pure utopie. En ce qui concerne la Russie, tant que le pouvoir appartient à la classe ouvrière et que les branches essentielles d'industrie restent entre les mains de l'Etat, une restauration lente et « sans douleur » du capitalisme par les concessions n'est guère plus possible que la

*régénération socialiste du capitalisme par la coopé-
ration.*

*Rien ne permet de parler de retour au capita-
lisme. Il s'agit d'un changement de la méthode employée pour édifier le socialisme. Notre expérience
et les résultats obtenus dans la nouvelle voie seront
du plus grand profit à la classe ouvrière de tous
les pays.*

*Nous avons beaucoup appris pendant ces cinq
années de révolution. Mais nous n'avons renoncé
à rien. Je doute que le monde capitaliste, tel qu'il
est sorti de l'enfer de la guerre et que nous le voyons
aujourd'hui, nous donne sujet de procéder à une
révision de nos conceptions fondamentales. Le capitalisme a été condamné par l'histoire. L'avenir
appartient au communisme.*

Salut communiste fraternel.

Moscou, 3 mars 1922.

LÉON TROTSKI.

AVANT-PROPOS

Je suis allé en Russie, en juin et juillet 1921, comme membre de la délégation du Parti Communiste français au troisième Congrès de la IIIe Internationale.

Les impressions enregistrées dans ce volume sont donc celles d'un homme que ses convictions et son passé faisaient d'avance favorable à la Révolution bolchevik.

Sont-elles d'un homme de parti pris? Je ne le crois pas.

Il me paraît bien que j'ai apporté dans mon enquête toute l'impartialité qu'on est en droit de me demander.

Entendons-nous.

L'indifférence sereine est impossible. Nul ne peut, à l'heure actuelle, observer d'un œil « photographique » ce qui se passe dans la République soviétique.

La bataille dure depuis quatre ans entre Moscou et les gouvernements du monde. Chacun a ses passions, chacun participe peu ou prou dans son pays à un combat où la terre entière est mêlée.

Nul ne peut parler de ses péripéties comme les historiens en parleront plus tard et ceux qui prétendent les examiner du point de vue de Sirius se refusent simplement à avouer leur préférence.

Je proclame, moi, la mienne. Au lecteur, averti, de juger en conséquence. Il corrigera, s'il le croit nécessaire, mes récits en leur appliquant un coefficient de passion que je lui donne la possibilité d'apprécier.

Ce que j'ai vu est triste et grand.

Triste? Parbleu! Les révolutions ne ressemblent guère à des berquinades, et c'est dans la souffrance et la misère que le peuple des moujiks s'efforce aujourd'hui vers la liberté.

Grand? Oui. Quand les hommes, les femmes vous disent : « Nous, les générations adultes, nous nous savons sacrifiés, mais nous travaillons pour les enfants, pour l'avenir », vous direz ce que vous voudrez, c'est beau.

En tous cas, à quelque point de vue qu'on se place, les événements qui se déroulent en Russie sont, pour tout ce qui pense, émouvants.

Il se poursuit là-bas une expérience devant laquelle nul ne peut rester indifférent.

Pour les uns, il faut qu'elle échoue, afin que se perpétuent les antiques injustices. Pour les autres, il faut qu'elle réussisse, car le bonheur universel en dépend.

Le moins qu'on en puisse dire, c'est qu'elle influencera fortement l'évolution démocratique du monde.

Et cependant, on en ignore à peu près tout.

Nous n'avons, de la Russie, jamais connu grand chose. Lorsqu'on essaie d'étudier ce qui constituait dans le passé sa structure — cette idée bizarre m'est venue... à mon retour de Moscou — on s'aperçoit avec stupeur qu'il n'a été écrit autant dire aucun livre, que l'*Empire des tsars,* d'Anatole Leroy-Beaulieu, paru en 1882, avec l'*Histoire de Russie,* de Rambaud, presque aussi ancienne, représentent à peu près toute la bibliographie et que l'Afrique centrale a donné lieu, somme toute, à des travaux infiniment plus nombreux.

Depuis 1917, c'est pis. Nous avons collectionné les mensonges. A défaut de renseignements sérieux que le blocus interdisait d'aller quérir, des pamphlets où l'esprit de haine remplaçait l'esprit critique ont égaré l'opinion.

Plusieurs étrangers sont entrés en Russie : Ransome, Russel, Wells, Lansbury, Brailsford, Clare Sheridan. Eux seuls nous ont apporté quelques éléments de connaissance.

Certains Français aussi sont allés là-bas, mais de ce qu'ils ont écrit, mieux vaut ne pas parler.

En ces derniers temps, Mlle Louise Weiss s'est

rendue à Moscou. Ses impressions sont les premières qu'on ose citer, mais Mlle Weiss ne m'en voudra pas trop, je l'espère, de dire que si sa sensibilité féminine a vibré devant les misères de la famine, nous ne tenons pas encore d'elle une information très précise sur les dirigeants de la République soviétique et sur leur œuvre.

Nous avons, mes compagnons et moi, vécu deux grands mois avec ces hommes. Pas assez pour les connaître à fond. Suffisamment pour nous faire de leur valeur une opinion.

J'essaierai de camper les silhouettes de quelques-uns d'entre eux au moins. Je l'essaierai sans prétention. On n'étudie pas en neuf semaines la Russie ni les Russes, mais, dans l'état d'ignorance où nous vivons, toute contribution est utile et celui qui a vu tant soit peu est coupable de ne pas raconter.

Ce livre est un livre de bonne foi. Certaines des appréciations qu'il contient pourront choquer. On ne refusera pas, j'espère, à son auteur, la loyauté intellectuelle à laquelle il croit avoir le droit de prétendre.

Je l'ai écrit avec l'unique désir de corriger des erreurs et de détruire des légendes.

Sans souci de plaire ou de déplaire à tel ou tel, je me suis inspiré de ces mots prononcés, au cours du Congrès de Moscou, par Trotski :

« Celui qui vient ici chercher des arguments contre le communisme est un adversaire que nous devons combattre. Celui qui ramasse ici des impressions pour faire de nous ensuite un éloge enthousiaste est un mauvais communiste. »

Si je réussis, en exposant tout simplement ce que j'ai vu et entendu, à dissiper le trouble de quelques consciences inquiètes, à détruire des haines préconçues, à rallier même — qui sait? — des sympathies qui s'ignorent, je m'estimerai heureux d'avoir apporté, dans la mesure de mes forces, un faible concours au mouvement le plus prodigieux que, depuis la Révolution française, l'histoire aie vu s'accomplir pour la libération des hommes.

DOCUMENTS PHOTOGRAPHIQUES

*

LE GOUVERNEMENT DE LA RÉPUBLIQUE DES SOVIETS DE RUSSIE

Kalinine, *président du Comité central exécutif.*
Lénine, *président du Collège des commissaires du peuple.*
Trotski, *commissaire du peuple à l'Armée et à la Marine.*

TCHITCHÉRINE
*Commissaire du peuple
aux Affaires étrangères.*

LUNATCHARSKI
*Commissaire du peuple
à l'Instruction publique.*

KURSKI
*Commissaire du peuple
à la Justice.*

DJERZINSKI
*Commissaire du peuple
à l'Intérieur.*

KRESTINSKI
*Commissaire du peuple
aux Finances.*

RIKOV
*Président du Conseil
de l'Économie nationale.*

LÉNINE PRENANT DES NOTES SUR LES MARCHES
DE LA TRIBUNE DU CONGRÈS
(Juillet 1921.)

TROTSKI

Commissaire du peuple à l'Armée et à la Marine.

MAXIME GORKI

CHRISTIAN RACOVSKI

*Président du Collège des commissaires du peuple
de la République ukranienne.*

LE PRÉSIDENT DE LA RÉPUBLIQUE, KALININE, CAUSANT AVEC DES PAYSANS

UNE SÉANCE DU COMITÉ CENTRAL DU PARTI

Au premier plan, de gauche à droite : le second personnage est *Kalinine*, le troisième *Bukharine*, le sixième *Kamenev* le neuvième *Lénine*.

TANDIS QUE CHALIAPINE CHANTE... UNE FÊTE AU GRAND OPÉRA DE MOSCOU
(Au fond l'ancienne loge impériale.)

LE SECOND CONGRÈS DE L'INTERNATIONALE DANS LA SALLE DU TRÔNE AU KREMLIN,
ZINOVIEV PRÉSIDE.

ÉLECTION DU SOVIET DES USINES POUTILOV, A PÉTROGRAD.

REVUE DES SECTIONS COMMUNISTES DE MOSCOU SUR LA PLACE ROUGE, DEVANT LE KREMLIN
UNE SECTION FÉMININE (juin 1921).

L'ARMÉE ROUGE

UN MEETING AU FRONT SOUS KERENSKI
(juin 1917.)

ÉLECTION DES DÉPUTÉS-SOLDATS AU PREMIER SOVIET

REVUE DES MARINS, LE JOUR DE LA FLOTTE ROUGE, A PÉTROGRAD, EN 1920

(A droite, le Palais d'Hiver ; au fond, la cathédrale Saint-Isaac.)

TROTSKI AU FRONT, DANS UN ÉTAT-MAJOR

UN DÉPART DE TROUPES POUR LE FRONT POLONAIS, SUR LA PERSPECTIVE NEVSKI,
A PÉTROGRAD, 1920

SUR L'ESPLANADE DU KREMLIN
DES SOLDATS ÉTABLISSENT UN TENNIS
(Au fond, la porte du Kremlin donnant sur la Place Rouge.)

SOLDATS ROUGES DEVANT LES ÉGLISES DU KREMLIN

A MOSCOU
ET A PÉTROGRAD

LE CLUB DE LA NOBLESSE,
DEVENU MAISON DES SYNDICATS A MOSCOU

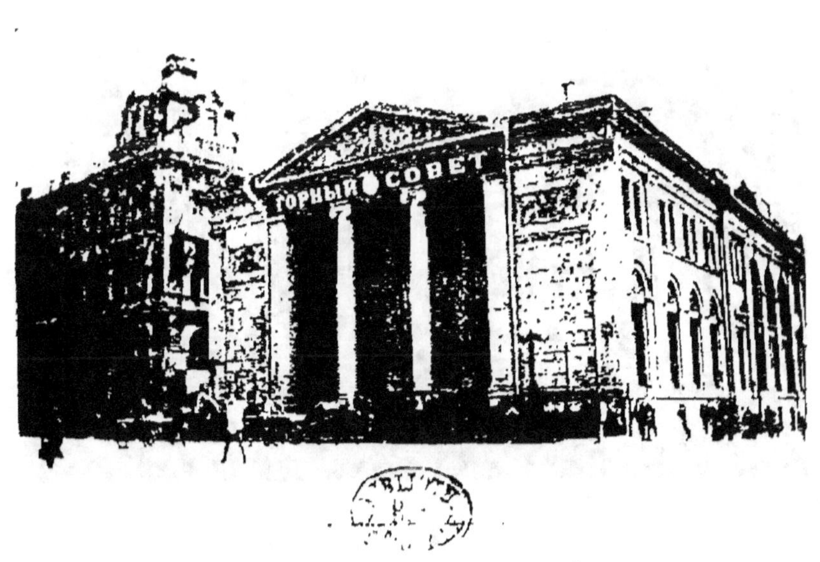

LA BOURSE DE MOSCOU, DANS L'ILNIKA,
TRANSFORMÉE EN SOVIET DES USINES

L'ANCIEN PALAIS DU GOUVERNEUR DE MOSCOU,
DANS LA TVERSKAYA, OU SIÈGE AUJOURD'HUI
LE SOVIET DE LA VILLE

AU KREMLIN

*Le monastère de Chudov et l'église Saint Alexis, devant lesquels
les blancs mitraillèrent les ouvriers de l'arsenal, en octobre 1917
et qu'on réparait en juillet 1921.*

PETITS MARCHANDS A L'ENTRÉE DE LA PLACE ROUGE

LES BOUTIQUES FERMÉES.
LES GALERIES DU COMMERCE, A MOSCOU

LE MARCHÉ DE MOSCOU, PLACE TRUBNAYA

PETITS MARCHANDS DEVANT LA GARE NICOLAS, A MOSCOU

LA RÉSURRECTION DU PETIT COMMERCE

On repeint une boutique dans la rue Kropotkine
(autrefois Prechistenka) à Moscou (fin juillet 1921).

LES BOUTIQUES FERMÉES
UNE RUE DU GOSTINI DVOR, A PÉTROGRAD

LIBRAIRIE SOVIÉTIQUE DANS UNE ANCIENNE BANQUE
SUR LA PERSPECTIVE NEVSKI, A PÉTROGRAD

LA PERSPECTIVE NEVSKI, A PÉTROGRAD

LE PALAIS YOUSSOUPOV, OÙ FUT TUÉ RASPOUTINE,
SUR LA FONTANKA, A PÉTROGRAD

UNE AFFICHE DE PROPAGANDE

Vrangel s'efforce de tuer l'hydre moscovite et l'Angleterre arrive à son aide. On lit dans le cadre,
à droite : « Mes amis russes, moi Anglais, au nom des Alliés, je vous demande de tenir un
moment encore en braves que vous êtes toujours. Je fournis et fournirai sans limite tout ce dont vous
avez besoin, surtout les armes nouvelles qui détruiront ce monstre rouge singulier et dégoûtant. »

A travers Petrograd et Moscou.

En rentrant de Russie.

Au seuil de cette première partie où j'ai résumé mes impressions générales, je reproduis, parce qu'il situera mon récit, l'article que je publiais dans L'Humanité le 10 août 1921, surlendemain de mon retour en France.

Voici bientôt trois mois que nous sommes partis, que nous avons quitté nos familles, nos amis, avec la crainte — qui ne devait que trop se vérifier — de n'en recevoir aucune nouvelle, que nous avons tout abandonné de notre existence pour aller en Russie.

En Russie? Seuls des camarades de pensée et de lutte peuvent comprendre l'attraction irrésistible de ces mots : en Russie ! Au pays où flotte le drapeau rouge, au pays où pour la première fois la classe ouvrière a conquis le pouvoir, où pour la première fois elle essaie d'appliquer les principes pour lesquels nous vivons ! En Russie...

Certes, je n'y suis pas parti — mes compagnons non plus, je le crois bien — dans l'emballement sentimental qui fut à son heure légitime, mais dont l'instant est maintenant passé.

Parmi les motifs qui m'animaient, et dont je retrouve la trace dans mes notes, il y avait sans doute encore au premier plan l'attirance passionnée du milieu communiste, l'ardent désir de vivre au milieu de la plus grande expérience sociale qui ait jamais été tentée.

Mais il y avait aussi, et presque aussi tenaces, un besoin de curiosité pure, une volonté aiguë de voir, de me documenter.

J'en atteste les conversations que nous eûmes, mes compagnons et moi, pendant nos cinq jours de bateau, entre Stettin et Réval. Nous comprenions que l'heure de la foi mystique était révolue, que celle de la discussion critique était arrivée. Et nous sentions, par là même, qu'une lourde responsabilité pesait sur nous, qui avions accepté la charge d'aller étudier pour nos camarades les raisons de penser ce qu'ils ont simplement cru jusqu'ici.

La foi mystique eut encore une heure, une heure splendide, complète, d'abandon absolu !

Nous roulions déjà depuis longtemps, entre Réval et Petrograd, et nous avions une première fois mal dormi. Qu'on excuse ces détails prosaïques, mais on s'imaginerait à tort qu'un voyage en Russie, à l'heure actuelle, ressemble en quoi que ce soit à une partie de plaisir.

Depuis l'aube, nous contemplions ce paysage septentrional si nouveau pour la plupart d'entre nous, ce défilé doux et mélancolique sous le ciel pâle de prairies, de bouleaux et de petits étangs. Nous nous exaspérions à dénombrer les trous d'obus, les arbres massacrés, les tombes dont Judenitch, un des derniers assassins de l'Entente, a jonché la route en 1919, dans son offensive sur Petrograd.

Brusquement surgit la frontière russe !

Elle surgit sous la forme d'une barrière devant laquelle le train stoppa. D'un côté, des soldats esthoniens, correctement vêtus d'uniformes anglais. De l'autre, deux sentinelles de l'armée des Soviets, en haillons magnifiques, pieds nus, le fusil maintenu en bandoulière par une corde, auprès d'un mât en haut duquel flottait une étoffe jadis rouge sans doute, mais depuis longtemps incolore.

D'un bond nous fûmes à terre, étreignant à tour de rôle les mains des deux soldats, qui nous rendaient nos effusions avec une calme satisfaction. Ah ! comme nous l'avions espérée, cette frontière, et quelle *Internationale* nous nous étions promis d'entonner en la franchissant ! Pauvre

Internationale... Elle fut, avouons-le, lamentable, tant nos cœurs et nos gorges étaient serrés !

Mais ce fut bien autre chose quand, la barrière passée, le train stoppa de nouveau, en territoire russe cette fois, et que le chef du convoi nous harangua du haut du talus.

C'était un vieil homme grisonnant, qu'une capote noire à parements rouges de cheminot engaînait jusqu'aux pieds. La casquette à la main, les yeux en terre, il nous dit avec une simple et religieuse émotion :

« Je ne suis pas Lénine pour vous faire un discours. Je parle avec mon cœur. Mais nous savons tous que si nous avons la paix maintenant et si nous pouvons travailler à reconstruire, c'est à nos frères les ouvriers du monde entier que nous le devons. Vous êtes leurs délégués et je vous salue. Soyez les bienvenus dans la première République de la Fraternité humaine. »

Une acclamation enthousiaste sortit de nos poitrines quand notre ami Glozman nous eut traduit la harangue de ce simple, la plus belle que j'aie jamais entendue. Et cette fois l'*Internationale* jaillit haute et claire, tandis que les soldats de l'armée rouge saluaient.

Minute symbolique, inoubliable pour nous, dont nous n'avons jamais sans doute retrouvé, et dont nous ne pouvions pas retrouver avec une intensité pareille la franche et pleine spontanéité !

Nous avons connu d'autres instants d'admiration et d'enthousiasme. Chacun de nous dira ici ses impressions.

... Aujourd'hui, nous voici revenus et je revis intensément, en jetant mes regards en arrière, ces deux mois et demi de lourdes fatigues matérielles, de tension nerveuse continue, que rachètent amplement tant de curiosités satisfaites, tant d'émotions diverses et de sensations neuves.

J'ai la conviction que notre voyage aura été utile, puisque nous pouvons maintenant expliquer à nos camarades les raisons profondes qui leur commandent d'aimer la Révolution russe, qui leur font une obligation stricte de la défendre de tout leur cœur et de toutes leurs forces.

C'est un hommage de respect et de piété que nous devons avant tout rendre à ce peuple merveilleux qui se sacrifie pour le triomphe de notre cause et qui souffre silencieusement des crimes de nos gouvernants.

Le voici qui entre avec la famine dans le plus angoissant des drames, car la nature lui est aussi cruelle que l'Entente et nulle étape du calvaire ne lui sera épargnée.

Saluons-le bien bas et, dans la mesure de nos forces, aidons-le de tous nos moyens.

Travaillons plus que jamais à démolir ces barrières ineptes que la haine et l'égoïsme capitalistes multiplient entre les nations. Jamais, je crois, je n'en ai mieux compris l'incohérence que pendant ces cinq jours où, roulant sans arrêt, j'ai parcouru, suivant les détours qu'une diplomatie d'enfants impose à qui n'est pas orthodoxe, les 3.000 kilomètres qui séparent Moscou de Paris.

Des plaines aux bouleaux blancs aux prairies sans fin des anciens domaines teutoniques, des monotones étendues de la Prusse aux citadelles industrielles de Rhénanie, de la vallée de la Meuse à celle de l'Oise qui sourient même dans leurs ruines, quelle richesse et quelle variété de couleurs !

Russie mystérieuse et captivante, « sainte Russie » qui ne t'offres jamais, qui ne fais rien pour séduire, mais au charme de laquelle nulle âme un peu tendre ne saurait résister !

Allemagne brutale et revêche, tout au long de laquelle on demeure émerveillé de la méthode unique qu'un peuple a su t'appliquer pour faire de toi le plus étonnant des mécanismes producteurs !

France, mon pays, terre de finesse aimable, terre de généreuse douceur, pays exquis qu'on ne saurait ne pas aimer, quelles que soient ses erreurs et ses sottises !

Est-ce que tous ces aspects de la beauté profonde ne se complètent pas comme les couleurs que décompose le prisme s'additionnent pour donner la blancheur immaculée?

Quand donc les peuples comprendront-ils qu'ils ont besoin les uns des autres et que la paix harmonieuse et sereine, qui naîtra du socialisme seul, est comme la pure blancheur qui ne s'obtient que des couleurs juxtaposées !

Premières impressions.

Mon intention n'est pas d'écrire un journal de voyage et je note simplement, pour la clarté de mes explications, que notre délégation (1), après avoir quitté Paris le 17 mai 1921, Berlin le 24 et Stettin le 25, a débarqué le 29 à Réval, le 1er juin à Petrograd et le 2 à Moscou; que je suis revenu à Petrograd en juillet pendant une semaine avec plusieurs de mes compagnons; que j'ai quitté Moscou le 1er août pour rentrer à Paris le 7 par Riga, Vilna, Kœnigsberg.

Ceci dit pour n'y plus revenir. Plutôt qu'un récit de nos étapes matérielles, qui sont négligeables, j'exposerai celles de mes impressions qui marquent une étape spirituelle vers l'établissement du jugement que je me suis formé.

L'impression la plus complète qu'on ressente au début, c'est d'être « noyé ».

Elle a persisté chez moi trois bonnes semaines. Lorsqu'on éprouve certains besoins de logique, lorsqu'on ne peut vivre sans classer, sans méthodiser, on en souffre très péniblement.

---

(1) La délégation du Parti communiste français au Congrès de la IIIe Internationale, se composait de : Lucie Colliard (déléguée à la propagande), Delagrange (adjoint au maire de Périgueux), Gaye (Bordeaux), André Julien (délégué à la propagande en Algérie), Lucie Leiciague et Loriot (du Comité directeur), André Morizet (maire de Boulogne-sur-Seine), Naegelen (Belfort), Boris Souvarine et Tommasi (du Comité directeur), Vaillant-Couturier (député).

Lentement, difficilement, on revient à la surface. On commence à comprendre, à comprendre au moins pourquoi l'on ne comprend pas.

On se rend compte que rien ne correspond de ce qui se passe en Russie avec ce qui se passe chez nous, que les mots n'ont pas le même sens, que les gens ne raisonnent pas, ne pensent pas comme nous raisonnons et comme nous pensons.

Leur pays est si vaste qu'ils ne conçoivent pas la notion de distance. Que voulez-vous? De l'une à l'autre des deux capitales, on compte six cents verstes, un peu plus de 600 kilomètres; la distance de Paris à Bordeaux. Voilà le plus médiocre des trajets courants.

S'agit-il d'aller du nord au sud? Il faut une semaine d'Arkangel à Odessa. D'est en ouest? Il y a plusieurs semaines de chemin de fer pour se rendre de la Baltique au Pacifique.

Lorsqu'on ne saisit pas la notion de distance, on ne saisit pas davantage la notion de temps. Qu'importe, lorsqu'on voyage pendant des jours et des jours, qu'on arrive un peu plus tard, un peu plus tôt?

Supprimez cependant la notion de temps. Essayez de la rayer de votre existence. Je vous défie, Occidental que vous êtes, de vous imaginer ce que cela donnera. Toutes vos occupations, toutes vos préoccupations par suite, sont dominées par le souci de l'heure.

Le Russe n'en a cure. C'est un animal fantaisiste et fantasque. Vous êtes un animal réglé par l'habitude. Cherchez donc la commune mesure? Nitchevo...

****

Dans cet océan d'imprécision que représente pour des latins le monde slave, je plains celui qui tombe sans avoir quelque vieux marin pour le repêcher.

Le Russe est un mystique, dit-on couramment. Oui. Je ne discute pas le « charme slave ». Nous l'avons tous goûté en lisant Tourgueniev ou Dostoïevski, en écoutant Rimsky-Korsakov ou Borodine. Bien des fois je l'ai éprouvé en Russie chez les gens, dans les choses, en parcourant cette campagne pelée, si prenante.

Mais dans la vie pratique, on préférerait quelque clarté.

Je croyais, en arrivant à Moscou, trouver mon vieil ami Sadoul. Mais Sadoul voyageait alors en mission lointaine et, de tout notre séjour, nous ne devions pas le rencontrer.

La Russie soviétique possède heureusement un groupe français d'une quinzaine de membres auxquels nous avons pu nous adresser.

Plusieurs sont des « marins de la mer Noire », de la lignée de Marty et de Badina (1). D'autres ont appartenu, comme Sadoul, à la mission militaire. Quand elle a regagné la France, ils ont, comme lui, opté pour la Russie de la Révolution. Et ce n'est pas un médiocre sujet d'admiration pour nos camarades de là-bas. Combien de fois ai-je entendu l'un ou l'autre d'entre eux dire avec ce vieux fond de tendresse que leur inspire, malgré sa politique présente, la France républicaine :

« Il y a eu ici pendant la guerre des missions de tous les pays alliés. Mais seule, celle de chez vous nous a laissé des hommes. Votre peuple est le seul où l'idéalisme fleurisse vraiment. »

De ceux qui sont demeurés à Moscou en 1918, un seul appartenait, avant la guerre, à notre Parti. Les autres ont été conquis par le milieu, contagionnés par l'enthousiasme ambiant. Et certains venaient de bien loin.

Pierre Pascal, « cacique » de Normale, premier d'agrégation, était un catholique pratiquant. René Marchand, neveu du trop fameux Calmette, repré-

---

(1) Deux marins de la Mer Noire, Durand et Lelandais, ont été tués à Kiev en 1919 dans les rangs de l'armée rouge. Un autre Français, Barberet, est tombé en combattant comme volontaire à Odessa.

sentait à Pétersbourg en 1914 le très conservateur *Figaro*.

Si je cite ces deux-là plutôt que les autres, ce n'est pas que nous devions séparer aucun d'eux dans notre amitié. Tous les « Français de Moscou » méritent notre affection et notre admiration comme ils ont mérité celles des Moscovites qui savent leur désintéressement et leur dévouement absolu à la cause.

Mais Pascal et Marchand, comme Victor Serge — Russe lui, mais Russe entièrement francisé — se sont institués nos mentors infatigables.

Les heures que Pascal nous a consacrées dans sa chambrette, à Julien et à moi, entre deux traductions pour les Affaires Étrangères, celles que nous a données Marchand, à Naegelen et à moi, dans son logis de l'hôtel Métropole, entre deux séances de dépouillement aux Archives, valaient pour les écoliers que nous fûmes les plus précieuses des « répétitions », comme les promenades et les visites accomplies avec Serge, lorsque la rédaction des publications de l'Internationale le laissaient de loisir, valaient les plus utiles des « leçons de choses ».

Nous aurions en vain cherché des guides plus instruits de la langue et des institutions, plus avertis des êtres et du milieu, d'une culture plus affinée, d'un jugement plus sain. Si nous avons, en deux mois, compris quelque chose d'un monde si différent, nous le devons à ceux qui nous ont conduits et éclairés. Je doute qu'aucun étranger, débarquant comme nous, se puisse trouver par chance en posture aussi favorable et ce m'est une très douce tâche que d'envoyer ici à mes amis lointains le souvenir fraternel que je garde des heures lumineuses vécues en leur compagnie.

*   *

L'arrivée, là-bas, n'est pas banale.

On a roulé deux jours de Réval à Petrograd dans le wagon-lit où l'on habite depuis quatre. On s'est nourri de conserves achetées au départ, abreuvé d'innombrables tasses de thé puisées au samovar qu'on remplit d'eau chaude à chaque station.

Trois heures d'attente en gare de la Baltique, jusqu'à l'apparition du camion qui doit emmener la délégation à l'hôtel. Une course éperdue, sur une pyramide de sacs et de valises, à travers des rues défoncées dont le chauffeur évite les trous avec une adresse de singe.

Toilette — enfin ! — Réfection. Promenade rapide au sinistre, à l'horrible Palais d'Hiver et le long des quais de la prestigieuse Néva.

Course nouvelle en camion-tobogan d'un bout à l'autre de la Perspective Nevski. Embarquement à la gare Nicolas.

Reprise du voyage monotone, coupé de tasses de thé, à la lenteur duquel on s'habitue en même temps qu'à la rêverie vague.

Moscou, tout de même ! Nouvelle attente, nouveau camion, nouvelles montagnes russes.

« Vous êtes logés à l'International, place de l'Opéra ». On y va. Mais l'hôtel International est en réparations. Ni lits, ni lavabos, rien.

De bureau en bureau, on court après les autorisations, les papiers. On fait connaissance avec les « propusks », c'est-à-dire les cartes d'identité qu'on vous réclamera constamment.

Dans la nuit, vous êtes installés, trois par trois, quatre par quatre. Et, dès le lendemain, vous n'avez plus qu'à recommencer.

« Les Français vont à l'hôtel Lux». Bon ! Ce ne sera qu'un camion de plus pour gagner la Tverskaya. Les formalités recommencent. On finit par se caser.

L'hôtel Lux, c'est le caravansérail cosmopolite où cantonnent la plupart des délégués aux congrès périodiques. L'Europe y coudoie l'Asie, le noir et le jaune s'y mêlent au blanc, les langues s'y heurtent comme à Babel.

Nous y avons campé tout notre séjour. Campé, c'est le mot. Sur trois planches dissimulées par une mince paillasse recouverte d'un drap et d'une couverture, nous avons dormi pendant le silence relatif que, de quatre à onze heures du matin (1), troublaient encore les croassements des choucas, les épais corbeaux moscovites. A la table d'hôte, vers onze, dix-sept et vingt-trois heures, nous avons mangé ce qui était mangeable des nourritures mal préparées que comportait notre régime de faveur.

De là, nous sommes partis chaque jour pour notre congrès, nos enquêtes, dans les tenues de plus en plus abandonnées que commande l'accablant été russe et que l'aimable laisser-aller des habitants autorise.

Après le Congrès, les mêmes moyens nous ont ramenés à Petrograd où, dans un autre grand hôtel, nous avons mené semblable vie.

L'existence matérielle en Russie m'a laissé cette impression d'ensemble qu'elle correspond à peu près comme confortable à celle que l'on menait pendant la guerre, non pas dans les tranchées sans doute, mais dans les cantonnements du front.

Comme niveau-moyen et — si l'on ose dire — comme bien-être, il y a sensiblement analogie de conditions.

------

(1) L'heure est légalement décalée de trois heures et ce n'est pas une des choses qui facilitent le plus l'accoutumance.

La rue.

Le spectacle de la rue est partout pittoresque et partout amusant. En Russie, comme ailleurs. Les gamins de Moscou peuvent s'aligner avec nos gavroches. Et tout ce peuple a dans son allure, dans son parler, tant de bonhomie souriante et affable !

On le sent profondément imprégné d'esprit égalitaire et de simplicité. Il a la démocratie dans le sang, à coup sûr, car la Révolution est de trop fraîche date pour qu'il ait acquis déjà des habitudes que les peuples d'occident possèdent encore si peu.

Chez nous, l'ouvrier vainqueur afficherait dans toute sa personne l'orgueil de son triomphe. Quand il entrerait au « Club de la Noblesse », où siègent maintenant les syndicats, à la Bourse où se tient le Soviet des Mines, dans n'importe quel édifice affecté aux besoins nouveaux, on sentirait forcément chez lui le besoin de faire comprendre que « c'est nous qui sont les princesses ».

L'instinct de classe domine trop nos vieilles sociétés hiérarchisées pour qu'on y perde vite la notion du sacrilège. Souvent, dans les grands meetings qui se tenaient à l'Opéra, nous avons observé, mes compagnons et moi, les spectateurs faubouriens, paisibles et comme indifférents, que le hasard asseyait dans la loge impériale. Quelle satisfaction bruyante eut agité à leur place des commères parisiennes !

En Russie, la classe dominante, peu nombreuse, a disparu tout de suite et le passage de l'un à l'autre régime ne semble pas avoir laissé de traces profondes. Il s'est accompli comme un phénomène naturel.

La rue est calme et bon enfant.

En deux mois, après avoir couru de jour et de nuit en tous sens, nous avons le droit d'affirmer que nous n'avons jamais assisté ni à une rixe, ni même à une querelle et qu'en dépit des sottises que débitent nos journaux, Moscou comme Petrograd jouissent d'une tranquillité que notre capitale pourrait leur envier.

Nous devons également proclamer que nous n'avons jamais vu un ivrogne. On ne boit en Russie que de l'eau ou du thé. Ce que n'a jamais essayé le tsarisme, qui cultivait la dépravation du moujik et qui en vivait, ce que n'ont jamais osé les états d'Europe, le bolchevisme l'a réalisé. La Révolution a tué l'alcoolisme et ceux qui de très haut lui donnent des leçons chaque jour pourraient, à cet égard comme à pas mal d'autres, se mettre à son école.

La rue est triste aussi. On y sent partout la misère extrême du pays.

Elle se manifeste moins qu'on ne s'y attendrait dans le costume. Nous pensions tous trouver là-bas des gens en guenilles et nous avons sous ce rapport constaté une exagération. Les vêtements ne brillent pas, c'est entendu, par leur fraîcheur et la joie que témoignent ceux à qui l'on peut offrir quelque rechange prouve mieux que tous les discours la difficulté qu'on éprouve à se procurer quoi que ce soit.

Cependant, tant bien que mal, et plutôt mal que bien assurément, chacun parvient à se maintenir une tenue décente. La blouse des hommes est ordinairement propre et la plupart chaussent toujours la haute botte classique. Les femmes demeurent, comme partout, coquettes et l'on se demande par quel mystère elles arrivent, en ce pays où le moindre morceau de savon représente un trésor, à arborer continuellement ces robes de toile blanche qui moulent si joliment leur grâce svelte.

Je ne me charge pas d'expliquer, je constate. Le dénuement n'apparaît pas particulièrement dans la mise des passants et Wells, qui insiste tant, dans sa correction britannique, sur l'absence générale de linge, ne s'est peut-être pas suffisamment demandé avant d'écrire si le peuple russe avait jamais eu l'habitude d'en porter.

Mais ce qui frappe péniblement, c'est l'aspect même des êtres. Sur les visages comme dans les corps, on lit la misère physiologique, la sous-alimentation prolongée.

La femme qui passe, courbée sous son paquet, l'homme qui s'arrête pour lire les *Izviestia* collées sur un panneau, le gosse qui vend des graines de tournesol à l'entrée de la Place Rouge, on se demande souvent s'ils tiennent bien sur leurs jambes et s'ils ne vont pas défaillir tout à coup.

Par quels truquages vivent-ils? Mystère. Quelques marchés fonctionnent par-ci par-là, dont on pourchassait jadis les vendeurs puisque le commerce libre était défendu, mais qu'on tolère depuis la nouvelle orientation. Un surtout, sur le boulevard du nord, à la place Trubnaya, s'ouvre tous les matins.

C'est un décrochez-moi çà lamentable où tous les pauvres diables déversent les restes de leur mobilier, de leur garde-robe, dans l'espoir de réaliser quelques milliers de roubles pour améliorer leur ordinaire.

En un immense espace, les tréteaux s'alignent sur six ou sept rangées. Le paysan, bénéficiaire de la révolution, lui, profitant de ce que le parcours en chemin de fer est gratuit jusqu'à cinquante verstes, y apporte son beurre et sa farine blanche. Les petits artisans, les *koustari*, y étalent leurs produits: objets en bois sculpté, peints de couleurs crues.

Mais auprès d'eux, le boutiquier qui n'a plus de boutique cherche à placer des résidus étranges. Du maigre tas de vieux clous jusqu'aux lames de rasoir usagées, de la broderie ancienne jusqu'au microscope, le déballage le plus hétéroclite se rencontre en ses mains.

La gêne de tous les intérieurs s'inscrit là en lettres qui ne trompent guère. Dans la foule compacte, on croise continuellement l'homme qui tend sur ses bras un pantalon hors d'usage, la femme qui offre sans un mot une montre de forme désuète, des boucles d'oreille sans valeur, qu'elle a dû condamner en pleurant.

Je ne sais rien de plus navrant que ce pandémonium de toutes les pauvretés moscovites, confusion de tant de drames intimes qu'on peut aisément se figurer.

On songe devant lui à nos bons bourgeois égoïstes qui condamnent froidement à la famine ce peuple incapable encore de subvenir à tous ses besoins. On pense à nos journaux immondes qui entretiennent, moyennant finance, la sottise de tous nos Prudhommes, à nos politiciens bornés qui bâtissent des discours ronflants sur le blocus et le fil de fer barbelé...

La disparition des boutiques

Ce qui, plus que tout le reste, confère aux capitales russes — comme aux autres villes sans doute — leur aspect caractéristique, c'est la disparition du petit commerce.

Imaginez des cités sans boutiques. Représentez-vous les vitrines vides, les magasins et les échoppes fermés, l'absence d'étalages.

La voie publique ne sert qu'à circuler. Les piétons passent sans s'arrêter parmi les autos soviétiques rapides et les isvostchiks lambins. Le trottoir a perdu son existence marchande et la rue le plus clair de son animation.

La perspective Nevski, à Petrograd, ressemblait, dit-on, à nos boulevards. Aujourd'hui, les devantures des grandes banques, transformées en librairies officielles, y donnent seules de loin en loin, avec leur parure d'affiches de propagande illustrées, une note de couleur. La Morskaya et les rues voisines, où fourmillaient les magasins élégants, ressemblent aux avenues du château de la Belle au bois dormant.

A quel point on en est surpris, il est difficile de le dire. Lorsque nous traversâmes Petrograd à notre arrivée en Russie, nous en ressentîmes une impression très forte, quoique aucun de nous n'eut connu la ville sous son aspect ancien. Impression que nous ne retrouvâmes pas d'ailleurs quelques semaines plus tard, soit que nous eussions déjà subi l'accoutumance, soit que l'évolution dont je parlerai tout à l'heure commençât à se faire sentir dès ce moment.

Moscou, qui a conservé plus d'habitants que Petrograd et qui abrite les ministères, est beaucoup plus vivant. Mais là aussi, avec la suppression du petit commerce, tout ce qui n'est pas devenu magasin soviétique demeure fermé et comme à l'abandon.

Il faut se promener dans le quartier où se brassaient autrefois les affaires pour comprendre l'importance du trafiquant dans l'existence des villes.

Près du Kremlin, le Kitaï-Gorod (1), entouré de son enceinte ancienne, enfermait dans ses rues étroites la plupart des maisons de commerce. Dans l'Ilinka se trouvaient les banques, dans la Nikolskaya les innombrables marchands d'accessoires religieux. Le Gostini Dvor, la « Maison des Etrangers » — qui a son pendant sur la Nevski à Petrograd — entassait en un vaste bazar les vendeurs de pierres fines, de fourrures, d'étoffes venus de toutes les régions de l'empire avec tous les petits mercantis juifs ou chrétiens. A ceux qui souhaitaient une installation plus moderne, les trois galeries vitrées construites il y a trente ans le long de la Place Rouge (2), véritable fourmilière à trois étages, offraient un millier de bureaux.

Le Kitaï-Gorod, aujourd'hui, est tombé dans une léthargie quasi totale. Le bazar est fermé. Dans quelques banques, à l'agence du Crédit Lyonnais par exemple, fonctionnent des administrations publiques. Le Commissariat du ravitaillement s'est installé dans une partie des galeries.

Le grouillement dont le seul aspect des lieux indique quelle devait être l'intensité s'est arrêté comme sous le coup d'une baguette magique et la vie s'est tout d'un coup figée.

Faut-il s'en attrister ou s'en réjouir? Je n'examine

------

(1) « C'est-à-dire la ville chinoise. Les Russes appellent la Chine : Kitaï, centre; et la ville chinoise de Moscou, où jamais n'a habité un Chinois, n'est pas autre chose que la cité ou centre de la ville. » (Tissot, *La Russie et les Russes*.)

(2) Le nom de la Krasnaya — Place Rouge — ne lui vient pas de la Révolution. Elle s'est toujours appelée ainsi, peut-être parce qu'elle a vu s'accomplir plusieurs des événements sanglants de l'histoire russe, comme le massacre des Strelitz, ou bien tout simplement parce que le rouge était la couleur dont on badigeonnait les bâtiments officiels.

pas la question pour l'instant. Les bolcheviks, en adoptant la « politique nouvelle », semblent bien reconnaître qu'ils ont supprimé trop vite le petit commerce et la petite industrie, à l'activité desquels la grande production nationale ne peut suppléer dans l'actuelle désorganisation du pays.

Nous étudierons ce point avec eux. Je m'en tiens, en ce moment, à la description extérieure. A ce point de vue, il est impossible de ne pas le reconnaître, la disparition de la boutique enlève aux villes un élément important d'animation et de gaieté. On peut concevoir aisément pour les cités de l'avenir d'autres sources de joie que le mercantilisme. Mais tant qu'on ne l'a pas remplacé, sa mort laisse un vide qu'on ressent tristement à Petrograd et à Moscou.

Les bolcheviks au reste ressuscitent son cadavre depuis leur nouvelle orientation. Nous étions en Russie à l'époque précise du tournant et j'ai pu assister aux premières manifestations du réveil du petit commerce.

Manifestations d'une faiblesse touchante, presque naïvement ridicule ! En une vitrine longue de dix mètres, deux chapeaux de femme démodés se faisaient vis-à-vis. Ailleurs, une paire de souliers se battait en duel avec une paire de pantoufles. A la devanture d'un restaurant réouvert sur la Nevski, un hareng saur, pour mieux aguicher les gourmands, s'adjoignait un tube de saccharine.

Manifestations importantes néanmoins, car elles suffisaient à transformer le coup d'œil général et parce que leur soudaineté, leur multiplicité au lendemain des autorisations légales permettaient de prévoir avec quelle rapidité renaîtrait la « petite bourgeoisie ».

Si j'en crois les on-dit, la résurrection, depuis l'été dernier, a été foudroyante et la cité endormie qu'il nous a été donné de contempler ne sera bientôt plus qu'un souvenir.

Comment la Révolution s'est accomplie.

En parcourant Moscou, comme nous le faisions, en tous sens, il nous arrivait fréquemment de découvrir sur les parois des maisons, sur les murs des édifices, les traces des combats de la Révolution.

Les portes du Kitaï-Gorod, l'enceinte du Kremlin sur la Place Rouge, sont criblées de trous qui ne trompent pas. Près de la porte Ilinskiya, une délicieuse église à la coupole bleue est toute mouchetée par les balles. Mêmes certaines façades, comme celles de la Douma ou de l'hôtel Métropole, ont été endommagées par des obus. Sur le boulevard Tverskoï, plusieurs maisons démolies par l'artillerie rappellent le triste paysage de nos villages du Nord.

« Maintenant que je connais la topographie de la ville — dis-je un jour à l'un de nos camarades — expliquez-moi donc comment la Révolution s'est accomplie?

— Mais il n'y a pas eu de révolution — répondit-il — au sens où vous l'entendez du moins. On s'est battu, sans doute, mais peu. La lutte a été courte. Les bolcheviks ont recueilli, dans la dissolution générale, un pouvoir qu'on leur a à peine disputé.

« Vous vous souvenez que de premières émeutes s'étaient produites les 3 et 4 juillet 1917, après la dernière offensive commandée par Kerenski. Notre parti ne s'y associa pas. Lunatcharski et Trotski furent emprisonnés, Lénine et Zinoviev durent se cacher, mais les ouvriers des usines de Pétrograd avaient agi spontanément, sous l'impulsion peut-être des anarchistes, le Comité Central restant à l'écart de la révolte qu'il trouvait prématurée.

« A partir de cet instant, au contraire, il prépara l'insurrection, et de la manière la plus ouverte. Zinoviev, Kamenev, Rykov hésitaient encore, mais Lénine, Trotski, Bukharine prêchaient l'action et Lénine déclarait publiquement : l'heure est venue !

« Le 24 septembre, à l'élection des Doumas municipales de Moscou, le « parti de l'insurrection » obtenait la moitié des suffrages. A la fin du mois, dans une réunion du Comité Central qui se tint à Petrograd chez le menchevik Sukhanov, on décida de profiter de la première occasion.

« On se cachait si peu qu'une dizaine de jours avant le 25 octobre, dans une conférence du parti bolchevik à Moscou, Siemachko, Ossinski, Smirnov, Lomov, Bukharine et Jakovleva démontrèrent scientifiquement à leur auditoire que, s'il ne se produisait pas un changement de régime, la Russie allait se trouver ruinée par l'arrêt des chemins de fer, par la famine, et que l'assemblée vota dans le plus grand calme, à l'unanimité, le principe d'une insurrection qu'elle considérait comme fatale.

« Jamais révolution ne s'accomplit mieux à l'heure choisie d'avance et, pour ainsi dire, annoncée (1).

« Kerenski exigeait le départ au front des régiments révolutionnaires. Ils refusaient de partir. Les élèves de l'école militaire d'Oranienbaum marchèrent sur Pétrograd, mais leur troupe fondit en route. L'agitation grandissait dans la capitale.

« Vous avez vu Pétrograd ? La Néva traverse la ville en arc de cercle, comme la Seine traverse Paris. Le Palais d'Hiver, où siégeait Kerenski est,

---

(1) « La date de la Révolution d'octobre avait, pour ainsi dire, été fixée à l'avance au 25 octobre (7 novembre nouveau style), non dans le secret, mais publiquement. Et la Révolution eut lieu à date fixée. L'histoire connaît un grand nombre de révolutions et d'insurrections, mais elle ne nous offre pas d'autre exemple d'une insurrection de classe opprimée se produisant à date fixée et victorieusement. La Révolution de novembre est unique. » (Trotski, *Correspondance Internationale*, 9 novembre 1921.)

comme les ministères, sur la rive gauche. Kerenski, pour isoler les faubourgs de la rive droite, imagina de faire lever les ponts.

« Il n'avait pas réfléchi qu'il permettait ainsi aux navires de remonter le fleuve. Les marins de la canonnière *Aurora* vinrent s'embosser devant le Palais d'Hiver et lui envoyèrent une demi-douzaine d'obus. Cela suffit. Kerenski disparut sans insister. Le Comité Central installé à Smolni et le Comité militaire révolutionnaire prirent le pouvoir, firent occuper la poste et le Palais, que gardait un bataillon de femmes.

« La Révolution, à Petrograd, s'est accomplie le 25 octobre en quelques heures, aussi simplement que je viens de vous le conter.

« A Moscou, la bataille a duré un peu plus longtemps.

« Le Comité Central bolchevik disputait le pouvoir à la Douma municipale, où mencheviks et socialistes-révolutionnaires possédaient la majorité et que présidait le socialiste-révolutionnaire de droite Rudnev.

« Mais, dans les Doumas de quartier, les élections nouvelles avaient amené l'effondrement des partis du centre. Dans 14 sur 17 d'entre elles, bolcheviks et cadets se trouvaient face à face. Les bolcheviks réunirent le 23 les Doumas de quartiers et formèrent le Soviet des Doumas qui déclara dissoute la Douma municipale.

« Rudnev répondit le 24 en constituant un Comité de salut public avec des socialistes-révolutionnaires et quelques cadets dont Astrov et Kichkine.

« Le 25, les deux Soviets des soldats et des ouvriers élurent un Comité révolutionnaire militaire; 394 voix désignèrent les bolcheviks Oussiévitch, Muralov, Smirnov et Lomov, 106 les mencheviks Nikolaiev et Tcytelbaum et un délégué d'un groupe secondaire nommé l'Union, Konstantinov. Ces derniers devaient se retirer trois jours après.

« Telle était la situation lorsqu'on apprit le 26 les évènements qui s'étaient déroulés la veille à Petrograd. Les délégués du Soviet venaient de voir Rudnev, qui avait brutalement exigé la dissolution du Comité militaire et menacé de bombarder la maison où se tenait le Soviet, dans la Tverskaya, celle où se trouve aujourd'hui les services municipaux de Kamenev.

«.Une lutte armée devenait inévitable. Elle allait durer une semaine.

« Rudnev disposait d'une dizaine de mille hommes, commandés par le colonel Riabtsev, dont les junkers, c'est-à-dire les élèves des écoles militaires, troupe d'élite armée de mitrailleuses et possédant des autos blindées, formaient le noyau. Avec le peuple se trouvaient les régiments d'infanterie casernés à Moscou, la 1re brigade d'artillerie avec six batteries légères et quelques grosses pièces, un bataillon cycliste et des soldats venus de Dvinsk, de Pavlosk et de Kostroma.

« Les junkers manœuvrèrent pour entourer le Soviet et le séparer des faubourgs. Ils y arrivèrent presque le 29, mais furent repoussés le 30.

« On se battit surtout dans le Kremlin. Des soldats bolcheviks le gardaient, mais les junkers occupaient les portes de l'enceinte. Le 28, ils persuadèrent au commandant, le letton Berzine, qu'ils étaient maîtres de Moscou et lui donnèrent vingt-cinq minutes pour capituler. Berzine, abusé, rendit la place.

« A leur tour, les junkers se virent assiégés. On hésita à bombarder le Kremlin. Finalement on s'y décida (1). Le 2 novembre, Rudnev sollicita un armistice et à 4 heures, ses troupes déposèrent les armes.

« La Révolution triomphait.

« Le peuple, comme toujours, montra trop de mansuétude.

« Il accorda la vie et la liberté aux junkers, qui

_____

(1) Voir pour cet épisode le début du chapitre sur Lunatcharski.

en profitèrent pour aller fomenter des soulèvements à Iaroslav, dans le Donetz et sur la Volga (1).

« Tandis qu'il pratiquait une clémence systématique — ce qu'on a nommé la terreur rouge n'a commencé que bien plus tard, sous la pression de la nécessité — les bourgeois, les petits bourgeois, les étudiants s'étaient montré féroces. Les patrouilles blanches avaient massacré au hasard pour noyer la révolution dans le sang.

« Au Kremlin, après la capitulation de Berzine, les junkers avaient fusillé toute la garnison, composée d'hommes du 56ᵉ et du 193ᵉ d'infanterie. Même les ouvriers de l'arsenal, qui s'étaient tenus à l'écart de la bataille, avaient été massacrés par eux devant le monastère de Chudov, dont vous avez vu qu'on répare en ce moment la façade, que leurs mitrailleuses avaient fortement endommagée.

« Vous connaissez les tombes qui s'alignent sur la Place Rouge, le long du mur du Kremlin. Les victimes des blancs dorment là sous les fleurs que nous entretenons pieusement ».

––––––––––

(1) Voir sur ce point le chapitre : « Quatre années de guerres civiles. »

La Dictature du Prolétariat.
La Tché-ka.

Depuis la Révolution d'octobre, depuis les événements que je viens de retracer, la Russie, s'acheminant vers l'établissement d'un régime communiste régulier, vit sous le régime de la « dictature du prolétariat ».

Dictature du prolétariat, voilà des mots qui ont fait couler des flots d'encre dans toutes les polémiques sur la Russie révolutionnaire !

Comme s'ils étaient nouveaux ! Comme si Marx et Engels, lorsqu'ils lançaient le « Manifeste Communiste », ne les avaient pas, dès 1848, prononcés ! Comme si tous les partis qui, depuis soixante-dix ans, se sont proclamés marxistes, ne les avaient pas toujours inscrits dans leurs programmes !

Sérieusement, peut-on concevoir le passage d'un régime à un autre sans une période de gouvernement provisoire ? Lorsqu'il s'agit surtout de changer, non plus un personnel politique, comme dans les révolutions du passé, mais les bases mêmes de l'ordre social, comme notre Parti se le propose, peut-on ne pas prévoir que la prise du pouvoir — ce que nous appelons la révolution — sera fatalement suivie d'une période de transition pendant laquelle des hommes investis de la confiance du prolétariat vainqueur exerceront le pouvoir avec des moyens dictatoriaux ?

On ne devrait pas avoir besoin de discuter cela. Je sais bien qu'on s'en prend moins au principe de la dictature, sauf dans quelques cercles anarchistes où l'on s'effraie de certains mots, qu'à l'application qu'on en aurait fait en Russie.

La « terreur rouge » règnerait là-bas, d'après notre bonne presse. Les bolcheviks, depuis quatre ans, inonderaient de sang leur pays. La Tché-ka, l'effroyable Tché-ka, commettrait crime sur crime. Et, dans la République des Soviets, nul ne vivrait qu'en proie à l'angoisse, sous le coup de prochaines persécutions.

Tous les mouvements populaires, même les plus courts, même les plus calmes, ont été taxés de cruauté. Sur tous, les rédacteurs ont répandu la même légende. Des soldats de l'ordre sciés entre deux planches en 1848 jusqu'aux pétroleuses de la Commune, il n'y a pas de calomnies que n'aient inventées ceux qui avaient à répondre pour leur compte des assassinats de juin ou des massacres de la semaine de mai.

Il ne faut pas s'étonner que la révolution bolchevik subisse les mêmes outrages que ses devancières. Les émigrés russes et les conservateurs de tous pays ont de l'argent pour payer les journaux et la haine du communisme prévient en faveur de leur thèse les nigauds du monde entier.

Les bolcheviks ont exécuté des gens. Parbleu ! Depuis quatre ans les complots succèdent aux complots, les soulèvements aux soulèvements. A chaque tentative d'invasion, des mains se sont tendues de l'intérieur vers les aventuriers blancs. Il a bien fallu se défendre.

En juillet, j'ai vu moi-même, à Pierre et Paul, le jour où je visitais la sinistre forteresse où furent pendus les Décabristes, où tant de « nihilistes » moururent dans les cachots du ravelin d'Alexis, des soldats amener une douzaine d'hommes que venait d'arrêter la Tché-ka.

Et puis?

La question que doivent se poser les esprits sérieux, ce n'est pas de savoir si le sang coule. Il en coule à la guerre, il en coule dans toute révolution. C'est de savoir s'il n'en coule pas inutilement, si l'inéluctable devoir de défense ne couvre pas d'abus, de vengeances ou d'exactions.

J'ai acquis la conviction, après m'être informé auprès des hommes les plus dignes de foi, que l'histoire de la « terreur rouge » est un des bourrages de crâne les plus éhontés auxquels se soient livrés les adversaires du communisme et que les bolcheviks, en matière de répression comme en toute autre, ont accompli ce qu'il était possible d'accomplir avec les moyens et les éléments dont ils disposaient..

L'organisme qu'ils ont créé, la Tcherzvytchaïka ou Commission Extraordinaire, qu'on nomme par abréviation Tché-ka, porte exactement ce titre : Commission Extraordinaire pour la lutte contre la contre-révolution, la spéculation et les crimes commis par les fonctionnaires dans l'exercice de leurs fonctions.

Ses attributions ne se limitent pas, on le voit, à la répression des complots. La Tché-ka collabore activement à l'œuvre de reconstitution économique du pays. Elle recherche les stocks de matières premières ou de denrées dissimulés, veille à l'observation des réglements de travail, poursuit les fonctionnaires peu scrupuleux.

Ces besognes l'occupent de plus en plus, tandis que diminue d'importance la tâche de défense du régime. Et l'on pourra voir par l'exemple que je cite au chapitre sur « l'Electrification » que ses interventions sont d'une utilité première.

Il existe une Commission Extraordinaire près le Conseil des Commissaires du peuple ; c'est celle qu'on nomme la Vé-Tché-ka. Il en existe également une près le Soviet de chaque Gouvernement.

Chacune a à sa tête un présidium plus ou moins nombreux, qui comprend pour la Vé-Tché-ka quinze membres, désignés pour celle-ci par le Conseil des Commissaires, pour les autres par le Comité exécutif du Soviet.

Le présidium juge lui-même les affaires que lui transmettent les juges d'instruction ou bien il les renvoie devant les tribunaux révolutionnaires lorsqu'il veut leur donner de la publicité.

Les membres des présidiums sont des militants connus et insoupçonnables. Le président de la Vé-Tché-ka, Djerzinski, est une sorte d'ascète dont on conte que, lorsqu'il était prisonnier en Allemagne, il sollicitait les corvées les plus désagréables pour montrer que le rôle d'un communiste est de donner l'exemple partout où il se trouve.

Commissaire du peuple à l'Intérieur, président de la Commission du Donetz et chargé d'organiser les transports par eau, Djerzinski ne dirige plus la Vé-Tché-ka qu'en titre. Il y est suppléé par Unschlicht, auparavant membre du Conseil militaire du front ouest, ancien militant du Parti universellement estimé.

Pour les Tché-ka de gouvernement, voici des chiffres qui indiquent comment elles sont constituées : En 1920, une conférence de leurs présidents et vice-présidents s'est tenue à Moscou. Sur 69 présents, on comptait 45 ouvriers, 13 paysans et 11 intellectuels. Tous appartenaient au Parti et 28 d'entre eux lui appartenaient déjà sous le tsarisme.

Ce n'est pas dans ce personnel de révolutionnaires dévoués à leurs idées qu'on peut rencontrer des éléments indésirables. Le personnel subalterne malheureusement ne se recrute pas avec autant de facilité. Il compte une forte proportion de communistes, mais il ne compte pas que des communistes.

On ne doit pas oublier que, comme Zinoviev l'a rappelé dans le discours qu'il prononça au congrès de Halle, avant la constitution du Parti Communiste Allemand, les bolcheviks ont perdu plus de 300.000 d'entre eux dans les guerres qu'ils ont dû soutenir et que leur vieille garde a disparu en grande partie ; qu'ils ne sont pas assez nombreux pour pourvoir eux-mêmes à tous les emplois et qu'ils ont dû recourir souvent à des communistes de fraîche date venus à eux pour profiter des avantages du pouvoir ou à d'anciens fonctionnaires du régime précédent.

Qu'il se trouve parmi ceux-ci, juges d'instruction, agents secrets, employés de tous rangs, des personnages capables d'abuser parfois de leur puissance, c'est ce dont on ne saurait douter lorsqu'on sait que la Commission Extraordinaire elle-même a fait fusiller à maintes reprises des dizaines de ses agents.

Malgré l'insuffisance de ses cadres, qui tient à l'infériorité générale de l'instruction populaire et à laquelle on doit reprocher ceux des abus qui se sont réellement produits, on ne saurait en bonne justice penser de l'action de la Tché-ka tout ce qu'on en penserait si l'on ajoutait foi aux légendes colportées.

A croire les feuilles publiées en Europe par les blancs, on s'imaginerait que les bolcheviks ont, d'un bout à l'autre de la Russie, fusillé des gens par centaines de mille. De là à la réalité, il y a loin.

Pierre Pascal, dont j'ai déjà dit que sa haute intégrité était égale à son intelligence critique, a publié la statistique des exécutions capitales en 1918 et 1919 (1).

« A travers toute la Russie soviétiste — écrit-il — au cours de deux années de révolution, après presque cinq cents complots contre-révolutionnaires de toutes sortes et une cinquantaine de bandes de brigands découverts par les Commissions Extraordinaires, après les attentats systématiques de 1918 contre les communistes les plus respectés (2), après les tentatives d'espionnage et de trahison de milliers d'anciens policiers, officiers, propriétaires, et cela en pleine guerre extérieure et intérieure, au milieu d'un perpétuel danger de mort pour la République soviétiste, les Commissions Extraordinaires ont exécuté 9.641 individus, les tribunaux révolutionnaires ont prononcé moins de 500 condamnations à mort en majorité conditionnelles et n'ayant jamais été suivies d'effet.

« Mais, pour pouvoir juger, il faut faire la philosophie de ces chiffres. Or, sur les 9.641 fusillés des Commissions Extraordinaires, il y a près de 2.600 criminels de droit commun, gros spéculateurs, fonc-

---

(1) En *Russie Rouge*, par Pierre Pascal, brochure éditée par *L'Humanité*, 1921.

(2) Contre Lénine et Zinoviev, contre Ouritzki, président de la Vé-Tché-ka et Volodarski. Ces deux derniers ont été tués, Lénine grièvement blessé.

tionnaires prévaricateurs et surtout bandits dangereux et incorrigibles, tristes produits d'une société mal organisée, plus dangereux que jamais en période troublée, dont l'ordre révolutionnaire exige l'impitoyable extermination.

« Reste exactement 7.068 conjurés, espions, organisateurs de soulèvements et autres contre-révolutionnaires actifs pris sur le fait, fusillés dans toute la Russie au cours de deux années de guerre civile.

« Sur ce nombre, 5.513 reviennent à l'année 1918 et seulement 1.555 à 1919 ».

Sept mille exécutions politiques en deux ans, alors que la Russie était assaillie de toutes parts !

J'ai tenté d'obtenir des chiffres analogues pour les deux années suivantes, sans pouvoir me les procurer exactement. Des évaluations approximatives m'ont été faites par des hommes que je crois dignes de toute confiance.

La plus pessimiste atteint le total de douze à quinze mille pour les quatre années de la Révolution.

On peut regretter certes même ce chiffre. On peut déplorer, c'est entendu, qu'il y ait eu même un individu fusillé. Mais si l'on s'efforce à quelque impartialité, il faudra mettre en regard que la Russie révolutionnaire n'avait le choix qu'entre vaincre et mourir et qu'elle compte une population de 130 millions d'habitants.

A ceux qui se refuseraient à faire cet effort d'impartialité, les bolcheviks pourront toujours opposer le chiffre des victimes massacrées par leurs ennemis.

J'en donnerai quelques aperçus dans le chapitre sur « La Guerre Civile ».

Pour mes compatriotes trop pressés de vitupérer les « Terreurs Rouges » et d'oublier les « Terreurs Blanches » qui les ont toujours dépassées de bien loin, je me bornerai à leur rappeler que si la Révolution soviétiste a fusillé en quatre ans de douze à quinze mille Russes, l'armée de Versailles en 1871 a couché en huit jours trente-cinq mille Communards sur le pavé de Paris.

Ce qu'était la police tsariste.

Je ne puis quitter le chapitre des Commissions Extraordinaires sans ouvrir, si rapidement que ce soit, celui de la police secrète du tsarisme, ni parler de la Tché-ka sans m'arrêter un seul instant sur l'Okhrana.

On a trop souvent eu à s'occuper de celle-ci dans les années qui précédèrent la guerre, l'attention publique a trop fréquemment été frappée par ses méfaits, par ses scandales, l'affaire Azev — entre tant d'autres — reste encore présente à trop de mémoires pour que je ne rapporte pas ce que j'ai pu apprendre sur cette question.

Un matin, pendant notre séjour à Pétrograd, nous avions fait l'ascension du dôme de Saint-Isaac, pour contempler dans son ensemble, sous un soleil de feu, l'immense panorama de la ville.

A nos pieds, entre l'église et la Néva, s'étendait le jardin où Catherine II a élevé à la gloire de Pierre le Grand la belle statue équestre que sculpta Falconet.

Serge (1), notre inlassable guide, nous expliquait : C'est dans ce jardin que se rassemblèrent en 1825 les Décabristes et que Nicolas I les fit prisonniers. Ici, c'est l'Amirauté ; là, le Saint-Synode, puis le Sénat...

« Tiens, le Sénat ! — fit-il — il faut que je vous y mène. C'est là qu'on a réuni les archives de la police tsariste ».

____

(1) Victor Serge a publié, dans les numéros du *Bulletin Communiste* des 10 et 17 novembre 1921, une étude documentée sur *Les méthodes et les procédés de la police russe.*

Pensez si nous fûmes alléchés ! Nous nous y rendîmes, aussitôt redescendus sur terre.

Un vieux bâtiment sans style, comme la plupart des bâtisses officielles de l'ancien régime. Une salle des séances quelconque, avec des portraits de tsars et de tsarines couverts de journaux, conservés avec le soin qu'ont apporté les bolcheviks à préserver tout ce qui peut offrir un intérêt artistique ou historique. Peu de chose, somme toute, rien qui mérite la visite. Mais...

Mais, dans les bureaux, par derrière, lorsqu'un des conservateurs veut bien, comme l'aimable fonctionnaire à qui nous déclinâmes nos qualités, nous ouvrir les portes, armoires et tiroirs, quelles richesses documentaires, quel amoncellement de papiers prodigieux ! De quoi remplir de joie, pour des années et des années, des centaines d'âmes charmantes d'archivistes.

Toute l'histoire du mouvement révolutionnaire russe est là. L'Okhrana, la sinistre Okhrana l'a pieusement enregistrée jour par jour, mise sur fiches, rassemblée par registres, classée par dossiers, pour les besoins de la défense du régime.

Voici d'abord la « Chambre des Provocateurs », dont ceux-là mêmes qui en ont la garde ne prononcent le nom, aujourd'hui encore, qu'en baissant la voix.

Soixante tiroirs, pas un de moins, sont remplis de petits cartons, dont chacun porte le ou les sobriquets d'un homme avec son véritable nom. Les dossiers auxquels ils renvoient emplissent des armoires. On m'en ouvre, au hasard, quelques-uns. Je vois des papiers sur le pope-traître Gapone, sur Landesen, l'étonnant Landesen qui fomenta vers 1890 un complot en France, écopa deux ans de prison qu'il ne fit pas, regagna la Russie, puis... revint à Paris comme attaché d'ambassade se faire, sous le nom de Harting, décorer de la Légion d'honneur par je ne sais lequel de nos ministres.

Voici les dossiers des militants que les provocateurs surveillaient. Quelle superbe ordonnance.

quelle méthode ! Les lettres qu'échangeaient entre eux les suspects, interceptées, calquées, copiées, s'empilent chacune à sa place. Elles sont datées de Bâle, de Genève, de Munich, de partout. C'est à croire que les employés des postes du monde entier appartenaient à la police secrète. Recommandées, chiffrées, écrites à l'encre sympathique, n'importe ! Tout ce qui sortait des mains d'un révolutionnaire russe produisait aussitôt un double, rangé là.

On le lisait, dépouillait, analysait, annotait. Chaque dossier contient un schéma. D'un rond représentant l'intéressé partent des lignes conduisant à d'autres ronds, qui figurent ses correspondants. Dans chaque rond, un confetti, bleu, rouge ou jaune indique si le propriétaire est social-démocrate, socialiste-révolutionnaire, anarchiste. Un numéro inscrit sur chaque confetti permet de connaître illico tous les dossiers à consulter.

Le suspect se déplace-t-il ? Un trait l'indique : parti pour X... tel jour. Au bout du trait, un rond, avec un nom de pays. Autour du rond, des confettis multicolores indiquent les individus de telle ou telle fraction qu'il a visités.

Du premier coup d'œil, on peut suivre la vie de l'homme et connaître ses relations. Et l'on constituait pour chaque parti, pour chaque ville, un dossier annuel avec d'analogues schémas. De sorte qu'on pouvait suivre aussi la vie des groupes, savoir leur composition, leurs réunions, en déduire leurs projets.

Un autre fichier, plus général, renvoie aux dossiers de tous les gens de tous pays et de tous ordres auxquels la police du tsar s'intéressait.

Celui-là est formidable et les petits cartons qui le composent emplissent des boîtes et des boîtes, des tiroirs et des tiroirs. Plusieurs pièces suffisent à peine à le contenir. Les tables sont chargées de liasses.

On y trouve de tout, me dit l'un de nos guides : de hauts fonctionnaires, des gens de la cour, voire des membres de la famille impériale, des hommes politiques et des socialistes étrangers. « Regardez-vous même au hasard, — ajoute-t-il — vous trouverez certainement des gens de connaissance ».

Naegelen, qui m'accompagnait, me dit en riant : « Regarde donc à ton nom, d'abord. On ne sait jamais ! »

On ne sait jamais, bien sûr. Il y a neuf ou dix ans, je me suis fait délivrer un jour un passeport que désirait Roubanovitch pour un camarade russe qui voulait rentrer au pays et qui a été pendu peu après, le malheureux. Pendu sous mon nom, peut-être. Savoir si je retrouverai là la trace de « ma » pendaison ?

Nous cherchons... Cela y est ! « Morizet, Paris ». Voilà ma fiche ! Mais il ne saurait s'agir de la même histoire, car on me traduit la suite : « Dossier ouvert en 1898. Lettres 1903 ». Qu'est-ce que cela peut bien signifier ? 1898 ? J'appartenais au groupe des Étudiants Collectivistes, qui comptait nombre de Russes. L'Okhrana nous surveillait sans doute. 1903 ? J'ai comme un souvenir d'avoir correspondu, avant le Congrès d'Amsterdam, avec Plekhanov. On va chercher le dossier. Nous verrons bien.

En attendant on nous montre la bibliothèque qui contient une précieuse collection de journaux et brochures subversifs. Certains, fort anciens, sont copiés à la main. Voici le fameux faux « Manifeste d'Alexandre II » de 1863, qui annonçait au peuple la suppression des impôts. Voici les proclamations qu'à l'occasion des premiers attentats lança le groupe héroïque de la « Narodnaïa Volia ».

Et voici, dans un autre meuble, le journal hebdomadaire et les résumés annuels que l'Okhrana rédigeait pour le tsar, en dehors de ses rapports particuliers. Aucun volume ne manque depuis le début : 1826. Tous s'alignent sur les rayons, dans de superbes reliures et l'on peut cueillir au hasard : tous sont annotés par les mains impériales. Lorsque aucune observation ne figure en marge, un trait de crayon rouge entre deux points, visa traditionnel, **témoigne** constamment de l'attention qu'un auguste imbécile apportait à l'étude des rapports policiers.

Que d'efforts perdus ! Et de temps ! Pourquoi faire ? Alexandre II, après s'être livré pendant vingt-six ans à ce travail stupide, n'en est pas moins tombé sous les coups de ceux qu'il traquait. Nicolas II, après vingt-trois années d'abrutissement semblable, n'en a pas moins perdu sa couronne et la vie. Plehve est mort, lui aussi. Et le grand duc Serge. Et combien d'autres ! Les poursuites et les exécutions ont-elles jamais empêché quoi que ce soit?

Ah ! si ceux qui ont conçu, monté, entretenu le merveilleux mécanisme dont ces archives conservent le souvenir avaient employé au développement de leur pays la moindre parcelle de la méthode qu'ils appliquaient dans le fonctionnement de leur police, quelle nation serait aujourd'hui la Russie !

Nous nous communiquions ces réflexions les uns aux autres tout en descendant l'escalier. Et nous gagnions, en discutant, la place lorsqu'une voix me rappela : « Camarade, camarade, votre dossier... » C'est vrai, je l'oubliais, que diable ! « Il a été détruit, on n'en retrouve pas trace... »

Hélas ! hélas ! Je ne saurai jamais en quoi j'ai pu occuper l'Okhrana !

La vie matérielle. — Le « payoc ».

« Je vois bien — dis-je un jour à plusieurs de nos amis — comment fonctionne le régime politique. Le mécanisme soviétique n'offre pas de complications et il me paraît, somme toute, satisfaire tout le monde. J'ai causé avec des adversaires du régime. Ils ne l'attaquent pas sur ce point. Il semble que, *politiquement*, la question soit tranchée d'une façon définitive. En tous cas, je ne découvre plus, quant à moi, sur ce terrain, d'endroits obscurs où je doive vous prier de m'éclairer.

« Mais sur le terrain économique, il y a des choses encore que je ne saisis pas.

« En régime capitaliste, l'intérêt individuel préside aux rapports entre les hommes. En régime communiste, des réglements fondés sur l'intérêt général et sur le sentiment d'une justice égalitaire assurent à chacun ce que l'initiative égoïste, ce que la pratique du système que les soldats de chez nous nomment le système D, ne doivent plus lui fournir.

« Or je vois l'argent conserver une valeur très diminuée certes, mais continuer à régler des transactions. Je vois des marchés ouverts, des petits commerçants qui négocient avec une liberté sans doute restreinte, mais qui trafiquent néanmoins. La Tché-ka poursuit les spéculateurs ; il en reste par conséquent. Les travailleurs touchent toujours un salaire, ou du moins un salaire d'appoint.

« Je sais bien que le communisme n'est pas encore assis, que vous vous efforcez seulement de l'établir et que vous proclamez les premiers que vous n'y réussirez qu'au bout d'un temps assez long.

« Il y a là cependant des contradictions qui me

surprennent parce que je ne vois pas bien l'orientation et le plan d'action du gouvernement.

— Si vous ne voyez pas très clair — m'ont-ils répondu — ce n'est pas, rassurez-vous, que vous soyiez aveugle. C'est que la situation offre en effet quelque obscurité.

« Nous avons, jusqu'à la fin de 1920, marché d'un pas continu vers la réalisation du communisme. Des projets de suppression de l'argent ont été publiés. Les marchés libres étaient fermés dans les villes d'avant-garde comme Pétrograd. Là où on les tolérait, on y multipliait les râfles et les confiscations. Le salariat subsistait dans une mesure insignifiante si vous considérez le coût de la vie et l'on envisageait son remplacement par des primes en nature.

« Logement, éclairage, transports, produits alimentaires, théâtres même, étaient gratuits depuis longtemps. Nous étatisions plutôt que nous ne socialisions, mais l'évolution se poursuivait très nette et la route allait toute droite vers le but espéré.

« Le point culminant de l'orientation vers le communisme intégral se fixe en janvier-février 1921.

« Depuis lors, il a fallu malheureusement stopper. La situation économique était peu brillante. A l'époque difficile de la soudure, elle est devenue mauvaise et les rations, insuffisantes déjà, se sont réduites de plus en plus.

« Pour ne pas mourir de faim, l'ouvrier, le fonctionnaire ont dû se procurer clandestinement des denrées. Ils échangeaient avec les paysans ce qui leur restait de richesses échangeables, meubles, bibelots, vêtements. Ils spéculaient, comme nous disons, de toutes les manières. Quelques-uns truquaient de façon fâcheuse. Le système D, dont vous parliez tout à l'heure, fleurissait de nouveau.

« Nécessité n'a pas de loi. Il a fallu autoriser les marchés, augmenter les salaires. Nous sommes revenus en arrière pour la première fois. C'est la « nouvelle politique ». Nous subissons un temps d'arrêt forcé, en attendant que nous puissions rebondir de plus belle.

« Voilà le secret des contradictions, trop certaines, que vous avez constatées.

— Bien — ai-je dit — je comprends. Entre vos désirs et vos possibilités, une marge importante existe. On est obligé d'en tenir compte. Mais j'aimerais à savoir de vous comment se passaient les choses avant la crise récente qui en a interrompu le cours.

« Supposons qu'un individu ait débarqué à Moscou voilà six mois. Voulez-vous me dire comment il aurait dû procéder pour satisfaire à ses besoins divers ?

— C'est facile. Voici les étapes qu'il aurait parcourues :

« D'abord, il se serait fait inscrire à la Bourse du Travail, puisqu'on est producteur, en Russie, avant d'être citoyen. La Bourse l'aurait adressé à une institution professionnelle où on l'aurait inscrit.

« Cette immatriculation terminée, il aurait trouvé le nécessaire.

« Pour manger, il aurait reçu de son institution un payoc. Je vous expliquerai tout à l'heure ce que cela signifie.

« Pour se loger, le service du logement — le Jilichnia Adiel — lui aurait fourni une habitation sur un bon de son institution. On a droit en principe à un local contenant un certain nombre de mètres cubes d'air, mais cela équivaut dans la pratique à une pièce par tête d'habitant.

« Pour se vêtir, il se serait rendu, toujours avec un bon, au Soviet communal, qui l'aurait envoyé à l'un de ses magasins. Pour les vêtements de travail et les outils, son syndicat les lui aurait remis.

« Pour se chauffer, son institution lui aurait procuré le combustible.

« Je vous ai parlé tout à l'heure du payoc, c'est-à-dire de la ration qu'on touche en nature, lorsqu'on ne préfère pas manger au restaurant. Il en existe quatre sortes. Nous avons : le payoc diplomatique, que reçoivent les diplomates, les étrangers hôtes de la République et les chefs de service ; le payoc semi-diplomatique, attribué aux ouvriers dits responsables, c'est-à-dire exerçant une fonction, aux employés du gouvernement et aux travailleurs de certaines usines; le payoc ordinaire et celui des malades, qui n'est autre que le précédent additionné d'un supplément.

« Voici ce dont le bénéficiaire de chacune de ces catégories devait disposer tous les mois, d'après le barème de Moscou pour mars 1921 :

	1°	2°	3°	4°
Farine supérieure.	10 liv. (1)	10 liv.	0 liv.	10 liv.
Farine noire . . .	35 —	35 —	30 —	0 —
Viande.	30 —	15 —	7 — ½	7 — ½
Graisse.	5 —	2 — ½	1 —	2 —
Millet	15 —	7 — ½	5 —	5 —
Produits lactés (fromage et beurre)	5 —	2 — ½	0 —	2 —
Sucre	5 —	2 — ½	1 —	2 —
Pâtes.	5 —	2 — ½	1 —	0 —
Sel.	1 — ½	1 —	1 —	0 —
Légumes.	45 —	22 — ½	30 —	0 —
Condiments . . .	2 —	1 —	0 —	0 —
Fruits secs. . . .	5 —	2 — ½	0 —	0 —
Thé	¼ —	¼ —	¼ —	0 —
Café	¼ —	0 —	0 —	0 —
Cacao	0 —	0 —	0 —	1/8 —
Œufs	60	30	0	20
Cigarettes	750	375	{ suivant les possibilités	0
Allumettes. . . .	10 boît.	5 boît.	des coopératives d'usines }	0
Savon de toilette.	2 pains	1 pain	1 pain	0
Savon de lessive.	1 —	½ —	¼ —	0

« Les enfants bénéficiaient d'un régime particulier. Suivant qu'ils appartenaient à la catégorie des

---

(1) La livre russe vaut 410 grammes.

normaux ou des sous-alimentés, ils recevaient à Moscou en avril :

Pain.	20 livres	20 livres
Viande	7 —	12 —
Millet.	7 — ½	10 —
Sucre	2 —	2 —
Fruits secs	2 —	0 —
Farines diverses. . . .	3 — ¾	2 — ½
Sel	1 —	1 —
Beurre.	1 —	1 liv., 8 lots (1)
Légumes secs	2 liv., 13 lots.	3 —
Café.	3 lots	½ —
Œufs	16	30 —

« Ajoutez, si vous voulez être exactement renseigné, que chacun de ces payocs comportait des modalités variées.

« Les soldats recevaient des suppléments. Aujourd'hui encore ils touchent chaque jour une livre de pain en plus et dans certains corps, comme l'artillerie ou l'automobile, une livre et demie.

« Chez les ouvriers aussi il existe des catégories privilégiées, comme les *oudarni,* les ouvriers de choc, ainsi qu'on les nomme d'un mot emprunté au jargon de la guerre. Parmi les *oudarni* eux-mêmes, il y a les *obratzovi,* les travailleurs des usines-modèles, rares à la vérité puisqu'une seule usine, à Moscou, ressortit à cette classe. Ils reçoivent chaque mois, en sus de leur payoc, 7 livres de viande ou de poisson, 30 à 40 livres de farine et 15 pour chacun de leurs enfants.

« Ajoutez encore que ceux qui travaillent de nuit gagnent un supplément d'une demi-livre de farine, de 5 zolotniki de graisse et de 15 cigarettes.

« Mais tout cela, malheureusement, est, dans la plupart des cas, demeuré théorique.

« Logement, vêtement, chauffage, n'ont jamais pu être assurés complètement. On a satisfait aux

____

(1) Un lot vaut 3 zolotniki et 1 zolotnik 4 gr. 26.

demandes dans une proportion relative, qui a diminué constamment.

« Quant aux payocs, ils ont varié suivant les approvisionnements. Tantôt la viande a manqué, tantôt un autre article. Des distributions de caviar, de sardines, de noisettes ou d'autres denrées ont remplacé, selon les arrivages, celles qui auraient dû être opérées régulièrement.

« Les quantités n'ont jamais été suffisantes et là est la grande raison du maintien des salaires et de la tolérance vis-à-vis des marchands. Nous avons dû fermer les yeux sur beaucoup d'abus, admettre que chacun se débrouille pour le mieux. Les excès seuls ont été réprimés. Songez que du 7 mai au 7 juin 1921, en un mois, dans 282 institutions d'ordres divers, la Commission de révision des cartes alimentaires a trouvé, d'après les *Izviestia* du 16 juin, 34.395 cartes fictives, des cartes d'âmes mortes, comme nous disons en souvenir du roman fameux de Gogol.

« Comprenez-vous, maintenant, la raison des contradictions qui vous étonnent?

« Vous allez entendre au Congrès, vous entendez depuis quelques semaines, parler de la « Politique Nouvelle ». La Politique Nouvelle, c'est le remède que nous allons essayer pour parer à la crise sociale que nous traversons, crise au milieu de laquelle toute tentative d'organisation rencontre des difficultés extrêmes, parce que cette crise est fonction de la crise agricole et de la crise industrielle, de la crise, en un mot, de toute la production. »

Sous l'œil de Moscou.

Le Congrès de l'Internationale.

Le Congrès de l'Internationale pour lequel nous nous étions rendus en Russie devait s'ouvrir au début de juin. Il a commencé dans les derniers jours du mois.

Exactitude russe? Hum ! Il y a de cela sans doute, mais il faut tenir compte aussi que réunir quinze cents personnes venues de tous les coins du monde n'est pas chose facile lorsque toutes les chancelleries et toutes les polices s'y opposent, ou s'y prêtent avec une mauvaise humeur hargneuse qui est souvent plus gênante encore qu'une hostilité marquée.

A tout prendre, nous n'avons pas eu à regretter ce retard. Nous savions que nous étions partis pour deux mois au moins. Nous pensions accomplir ensuite, à travers les steppes, un voyage comme celui que Cachin et Frossard avaient fait en 1920 sur la Volga. Les délais, après le Congrès, devenaient trop courts.

Mais les loisirs dont nous avons joui avant la réunion de l'Internationale nous ont permis de nous reconnaître d'abord, d'étudier ensuite bien des questions que nous aurions été forcés de négliger.

Notre Congrès, comme celui de l'année précédente, s'est réuni au Kremlin, dans cette petite ville de palais et d'églises dont tant de voyageurs ont décrit l'aspect curieusement vieillot.

Je ne pense pas que la physionomie en ait beaucoup varié. Sauf au moment des sacres et lors des rares visites que les tsars daignaient faire à Moscou, la cité enclose du Krem, comme on dit là-bas, a toujours dû être assez somnolente et la Révolution, en utilisant certains de ses bâtiments, a dû plutôt lui rendre un tantinet de vie.

La caserne devant laquelle, autour du Tsar-Canon, gisent les pièces d'artillerie de la Grande-Armée, renferme une école militaire. Lénine habite un appartement du Palais de Justice. Trotski loge dans une des dépendances du Palais impérial. Au-dessous de chez lui est le restaurant où se retrouvent les Commissaires du Peuple. Lunatcharski a son bureau en face. De-ci, de-là sont installés quelques fonctionnaires.

Peu d'animation somme toute. La vieille forteresse n'est pas, comme on pourrait se l'imaginer, le foyer central de la vie gouvernementale. Elle conserve ses souvenirs historiques dans le calme et le silence.

Au sud, le Palais impérial et les cathédrales célèbres d'Ivan Veliki, de l'archange Michel, de l'Assomption, de l'Annonciation, en constituent la partie morte.

Les églises, en Russie, restent consacrées au culte. La loi de séparation les a remises aux associations de fidèles, qui jouissent d'une liberté complète pour leurs exercices, et organisent même dans les rues toutes les processions qu'il leur convient. Les dimanches et les jours de fête, on en rencontre beaucoup.

Les chapelles sont ouvertes comme autrefois. Entre les deux portes qui donnent accès à la Place Rouge, la Vierge d'Ibérie, la plus révérée des vierges orthodoxes, reçoit dans son abri minuscule les génuflexions de passants qui s'inclinent souvent ensuite, avec un égal respect, devant une autre « icone » : l'inscription qu'on a placée dans un cadre sculpté sur le mur voisin de la Douma municipale et qui avertit son lecteur que la religion est l'opium du peuple (1).

Le bolchevisme témoigne en matière religieuse

---

(1) Ransome avait déjà noté cette observation, mais j'avais cru, je l'avoue, à une boutade, jusqu'au jour où j'ai pu observer moi-même un spectacle qui semble se renouveler fréquemment.

une indifférence parfaite. Krasnikov, membre du Collège du Commissariat de la Justice, avec qui j'ai eu l'occasion d'effleurer ce sujet, m'a déclaré que le Parti communiste ne s'interdisait pas la propagande anticléricale, qu'il éditait même des journaux spéciaux comme *La Révolution et l'Eglise*, mais qu'il n'utilisait pas l'autorité gouvernementale pour contraindre les consciences et n'intervenait dans les affaires ecclésiastiques qu'en cas de complot avéré.

Si les églises du Kremlin sont fermées, ce n'est donc point que le régime veuille en écarter les fidèles. Seule s'y déroulait l'existence religieuse des tsars, de leur baptême à leur enterrement.

Sans destination aujourd'hui, elles ont clos leurs portes sur leurs trésors. Les pierres précieuses des sarcophages, l'or des iconostases ne brillent plus au grand jour que lorsqu'une troupe de mécréants comme la nôtre exprime le désir d'aller les contempler.

L'esplanade qui, devant elles, domine le cours de la Moskova, n'est traversée que par de rares passants. De la statue d'Alexandre II, élevée jadis sur celui de ses côtés qui regarde la rivière, le socle demeure vide. Des élèves de l'école militaire, à l'époque où nous étions là-bas, jouaient au ballon et installaient un tennis où les pompes de la cour ont dû se dérouler.

Quant au Palais lui-même, centre de cette factice existence officielle d'antan, je crois bien qu'il ne sort de son sommeil ordinaire que pour le Congrès de l'Internationale, chaque été.

Il est laid. Les « terem », seule partie de la demeure des premiers Romanov qui ait échappé à l'incendie de 1812, ont été défigurés au XIX° siècle par des badigeonnages honteux.

Les immenses salles de réception, rebâties vers 1840, rivalisent de froideur pompeuse. Salle Saint-Georges, blanche et or, qui nous servait de lieu de conversation, salle Saint-Alexandre Nevski, rose et or, où fonctionnaient les services de presse, salle

Saint André, bleu ciel et or, où se tenaient les séances du Congrès, combien peu vous êtes sympathiques !

Il était amusant certes de voir les délégués de l'Internationale délibérer dans la salle où le plus autocrate des potentats donnait audience; symbolique à coup sûr d'entendre la parole communiste tomber d'une estrade posée à la place même où le trône du tsar était installé; cocasse évidemment de réunir nos commissions dans ces chambres, toujours garnies de leur mobilier de parade, d'où les souverains partaient se faire couronner.

Et n'ai-je pas découvert un jour, en errant à l'autre extrémité de la salle Saint-André, qu'au-dessus du large dais destiné à rabattre le son qui surmontait la tribune, un décorateur qui pressentait l'avenir avait plaqué sur le mur, au milieu d'un réseau de foudres dorées des plus rococo, un œil inscrit en un triangle?

L'œil de Moscou !

En dépit de ces rencontres joyeuses, malgré ces contrastes aigus dont un disciple du père Hugo tirerait de beaux effets lyriques, je ne saurais dire que le lieu m'ait ému.

Le Congrès, dont on n'attend pas sans doute que je retrace, en ce livre qui s'adresse au grand public, les discussions auxquelles les militants du Parti seul peuvent s'intéresser, nous a appris aux uns et aux autres beaucoup de choses passionnantes. Mais, le Palais, chaque fois que je l'évoque, ne me laisse comme souvenir qu'une impression de tristesse glacée.

Il contient pourtant un endroit magnifique : cette terrasse sur laquelle donnent les salons et d'où l'on surplombe toute la rive droite de la Moskova, les faubourgs troués de jardins, parsemés des clochers bulbeux d'innombrables églises et terminés à l'horizon par la silhouette verdoyante du Mont des Oiseaux.

Nous y allions faire les cent pas lorsque s'éter-

nisaient les discussions entre les terribles fractions
communistes allemandes, le K.P.D. et le V.K.P.D.

Que de connaissances se sont ébauchées, que de
conversations ont commencé en ce lieu admirable !
Là et dans cette salle octogonale de Saint Vladimir
où l'on prenait le thé et d'où nous chassait bientôt
l'austère gardienne, débris du personnel ancien,
qui n'admettait pas que la fumée d'une cigarette
polluât son domaine sacré. « Ne sentez-vous donc
pas que ces murs parlent? » nous répétait-elle avec
véhémence. Digne femme pour qui le Krem rebâti
restait toujours le Krem, centre vénéré de la Sainte
Russie !

La plupart d'entre nous y ont pour la première
fois approché ces chefs de la Russie rouge dont le
bourgeois occidental n'évoque pas les noms sans
angoisse et qui ne possèdent pas, dans notre personnel politique, d'équivalents pour la simplicité
bonhomme.

Lénine, Trotski, toujours pressés, n'apparais-
saient guère au Congrès qu'à la tribune. On les
voyait parfois à notre table — la France et l'Allemagne, côte à côte, siégeaient juste au pied du
bureau — lorsqu'ils éprouvaient le besoin de causer
ou quand Trotski, diplomate consommé, après un
discours de Lénine sur un point où l'on pouvait
soupçonner entre eux quelque discordance, venait
nous dire en souriant de toutes ses dents : « C'est
moi qui vais vous traduire ses paroles. »

Zinoviev, qui présidait d'ordinaire, ne fréquentait
pas beaucoup non plus les « couloirs » du Congrès.
Et nous n'y rencontrions qu'accidentellement
Radek ou son fidèle Bela Kun, avec qui nous avions
eu quelques accrochages en séance, et qui semblaient se plaire davantage en la compagnie de nos
camarades allemands.

Mais Bukharine, l'aimable Bukharine, directeur
de la *Pravda*, mais Stieklov, directeur des *Izviesta*,
se montraient toujours prêts à une conversation
cordiale. Kamenev, lorsque la « mairie » de
Moscou le laissait de loisir, mettait toujours à notre

service sa bonne grâce, surtout pour échanger avec nous quelques vieux souvenirs parisiens.

Losovski, secrétaire de la C. G. T. russe, controversait fougueusement dans tous les coins sur l'attitude des Syndicats français réfractaires à l'alliance avec le Parti communiste. Les leaders de « l'opposition ouvrière », Chliapnikov et la citoyenne Kollontaï, nous démontraient que le bolchevisme ne tient pas suffisamment compte des volontés des organisations corporatives.

Rakovski, Manouilski, Siémachko, Karakhan, Lunatcharski, Kemmerer et combien d'autres ont subi avec le sourire le supplice de l'interview ! Supplice aimable qu'ils nous infligeaient à leur tour, car si notre fringale des choses russes était inapaisable, leur soif de nouvelles de France ne parvenait pas davantage à s'étancher.

J'ai retrouvé au Kremlin, les Russes à part, quelques anciens, comme l'excellente camarade Roland-Holst, comme notre vénérée Clara Zetkin, que je rencontrais dans les Congrès de la IIe Internationale. J'y ai connu bien des nouveaux.

Tous venaient là, comme nous, poussés par la communauté de l'idéal, s'efforcer de résoudre les problèmes difficiles que l'angoissante situation du monde au lendemain de la guerre pose partout à notre Parti.

Les éléments les plus variés de ce jeune asiatisme que la IIIe Internationale a suscité, lancé dans le mouvement politique universel, ajoutaient aux types usuels des types d'un modernisme pittoresque.

Sur les uns, sur les autres, sur l'Internationale troisième, une étude consciencieuse ne serait pas superflue certes.

Mais je me suis surtout documenté sur les Russes et c'est aux hommes de Moscou, à leur œuvre, que je veux limiter mon enquête.

Les « bobards » de la presse française.

Tous ces hommes avec qui nous avons vécu, toutes ces choses que nous avons observées, comme on les ignore chez nous !

De quelle série d'inepties est fabriquée l'opinion européenne et quelle mirifique collection de « bobards » il y aurait à faire si l'on voulait réunir les sottises qui s'impriment en France sur ce qui se passe en Russie !

Cela frappe moins ici. On est si peu renseigné sur ce qui se produit là-bas que l'énormité des nouvelles qu'on lui sert n'estomaque pas le lecteur du premier coup. Il lit. S'il est bête, il enregistre. S'il ne l'est pas, il sourit et se réserve. Mais il ne réagit pas avec la vigueur qu'il y mettrait s'il était à même de savoir.

Quand on est en Russie, c'est autre chose. On se trouve placé pour apprécier exactement comme le combattant se trouvait placé pour savourer la justesse des aperçus de MM. Barrès ou Cherfils sur la vie des tranchées, et les dépêches de Riga, d'Helsingfors ou de Varsovie qui documentent notre bonne presse sur l'existence de la République des Soviets vous font le même effet que produisaient sur le poilu les sensationnelles théories de M. Rousset sur l'attaque à la baïonnette ou les obus allemands qui n'éclataient pas.

Exemple : Nous étions à peine arrivés à Moscou que les journaux de Paris nous apprenaient, sur la foi de leurs correspondants de la Baltique : « Les délégués étrangers au Congrès de la IIIe Internationale ont eu le crâne mensuré. Les bolcheviks ont tenu à les soumettre à cette épreuve pour connaître leur degré d'intelligence. »

Nos camarades, en France et ailleurs, ont accueilli cet intéressant canard comme il le méritait, j'en suis sûr. Mais il s'est certainement trouvé bon nombre de niais pour le déguster. D'aucuns ont dû s'indigner de ces procédés « dignes de la barbarie ». Je ne jurerais pas que quelque Pécuchet, par contre, n'ait éprouvé une certaine admiration pour « ces esprits audacieux qui ne reculent devant aucune innovation scientifique ».

Nous, nous sommes tout simplement, comme on se l'imagine, bien amusé.

Ceci n'est que joyeux. Mais quelques jours plus tard, nous lisions dans le grave *Journal des Débats* cette dépêche d'Helsingfors, en date du 13 juin :

« Par suite de la suppression des distributions de pain, il y a de grands troubles à Petrograd. Dans plusieurs endroits de la ville, il y a eu des émeutes sanglantes. Malgré le terrorisme des bolcheviks, les ouvriers organisent des meetings où les pouvoirs bolchevistes sont rudement malmenés. Le Soviet a donné l'ordre d'arrêter tous les leaders de ces mouvements antibolchevistes. La réalisation de cet ordre n'a pu être effectuée ; c'était impossible, les révoltés étaient en trop grand nombre. Les bolcheviks se sentent si peu à leur aise que les trains qui circulent de Moscou à Petrograd et vice-versa ont l'ordre de ne s'arrêter dans aucune station. Les trains sont accompagnés de détachements de mitrailleuses. »

13 juin? C'est à peu près le moment où nous voyagions de Petrograd à Moscou. Nous ne nous étions pas douté une seconde, en nous promenant sur les bords de la Néva, que nous vivions au milieu d' « émeutes sanglantes ». Encore moins, lorsque nous descendions aux stations pour aller prendre un verre de thé pendant la longue route qui unit les deux capitales, nous ne nous étions aperçu que notre train fût un express — un express chargé de mitrailleuses.

Pas un mot, pas un mot de vrai dans l'information des *Débats!* Pas une ombre d'exactitude ! Mais allez donc, de Paris, vérifier des plaisanteries comme celle-là !

Après tout, pourquoi Petrograd n'aurait-il pas été semé de cadavres puisque Moscou devait l'être quelques jours plus tard?

Le *Temps*, le *Matin* — mais pourquoi citer certains? Tous, tous ! — ont annoncé en juin des troubles très sérieux à Moscou. Aucun de nous, ma foi, ne s'en est rendu compte. Mais « c'était imprimé », comme disent nos grand'mères. Donc, exact. Et l'on ajoutait que la garde chinoise avait sévèrement fusillé.

Ah ! cette garde chinoise, cette terrible garde chinoise, que de sanglants exploits ne lui fait-on pas commettre chaque jour ! Et comme il est fâcheux pour notre douce presse qu'elle n'existe pas plus que les émeutes incessantes noyées par ses soins dans le sang !

J'ai cherché, par acquit de conscience, à savoir d'où nos bourreurs l'avaient tirée. Et j'ai trouvé ceci :

Lorsqu'au début de la guerre, l'achèvement du chemin de fer de Mourmansk a été décidé pour remplacer par une route nouvelle, passant par l'océan Arctique, la route de la Baltique que l'Allemagne commandait, on a recruté en Mandchourie plusieurs milliers de coolies. Ces pauvres diables ont travaillé comme on travaillait aux temps glorieux des tsars, sous le bâton et sous le fouet.

Ils ont conçu contre leurs maîtres tant de haine que, dès le début de la Révolution, lorsque se sont constituées les premières unités de volontaires, deux ou trois mille d'entre eux se sont engagés pour combattre leurs tortionnaires.

Ils ont marché d'un tel élan, avec une telle ardeur, que les quelques régiments qu'ils formaient ont été bientôt décimés. Tout ce qui reste d'eux, quelques douzaines d'hommes, m'a-t-on dit à l'état-major, est dispersé depuis longtemps à travers l'armée.

Mais cela n'empêchera pas qu'aussi longtemps

qu'il faudra des soldats à la République soviétique, ses troupes, pour notre presse « d'information », se recruteront en Chine.

Pas plus que les communiqués officiels du gouvernement moscovite, affirmant catégoriquement qu'aucun officier allemand ne figure sur les contrôles, n'empêcheront les journaux des « patriotes » russes de raconter que le grand état-major de Berlin fournit ses chefs à l'armée rouge.

On m'a montré le numéro 290 des *Dernières Nouvelles*, publié par M. Milioukov à Paris. Il contenait, parmi d'autres inventions, un télégramme de Réval, annonçant le passage à Narva de cinquante officiers prussiens avec leurs familles.

Bonnes gens ! Le numéro 287 du même canard ne publiait-il pas déjà que Trotski avait donné l'ordre de massacrer toute la population de Cronstadt, de six à soixante ans? Comme si le chiffre des mutins exécutés après l'insurrection de mars n'était pas exactement connu !

Sans compter l'indication que la garde chinoise — toujours ! — avait enlevé la forteresse dont je raconterai plus tard la triste aventure.

C'est à se demander pour quel genre d'imbéciles les feuilles d'Europe prennent leurs innocents lecteurs.

Elles se surpassent surtout lorsqu'elles s'occupent des affaires intérieures du parti bolchevik et des rivalités personnelles qui dressent, à les en croire, l'un contre l'autre, les Commissaires du peuple.

Le 14 juin, alors que Lénine et Trotski préparaient de conserve notre Congrès, qui devait s'ouvrir quelques jours après, alors que les échos nous revenaient quotidiennement de leur accord parfait sur les propositions qu'ils allaient lui soumettre, l'*Est-Europe* amenait les *Débats* à prendre la responsabilité d'une dépêche de Riga que nous lûmes avec ravissement:

« On vient de recevoir ici la confirmation du fait qu'au cours des récentes discussions qui se sont élevées entre les deux fractions du parti communiste,

Trotski a fait appeler d'urgence à Moscou le célèbre médecin aliéniste Behtoref pour qu'il examine l'état mental de Lénine. C'est une nouvelle preuve de la lutte ardente qui se poursuit entre les deux leaders du bolchevisme. »

Lutte ardente, en effet ! Le 27 juin, la veille du jour où ces deux hommes allaient travailler sous nos yeux dans la plus complète cordialité, *Russunion*, l'agence d'information — si j'ose dire — des contre-révolutionnaires à Berlin, transmettait à nos grands journaux, qui s'empressaient de publier :

« S'il faut en croire le *Goloss Rossii*, qui reçoit son information de Réval, Trotski aurait tenté, la veille du Congrès de la III° Internationale, de faire partir Lénine pour Ilyskoe, ancienne maison de campagne du grand-duc Serge, sous le prétexte d'y soigner ses nerfs.

« Trotski se serait présenté à la porte de Lénine en compagnie de dix tchekistes et de son escorte et aurait exigé qu'on le laissât passer, mais les gardiens refusèrent et firent appel au 1ᵉʳ régiment communiste, cantonné au Kremlin. Une rencontre fut évitée grâce à Lénine, qui ordonna d'introduire Trotski. Après une conversation d'une heure et demie, celui-ci quitta avec sa famille et sa chancellerie particulière les appartements qu'il occupait au Kremlin. »

Par une contradiction fâcheuse d'ailleurs, le méchant Trotski, au moment même où il se livrait à ces exploits nocturnes, gisait en proie à une maladie qui ne pardonne guère.

« On mande de Moscou — annonçait-on le 19 juin d'Helsingfors — que Trotski est atteint d'un cancer au poumon et que son état est très grave. »

On exagérait bien certainement l'état de ce grand gaillard solide, puisqu'à la même époque où il se mourait, tout en essayant de faire enfermer Lénine, Lénine à son tour le faisait jeter en prison.

Une dépêche de Varsovie au *Temps* en lançait le 7 juillet la nouvelle :

« D'après des informations venues de Moscou, et

qui semblent de source sérieuse, Trotski aurait été arrêté sur l'ordre de Lénine au mois de juin dernier. »

Par quelle aberration nos journaux combattent-ils le régime soviétique en publiant ces niaiseries qui ne déshonorent qu'eux-mêmes? Je ne me charge pas de l'expliquer. Mais pendant tout le temps de notre séjour, nous en avons lu de semblables.

Le 27 juin, le *Matin* apprenait aux Français, d'après l'agence *Havas*, que Tchitchérine en disgrâce allait être remplacé par Litvinov. C'était l'époque où je demandais à Tchitchérine de me rédiger le message qu'il devait me remettre un mois plus tard et dont on trouvera le texte plus loin.

Le même jour, *Russunion* faisait connaître au monde : « Le choléra sévit depuis plusieurs semaines à Moscou. On compte jusqu'à 2.000 cas par jour. L'épidémie a déjà gagné Petrograd. Cependant la presse bolcheviste n'en souffle mot... » En effet, la presse bolcheviste, et pour cause, avait omis de parler d'un fléau dont personne ne soupçonnait à Moscou l'existence.

Le 28 juin, d'après son correspondant d'Helsingfors, la même *Russunion* déclarait : « Les événements de Sibérie ont provoqué un grand désarroi dans les milieux bolchevistes. Le gouvernement vient d'ordonner la mobilisation de tous les hommes astreints au service militaire jusqu'à l'âge de quarante ans. » Cependant, l'armée rouge rendait à la liberté les jeunes classes qui ont toujours suffi à ses besoins les plus impérieux.

Et notre Congrès, quelles folies n'a-t-il pas suggéré à la presse française en délire?

Tandis qu'il se déroulait dans le calme le plus cordial et que la section russe s'y présentait, comme toujours, unanime, le *Temps*. le 28 juin, jurait que les luttes les plus violentes s'y livraient entre les bolcheviks :

« Suivant une dépêche d'Helsingfors, le troisième Congrès de la III° Internationale semble devoir se terminer par une victoire décisive de Lénine sur ses adversaires, et notamment sur Trotsky et Bukarine. Ceux-ci ayant violemment attaqué Lénine en prétendant que la défaite du régime capitaliste dans le monde entier était assurée et que, d'autre part, le jeu de compromis avec les capitalistes étrangers devait cesser immédiatement, Lénine a répondu par un discours qui a duré deux heures, et dans lequel il a non seulement réfuté l'argumentation de ses adversaires, mais encore convaincu le Congrès et surtout le parti communiste russe de la nécessité de créer un Comité exécutif qui soit, sous un certain rapport, indépendant de la IIIᵉ Internationale.

« Radek a répliqué pour combattre violemment ce projet, mais la proposition de Lénine a obtenu la majorité. »

Les *Débats*, le 5 juillet, affirmaient à leur tour que Bukharine avait prononcé contre Lénine un réquisitoire accablant.

« Après ces rapports — disaient-ils — l'opposition blâma sévèrement Lénine et ses partisans, en les accusant de donner par leurs concessions plus de hardiesse à l'ennemi. L'assemblée dura 7 heures. La même nuit, l'opposition se rassembla pour élaborer un plan de salut et l'on commença par réclamer un système de répression impitoyable. »

Je ne cite pas davantage. On pourrait, de toutes ces proses, composer un florilège délicieux. N'ai-je pas lu, quelques semaines après mon retour, dans *Le Temps*, moi qui m'étais promené avec Trotski dans les rues de Moscou comme n'importe lequel de nous se promène à Paris, que cet effroyable tyran ne sortait jamais sans une escorte de Kirghizes et de Bachkirs dont le grave journal indiquait le nombre et détaillait abondamment l'uniforme?

Que voulez-vous? Il faut vivre. Pour gagner sa courtisane d'existence, la presse moderne est obligée d'insérer ce que lui indiquent ses bailleurs de fonds.

Autrefois, le tsarisme payait et l'on bourrait les crânes des lecteurs avec des boniments en son honneur qui n'offraient certainement pas plus de sérieux.

Notre camarade René Marchand m'a remis la traduction de deux dépêches bien curieuses à cet égard, traduction qu'il avait lui-même faite aux Archives nationales sur les originaux. Chacun d'entre nous en a pris une copie, car nous tenions à ce que ces textes arrivassent sûrement en France. D'autres ont été mises à la poste et *La Vie Ouvrière*, puis l'*Humanité* ont reproduit les deux dépêches avant même que nous n'ayions pu les donner à nos journaux.

Dans la première, M. Niératov, adjoint du ministre des Affaires Étrangères, invitait M. Isvolski, ambassadeur de Russie à Paris, à lui donner son avis sur une demande de subvention que le correspondant du *Temps* à Petrograd lui présentait en 1916, au nom de son journal.

Dans la seconde, ledit Isvolski fournissait audit Niératov la réponse réclamée.

Télégramme secret à l'Ambassadeur à Paris.

29 août 1916 No 3.934 chiffre 410/403.

CONFIDENTIEL. — Le correspondant à Petrograd du *Temps*, sur les instructions de sa rédaction, a soulevé la question de l'attribution à ce journal d'un subside de 150.000 fr. par an pour une durée de deux ans, en échange de quoi la rédaction s'engage à imprimer annuellement 72 télégrammes de Petrograd éclairant les questions de politique étrangère sous le jour pour nous désirable. La réalisation de cette proposition sera confiée à l'Agence télégraphique des Balkans qui doit ouvrir un bureau à Petrograd. En outre, Rivet a exprimé l'assurance que la rédaction consentirait à insérer des notes et correspondances sur la politique intérieure russe qui n'iraient pas directement à l'encontre de ses points de vue. Cette affaire pourrait être avantageuse pour nous, notamment lors de la discussion des conditions de paix. Il serait désirable de savoir dans quelle mesure est importante l'influence du *Temps*, vu que nous craignons que seul son crédit financier ébranlé

en France ait pu contraindre la rédaction à nous faire une
pareille proposition et cela avec tant d'insistance. Veuillez
nous communiquer votre conclusion à ce sujet sans perdre
de vue que ledit journal est déjà indirectement subven-
tionné par notre Ministère des Finances et que, en outre,
les frais télégraphiques de Petrograd sont payés par nous.

Signé : NIÉRATOV.

Télégramme secret de l'Ambassadeur à Paris.

6/19 septembre 1916. N° 666.

Reçu votre télégramme 3.934. Depuis la mort du directeur du *Temps*, le sénateur Hébrard, qui est survenue il y
a deux ans, ce journal traverse actuellement une crise.
Son tirage, qui avait sensiblement monté au début de la
guerre, est tombé considérablement depuis et voilà déjà
quelque temps qu'il court ici des bruits relatifs à ses difficultés financières. Ses principaux collaborateurs se rendent
déjà compte de cette situation. Ils ne se considèrent déjà
plus comme liés vis-à-vis du journal et commencent à
écrire dans d'autres organes de la presse. Du point de vue
de la politique intérieure, ce journal s'est fait beaucoup de
tort par sa résistance intransigeante à l'impôt sur le revenu. Malgré tout ce qui précède et bien que, de l'avis de
beaucoup, la situation du journal soit irréparable, il n'y a
cependant pas actuellement dans la presse quotidienne un
organe qui puisse prendre sa place et il n'est guère probable qu'un pareil se rencontre et s'affirme d'une façon
définitive avant la fin de la guerre et les pourparlers de
paix. C'est un des organes les plus influents pour la politique étrangère et à ce point de vue l'affaire proposée peut
le cas échéant être de quelque profit pour nos intérêts, mais
seulement dans certaines questions. Mais, comme il est
possible de conclure de votre télégramme même, il n'est
guère possible d'escompter le concours du journal dans
certaines questions dont le juste éclaircissement apparaît
précisément à notre point de vue comme présentant le
plus de valeur, comme la question polonaise et en particulier la question israélite. Vous ayant exposé la véritable
situation de l'affaire, je me trouve, en ce qui me concerne,

embarrassé pour me prononcer en faveur de l'acceptation
de la proposition faite par le journal *Le Temps*, d'autant
plus qu'au cas où il se trouverait divulgué, le fait de l'achat
par nous d'un journal dans un pays allié pourrait produire
un effet défavorable sur le gouvernement et l'opinion
publique français. Vu cette dernière considération, j'estime
en tout cas absolument nécessaire que l'Ambassade soit
mise au courant de l'affaire.

Signé : ISVOLSKI.

Le Temps a, naturellement démenti les faits que
relatent ces dépêches. Il ne pouvait guère agir
autrement. Une malchance fâcheuse fait que,
chaque fois qu'un gouvernement disparaît quelque
part, son successeur, empoignant ses archives, y
découvre la trace de sommes que le malheureux
journal aurait reçues.

Lorsque les Jeunes-Turcs détrônèrent par exemple
Abdul-Hamid, ils trouvèrent dans les armoires
d'Yldiz-Kiosk une liste de ce que le sultan rouge
avait versé au grand organe de la bourgeoisie française. On y relevait :

« 6.000 francs pour des articles publiés huit fois
au sujet de l'administration intègre du sultan de
Turquie.

« 10.000 francs pour les articles écrits vingt-
quatre fois au cours d'une année contre les Jeunes-
Turcs.

« 20.000 francs pour un article détaillé paru
avant la proclamation de la Constitution, pour dire
que le Comité Union et Progrès n'est qu'une association de brigandage. »

Etc..., Etc.

Le *Néyir-I-Hakitat* de Monastir et le *Chouraï-
Ummet* de Constantinople publièrent cette liste,
fort longue, le 10 mars 1910, et quand *Le Courrier
Européen* en donna la traduction à Paris, le *Temps*
démentit nécessairement.

Cela ne trompa personne. La dénégation opposée
aux deux textes ci-dessus était, elle aussi, trop obli-

gatoire pour qu'on lui ait accordé une autre valeur que celle qu'on attribue à un geste rituel.

Si le *Temps* refuse réellement d'accepter pour certains des documents puisés aux Archives nationales de Russie, c'est à Tchitchérine, leur gardien responsable, qu'il doit adresser ses réclamations.

Jusque-là, nous devons les tenir pour exacts et constater qu'ils éclairent de leur jour véritable les dessous de la campagne que la presse européenne poursuit contre la République des Soviets.

Si les bolcheviks avaient acheté quelques-uns des grands organes de nos diverses capitales, s'ils leur avaient fourni la manne que leur dispensait le tsarisme (1), il est probable que l' « opinion » serait à l'égard du régime soviétique très différente de ce qu'elle est.

Ils ne l'ont point fait. Saluons cette honnêteté presque naïve dont les régimes populaires sont coutumiers. Et ne nous étonnons pas d'assister au développement de phénomènes qui devaient se produire fatalement.

La seule chose dont on puisse être surpris, c'est que la presse capitaliste, avec les moyens dont elle dispose, ne trouve pour alimenter sa campagne que les lamentables niaiseries dont j'ai cité quelques exemples.

Les correspondants de Riga, d'Helsingfors, de Varsovie ou de Réval, manquent vraiment d'imagination.

Mais leurs lecteurs sont si faciles à satisfaire !...

------

(1) Tandis que je corrigeais les épreuves de ce livre, la Librairie du Travail a mis en vente un *Livre Noir*, recueil de dépêches officielles antérieures à la guerre, extraites, comme les deux dépêches ci-dessus, des Archives nationales russes et traduites comme elles par René Marchand. Ce recueil contient des preuves nombreuses de la vénalité des journaux français.

———

DEUXIÈME PARTIE

Les Hommes et les Institutions.

I

Lénine et la « Nouvelle Politique ».

Un exposé de Bukharine.

En attendant que le Congrès s'ouvrît et que nous pussions entendre Lénine, qui s'était réservé le rapport sur la situation intérieure de la Russie, nous exposer lui-même les principes de la « nouvelle politique », pour nous faire prendre patience et nous fournir un fil conducteur dans les enquêtes que nous poursuivions, on nous a organisé une conférence Bukharine.

Bukharine est un garçon délicieux, qui du premier coup nous a conquis.

Petit et fluet sous sa blouse flottante, visage fin sous un front qui s'allonge tant qu'il peut vers un crâne fuyant, on dirait un jeune renard curieux et timide qui vient vous provoquer à jouer.

Il a la réputation d'un doctrinaire. On le donne en Russie comme le successeur éventuel de Lénine, simplement. Fils d'un conseiller à la cour, ancien étudiant de l'Université de Moscou, rédacteur en chef de la *Pravda*, journal officiel du Parti, c'est le plus pur « intellectuel » de l'état-major bolchevik, qui en compte beaucoup.

Dans le salon de l'hôtel International qui, sur la place de l'Opéra, fait face à l'ancien Club de la Noblesse, devenu Maison des Syndicats, il a essayé, sans cesser de sourire, de faire saisir à nos cerveaux occidentaux les problèmes complexes de la Russie actuelle.

« Pour comprendre notre changement d'orientation, il faut se rendre compte de la crise que nous avons traversée au printemps dernier.

« Les théoriciens marxistes croyaient qu'en prenant le pouvoir politique, on prendrait le pouvoir économique du même coup. Mais l'expérience a montré que la révolution entraînait une certaine destruction de la production. Chaque révolution est un processus de réorganisation. Il faut aménager la production sur de nouvelles bases et cela commande un temps d'arrêt.

« La hiérarchie économique est détruite. La lutte ne se passe pas seulement dans la rue, mais dans chaque usine, au cœur même du mécanisme. Le rendement diminue donc provisoirement. Bauer et Kautsky souhaitent la continuité du travail ; ce serait parfait, mais ils souhaitent malheureusement une ânerie — prononce avec douceur Bukharine.

« La chute de production se manifeste d'autant plus que la résistance est plus forte. Elle obtient par conséquent le maximum dans le pays où la révolution commence, puisqu'il a nécessairement à supporter la guerre extérieure en même temps que la guerre intérieure.

« Nous avons éprouvé ce maximum de dépression dans la production. 75% de ce que nous produisions encore, tant que durait la guerre, s'en allait à l'armée rouge. Il ne restait rien, autant dire, pour subvenir aux besoins des habitants.

« Plus de production dans les villes, plus rien à fournir aux paysans contre leurs denrées. A la rupture entre les classes s'est ajoutée la rupture des liens qui unissaient le village et l'agglomération urbaine.

« Pourtant, il fallait bien nourrir celle-ci. A défaut de réserves, nous n'avions comme moyens que la violence ou la persuasion. Nous avons employé tantôt l'une tantôt l'autre. Tant qu'a duré la guerre, le paysan a compris, car nous lui avions remis 82% des terres. Il sentait le besoin de se défendre. Même lorsqu'il ne comprenait pas, il admettait dans une certaine mesure la violence.

« Aujourd'hui, la réquisition est devenue impossible. Le paysan, que le retour du grand propriétaire ne menace plus, tend à ne plus produire que pour ses besoins propres. Nous avons vu le moment où le pain manquerait, où les villes mourraient de faim, où la reconstitution du pays deviendrait impossible.

« Voilà comment est née la crise de ce printemps.

« Ajoutez que la crise économique se doublait d'une crise sociale.

« L'ouvrier, à qui nous ne pouvions pas fournir une ration suffisante, fabriquait pour son compte à l'usine de petits objets d'échange, dont il trafiquait pour compléter ses moyens d'existence. Le prolétariat se déclassait. Le travailleur tendait à devenir petit-bourgeois, petit commerçant.

« La classe ouvrière s'affaiblissait par conséquent. Elle avait été déjà fortement éprouvée par la guerre. L'émigration vers la campagne, où la vie est plus facile, la diminuait chaque jour. Pour remplacer dans les administrations les fonctionnaires disparus, il avait fallu prendre dans ses rangs.

« Toutes ces causes concouraient à la réduire. Il restait de moins en moins de monde dans les usines. Et surtout il y restait les éléments les moins précieux.

«L'élément paysan, par contre, se renforçait constamment. La Révolution a donné aux ruraux la terre et le bétail. L'armée rouge a été l'école où ils se sont instruits et ont pris conscience de leurs intérêts. Ils réclament la liberté du commerce et la contrainte gouvernementale leur pèse.

« Une idéologie petite-bourgeoise s'est développée chez eux comme chez les ouvriers déclassés; idéologie qui s'exprime dans cette formule : Pour les soviets sans parti contre la dictature du parti communiste. Cette formule est devenue le mot d'ordre de l'insurrection de Cronstadt.

« Nous avons battu l'insurrection petite-bourgeoise de Cronstadt. Elle marque le maximum de la crise. Il nous a fallu la réprimer, nous n'avons pas hésité. Mais ensuite? Ensuite, il fallait une solution. Sinon, nous serions tombés comme en Hongrie ou bien nous serions demeurés au pouvoir, mais dans un inextricable chaos.

« Pour conserver la direction du mouvement, il est essentiel de conserver d'abord l'appareil du pouvoir. Nous avons avant tout voulu garder la dictature du prolétariat. Et nous avons décidé de faire des concessions sur le terrain économique afin de n'en point faire sur le terrain politique, afin de demeurer un état prolétarien.

« Le stimulant nécessaire aux paysans, nous l'avons trouvé dans la substitution d'un prélèvement fixé d'avance aux réquisitions arbitraires. Le résultat a suivi aussitôt, car la surface ensemencée, qui diminuait chaque année, est plus grande cette année dans certaines régions qu'elle n'était avant la Révolution. Le calme se rétablit. Les bandes d'Ukraine capitulent l'une après l'autre. Les décrets ont amélioré déjà, ils amélioreront encore la situation. L'avenir apparaît meilleur.

« Que nous reproche-t-on? D'avoir consenti une concession au capitalisme? Nous l'avons consentie, évidemment. Le capitalisme va renaître, puisque la liberté est rendue au petit commerce et à la petite industrie, mais sa croissance demandera du temps.

«Nous qui gardons en mains la grande industrie, les usines, les transports, la propriété immobilière, nous ne resterons pas sans rien faire en attendant. Nous remettrons la grande industrie en route, maintenant que le pain et le calme sont assurés.

« Entre la petite bourgeoisie et l'état prolétarien, une course commence. Si elle nous gagne de vitesse, si elle arrive à se reconstituer avant que nous soyons prêts, la Révolution est battue. Si la grande industrie au contraire se rétablit la première, nous pourrons échanger avec le paysan sans passer par le petit commerce et la petite industrie et la Révolution triomphe.

« Nous avons trop d'atouts dans notre jeu pour

ne pas compter sur la victoire. L'électrification, qui est en train, nous assurera un outillage moderne. Et puis, nous détenons la machine gouvernementale.

« Ceux qui nous reprochent les concessions que nous faisons par force sont comme ceux qui nous reprochent d'avoir une armée, une police ainsi que les gouvernements bourgeois. Ils n'oublient qu'une chose : nous possédons le pouvoir politique.

« Tout est là ! »

Lénine et l'évolution du bolchevisme.

Nous avons fini par le voir, Lénine.

On ne le voit pas comme les autres Commissaires du Peuple. Ce qui signifie pas qu'il se cache. Les histoires de garde kirghize, ou baschkire, ou chinoise, dont les journaux français font tant de bruit, sont aussi sottes pour lui que pour les autres. Mais tout de même, ses amis, sinon lui-même, maintiennent en ce qui le concerne certaines consignes.

Depuis qu'en 1918 une socialiste-révolutionnaire lui a envoyé une balle dont il a bien failli mourir et qu'il garde dans la peau, certaines précautions subsistent, fort naturelles. Lénine disparu, la Révolution continuerait évidemment. Mais tous le considèrent si bien comme le drapeau, il est si bien « le chef », qu'on tient à ne pas risquer la moindre aventure.

Lénine habite au Kremlin, dans l'ancien Palais de Justice, dont les murs criblés des balles d'octobre dominent l'enceinte du côté de la Place Rouge, un très modeste appartement.

Nous aurions pu l'y trouver facilement, mais pourquoi aurions-nous été déranger l'homme dont chacun ici dépeint le travail écrasant? Nous savions que nous le verrions au Congrès, nous avons attendu, quelle que fut notre impatience.

Il y a paru le second ou le troisième jour et plusieurs fois ensuite. A différentes reprises, il y a discouru.

« Il entre. On ne l'a pas vu venir. On l'aperçoit à peine.

« Il est en embuscade derrière sa table.

« Seules les épaules et la tête dépassent.

« Un front chauve bombé en avant et qui domine tout.

« Un Asiate évidemment.

« Des pommettes et des yeux qui le dénoncent.

« De petits yeux, fendus en amande, des sourcils mongols, une large place vide entre eux, le front et le nez.

« Un nez plus gros qu'on ne pense, aux narines fortes, épatées, solidement attachées aux joues, un nez réaliste.

« Au-dessous, dans les poils sans couleur de la moustache et de la barbe pauvre, ce qu'on appelle son sourire.

« Lénine ne sourit pas. Pas plus qu'il n'est borgne. Je pense bien qu'il cligne fréquemment d'un œil.

« On n'est vraiment sûr qu'il a souri que lorsqu'il est secoué d'un petit rire.

« Trente sentiments différents s'expriment chez lui par un rictus qui n'est jamais tout à fait le même.

« Sous le front, qui se plisse, tout est en mouvement. Lénine n'est vrai qu'au cinéma. Pas un seul de ses portraits ne lui ressemble.

« Allez donc faire le buste de Protée.

« Des yeux qui semblent faire effort pour s'ouvrir tout à fait, une bouche qui, volontiers, se campe de travers, dilate une narine au-dessus d'elle, fait saillir la pommette droite et laisse glisser un mot imperceptible entre les lèvres gouailleuses.

« Parfois, toute la face se contracte, les yeux se

ferment presque tout à fait, les pommettes tirent la
barbe par en haut et la bouche charnue se fend...

« Les expressions successives d'étonnante jeu-
nesse et de fatigue d'un homme qui porte sur ses
épaules le monde nouveau. Une éloquence de grand
mime...

« Et puis les mains.

« Des doigts assez longs coupent la face, l'index
longe le nez, le médius touche les dents.

« Les mains ne sont pas un paravent. Elles ne
cachent rien, elles participent au jeu de la physionomie. Elles le soulignent... »

Ce portrait, que Vaillant-Couturier, quelque
temps après notre retour, a tracé dans *L'Humanité*,
offre trop d'exactitude pour que je ne le reproduise
pas.

Lénine n'est pas « statique », mais « dyna-
mique ». Les photographies de lui ne donnent de sa
physionomie aucune idée quand il a posé devant
l'objectif et je n'en vois qu'une qui lui ressemble,
qui me le rappelle du moins : celle que je reproduis
au début de ce volume. Un opérateur l'a pincé sans
qu'il s'en doute, assis sur les marches de la tribune,
écoutant parler Lazzari, le « dissident » italien, et
prenant des notes pour lui répondre.

Cela, c'est Lénine. Mais Lénine au repos, ce n'est
pas lui.

Longuement, je l'ai observé au Congrès. J'ai
causé avec lui moins pour parler d'une chose ou
d'une autre que pour le regarder de plus près. J'ai
essayé d'analyser ses traits. Impossible. On ne saurait le peindre que par notations successives, à l'aide
de touches impressionnistes, comme l'a fait Vaillant-Couturier.

Et son éloquence lui ressemble. On ne peut pas
plus résumer ses discours que les imiter. Aucune
composition apparente. Ni exorde, ni péroraison.
Lénine commence en plein, finit en plein.

Il prend deux ou trois idées, les tourne, les retourne. Les formules dans lesquelles il les enferme

reparaissent chacune plusieurs fois. Pas d'éclat de voix, pas d'effet de tribune. L'enfoncement de quelques clous. C'est fini.

Celui de ses exposés que j'attendais avec le plus de curiosité est celui qu'il a fait au Congrès pour présenter ses « thèses sur la tactique du Parti communiste russe ». Il y devait nécessairement analyser la situation intérieure de la Russie.

Lénine a parlé en allemand et Trotski a tenu à honneur de traduire lui-même pour les Français. Dois-je le dire? Ce discours de Lénine, même traduit par Trotski, m'a déçu.

Voici ce que j'en retrouve dans mes notes :

« Il est facile à une révolution de chasser la classe exploiteuse; moins facile d'empêcher celle-ci de se reformer. Deux millions et demi de Russes, qui vivent à l'étranger, se sont organisés pour nous renverser, sans savoir d'ailleurs ce qu'ils mettraient à notre place. Cela facilite notre propagande, mais nous crée des difficultés matérielles. La bourgeoisie a, plus vite que le prolétariat, développé sa conscience de classe. Elle a beaucoup appris depuis qu'elle est la classe opprimée.

« La petite bourgeoisie paysanne se renforce progressivement. Nous avons exproprié les gros propriétaires, nous ne pouvions pas exproprier les petits. La lutte contre cette dernière couche de la bourgeoisie, qui représente chez nous l'immense majorité de la population, est très difficile. Nous avons commis des fautes, nécessairement.

« Les paysans seront toujours conduits par une classe, ils ne sauront jamais diriger. Seront-ils menés par le prolétariat ou la bourgeoisie? Voilà la question.

« Nous devons nous allier à eux. Nous l'avons fait au cours de la guerre. La chose était alors aisée, car ils comprenaient qu'ils avaient besoin de combattre les grands propriétaires. Les réquisitions ont dressé beaucoup d'entre eux contre nous, mais quand les blancs sont rentrés en Russie, ils sont revenus à nous. Aujourd'hui, pour eux comme pour nous, Constituante signifie : reprise du pouvoir par la bourgeoisie.

« A l'alliance militaire et économique que nous avions contractée avec eux pendant les hostilités, il nous faut maintenant en substituer une autre moins grossière. L'impôt en nature en est la base. Nous allons, sous le nouveau régime, chercher à passer de l'état de guerre civile au socialisme.

« Seulement, il y a un corollaire : le rétablissement de la liberté du commerce, c'est-à-dire la renaissance du capitalisme. Heureusement, ce capitalisme auquel nous lâchons la bride, c'est un capitalisme d'état, qui sera contrôlé par le pouvoir prolétarien.

« Les concessions partent du même principe. Nous possédons des richesses immenses, sans moyen de les exploiter. Par les concessions, nous paierons un tribut au capital, un tribut sérieux, car il nous demandera du 20 %, au moins ! Mais quoi? C'est la rançon de notre ignorance et de notre incapacité technique. Nous devons vivre au milieu de pays capitalistes. Jusqu'au jour où leur révolution se produira, nous paierons le tribut.

« Il nous faut également reconstituer la grande industrie. Nous pensons y arriver par l'électrification du pays. C'est la route par laquelle nous sortirons de notre situation inférieure. Un pays comme l'Allemagne accomplirait le chemin en deux ou trois ans. La Russie aura besoin d'une dizaine d'années.

« Nous avons attelé deux cents spécialistes à la tâche et engagé près des paysans une vaste campagne de propagande. Nous leur disons : Aidez-nous et quand la grande industrie sera électrifiée, nous recauserons.

« L'essentiel, c'est de conserver la dictature du prolétariat dans son intégrité tout en posant les bases du système qui nous permettra de vivre jusqu'à la révolution mondiale ».

Je l'avoue, j'espérais autre chose que ces formules brèves, souvent expressives d'ailleurs. Je pensais que Lénine aurait voulu développer dans toute leur ampleur devant le Congrès les principes de la politique nouvelle. Il semble s'être dit au contraire qu'il n'y avait pas lieu de ressasser devant des initiés des démonstrations si souvent répétées. L'élève Bukharine, sans aucun doute, a plus brillamment que le maître Lénine « fait sa leçon », comme on dit en Sorbonne, devant l'Internationale assemblée.

Mais qu'est-ce qu'un discours de congrès? La pensée de Lénine, on peut la découvrir dans cent textes et nous n'aurons pas besoin d'aller loin pour retrouver les étapes qu'elle a parcourues avant d'aboutir à la conclusion présente.

C'est au VIIIᵉ Congrès panrusse des Soviets — l'assemblée annuelle du « Parlement » — que, le 22 décembre 1920, il semble avoir pour la première fois concrétisé, sinon annoncé les principes nouveaux.

La guerre avec la Pologne avait pris fin depuis quelques mois et le dernier en date des aventuriers blancs, Vrangel, était déjà depuis un certain temps jeté à la mer. L'œuvre de reconstitution allait commencer.

Premier avant-coureur des décrets futurs, le décret autorisant l'attribution des concessions à des capitalistes étrangers avait paru le 23 novembre. Lénine devait le défendre contre ceux qui, troublés dans leur orthodoxie, craignaient de voir la Russie livrée à ses adversaires.

Il insista sur les difficultés de la période de transition entre la guerre et la reconstruction économique que la République allait avoir à traverser.

Réorganisation de l'industrie? Il annonçait le rapport sur l'électrification que Krijanovski devait présenter le lendemain et dont je parlerai dans un chapitre spécial.

Développement de l'agriculture? Il exposait le projet de loi présenté au Congrès par le Collège des

Commissaires sur les encouragements à donner aux paysans; projet encore insuffisant pour rendre confiance aux petits propriétaires puisqu'il ne supprimait pas l'arbitraire des réquisitions, mais qui déjà établissait un plan national d'ensemencement, des comités locaux pour en surveiller l'exécution et édictait toutes sortes de mesures de détail pour assurer aux producteurs semences, main-d'œuvre, animaux de trait, réparation d'outils, etc (1)...

Trois mois se passent. Les idées se précisent et la nécessité d'une évolution radicale apparaît de plus en plus pressante lorsque, le 12 mars 1921, s'ouvre le X° Congrès du Parti Communiste. On est depuis deux semaines en face de l'agitation des marins de Cronstadt, dont je parlerai plus loin. Depuis cinq jours l'armée rouge et les mutins se canonnent. La crise atteint son maximum d'acuité.

Lénine monte à la tribune pour faire le rapport du Comité Central et froidement, en homme d'Etat habitué à prendre ses responsabilités, il aborde sans précautions oratoires, selon son habitude, l'examen de la situation.

« Nous avons attendu jusqu'ici — dit-il — que la révolution sociale, éclatant en Europe, vienne nous soulager dans l'effort que nous supportons seuls depuis plus de trois ans. Nous nous sommes trompés.

« La Révolution internationale grandit et en même temps la crise économique s'accentue en occident. Mais si nous concluions de là que le secours nous arrivera à bref délai sous la forme d'une solide révolution prolétarienne, nous serions tout simplement des fous et je pense que dans cette salle il n'y a pas de fous. Pendant ces trois ans, nous avons appris à comprendre que compter sur la

---

(1) Le texte de cette loi a été publié en français avec une série d'articles d'Ossinski, Commissaire du Peuple à l'Agriculture, qui avaient paru dans la *Pravda*. Le tout est réuni en une brochure : *La Crise Agricole et le Socialisme dans les campagnes*, par Ossinski.

Révolution internationale ne signifie pas y compter dans un bref délai déterminé et que le développement des événements, de plus en plus rapide, peut aboutir à la Révolution au printemps prochain, mais peut aussi n'y pas aboutir.

« C'est pourquoi nous devons savoir adapter notre action à l'état social de notre pays et des autres pays, afin d'être en état de maintenir pendant un temps prolongé la dictature du prolétariat et de supporter progressivement toutes les calamités et les crises qui se précipitent sur nous. Voilà la seule façon juste et saine de poser la question ».

Elle est bien posée en effet, nettement, clairement. Il faut renoncer aux espoirs trop hâtivement conçus, s'arranger pour durer pendant une période qui peut être longue, sortir du provisoire. En un mot, il faut, comme dit Lénine, s'adapter.

De qui avons-nous besoin pour vivre? se demande-t-il. Des étrangers, pour nous procurer ce que notre industrie ne produit pas ou ne produit plus. Des paysans, pour avoir à manger.

Renouer avec l'étranger, cela se traduit dans la pratique par : donner des concessions. Le décret qui offre des concessions aux capitalistes du dehors est paru. La chose est décidée en principe. Nous vous demandons de ratifier nos actes. Le reste est affaire de négociations.

« Les concessions nous sont nécessaires parce que nous n'avons pas le moyen de restaurer notre économie ruinée avec nos seules forces, sans le matériel et les secours techniques de l'étranger. Il ne suffit pas d'importer ce matériel. On peut faire aux concessionnaires des conditions plus avantageuses, pour s'assurer la fourniture d'un matériel plus perfectionné. Nous pourrons ainsi rattraper au moins quelque peu, ne fût-ce que d'un quart ou de la moitié, les puissants trusts des autres pays. Sans cela nous sommes condamnés à demeurer dans une position difficile.

« Sans une tension extrême de toutes nos forces,

nous ne rattraperons jamais l'étranger, personne ne peut en douter dès qu'il considère avec un tant soit peu de bon sens la situation actuelle. Avec certains des plus grands trusts internationaux, les pourparlers sont commencés. Il est bien certain que de leur part ce n'est pas un service gratuit qu'ils nous rendent. Ils recherchent uniquement d'immenses bénéfices. Naturellement la chose nous coûtera très cher, mais il nous faut monter notre appareil technique ».

Lénine insiste peu sur ce point, car il s'agit pour lui d'une affaire réglée, qu'il n'apporte au Congrès qu'aux fins de ratification.

Il insiste bien davantage sur l'autre, qui lui paraît beaucoup plus important. La question paysanne, les marins de Cronstadt la posent à coups de canon au moment où il parle et il examine longuement à travers l'histoire des années antérieures les causes profondes du mouvement dont ils sont l'expression présente.

« Nous devons considérer attentivement cette contre-révolution petite-bourgeoise qui réclame la liberté du commerce.

« Qu'est-ce que cette liberté du commerce? C'est la preuve que dans les rapports du prolétariat avec les petits cultivateurs, il subsiste des problèmes que nous n'avons pas résolus. Je veux parler de l'attitude du prolétariat victorieux à l'égard des petits patrons au moment où la Révolution prolétarienne se développe dans un pays où le prolétariat est une minorité, où la majorité est petite-bourgeoise.

« Le rôle du prolétariat dans un pareil-pays est de diriger ces petits patrons dans le sens du travail collectif pour l'intérêt commun. La chose est certaine en théorie. Nous avons pris pour cela de nombreux décrets, mais nous savons qu'il ne s'agit pas de décrets, mais de réalisation pratique. Or en pratique le résultat n'est possible que si nous avons une grande industrie extrêmement puissante, pouvant fournir au petit producteur des avantages suffisants pour lui rendre évidents les avantages de cette grande production ».

J'élague dans une argumentation qui revient constamment sur elle-même pour convaincre par de continuelles répétitions. L'éloquence de Lénine évoque toujours l'image du serpent qui se mord la queue. Et j'arrive tout de suite à la conclusion :

« Quand nous portons toute notre attention sur la restauration économique, nous devons savoir que nous avons devant nous le petit cultivateur, le petit patron, le petit producteur, qui travailleront pour le marché jusqu'à la pleine victoire de la grande production, victoire qui n'est possible que sur l'ancienne base. Ce sera l'affaire de longues années, de dix ans au moins et sans doute de plus, étant donné notre misère. Jusqu'alors, pendant de longues années, nous devrons avoir affaire aux petits producteurs comme tels et cette réclamation du commerce libre sera inévitable.

« Partant de là, le Comité Central a pris la décision et a voulu ouvrir la discussion concernant le remplacement des levées alimentaires par un impôt. Il a mis la question à l'ordre du jour du Congrès ».

Suppression des réquisitions ! Institution de l'impôt en nature ! Voilà les mots essentiels lancés.

Comme Lénine le rappelle, l'idée n'est pas neuve. La loi sur l'impôt en nature a même été promulguée dès le 30 décembre 1918, mais on n'a jamais eu le temps de l'appliquer pendant la guerre. Il faut l'appliquer désormais.

« Nous devons faire le maximum dans ce sens. C'est là une chose indispensable. Il faut donner au paysan une certaine liberté de commerce local, changer la levée en un impôt permettant au cultivateur de régler sa production d'après le taux de cet impôt.

« Le gouvernement prolétarien, au moyen des concessions, peut s'assurer une alliance avec les états capitalistes les plus développés et par là renforcer son industrie, sans laquelle nous ne pouvons pas faire de progrès vers le communisme.

« En même temps, dans un pays où la classe paysanne est dominante, nous devons savoir faire le maximum pour renforcer économiquement la classe paysanne. Il faut lui donner la possibilité de développer librement son exploitation.

« J'estime que cette question est la plus importante dans le domaine économique et politique pour le pouvoir des Soviets à l'heure actuelle. J'estime que c'est elle qui marquera le résultat politique de notre travail au moment où nous avons terminé la période de guerre et où nous entrons dans l'état de paix ».

Ce discours capital fixe le point précis où l'évolution du régime commence. Quelques mesures, comme le décret sur les concessions, ont pu le précéder. C'est lui qui marque le tournant historique et on se représente facilement Lénine, lorsqu'on l'a entendu une fois, parcourant la tribune et martelant l'air de son poing : « Il faut... Il faut... C'est l'heure ! », enfonçant dans les cerveaux de ses camarades l'idée que l'instant décisif est arrivé.

Ayant prononcé son discours, il l'a fixé en une brochure que je ne citerai pas puisqu'elle ne fait que paraphraser ce que j'ai déjà cité (1).

Puis il a appliqué, dans le décret que les *Izviestia* ont publié le 22 avril, les règles que le Congrès avait adoptées après l'avoir entendu.

Et il a développé dans une série de décrets les conséquences du principe d'adaptation posé par lui le 12 mars comme celui de l'inéluctable nécessité.

L'ensemble de ces décrets constitue ce qu'on a nommé « la nouvelle politique ».

Dans un des chapitres suivants, je résumerai les principaux ainsi que la loi sur l'impôt en nature.

----

(1) *L'Impôt alimentaire*, par N. Lénine, brochure de 56 pages achevée le 21 avril 1921.

La mutinerie de Cronstadt.

Cronstadt ! Cronstadt ! qu'est-ce que c'est donc, enfin, que Cronstadt ? Bukharine, Lénine, tout le monde parle de cette insurrection de mars comme d'un événement d'importance et tous évoquent ce soulèvement qu'ils ont dû réprimer comme avec une sorte de tendresse.

Qu'est-ce que cela veut dire ? Je voudrais bien comprendre.

Les journaux de France, à l'époque, nous ont appris qu'il s'était produit dans le grand port de guerre une émeute et nous avons cru, nous autres, qu'il s'agissait d'une révolte fomentée par les blancs, comme il s'en est tant produit depuis quatre ans.

Dans le *Bulletin hebdomadaire de la presse russe*, qui publie des traductions, destinées à l'étranger, d'articles parus dans les journaux russes, bulletin dont j'ai pu obtenir la collection que je feuillette passionnément chaque soir, j'ai retrouvé cette thèse-là.

Articles de Radek, interview de Trotski, ordres du jour des soviets parus lors des événements de mars 1921, s'intitulent à qui mieux mieux : « La dernière entreprise de l'Entente », « Le nouveau complot de l'Entente et des blancs ».

Radek, dans la *Pravda*, a démontré qu'après la débâcle de Vrangel les interventionnistes ont renoncé à agir de l'extérieur et que Lloyd George, Briand, Sforza ont décidé d'opérer à l'intérieur de la Russie. Les *Izviestia* ont imprimé que la presse bourgeoise de France avait annoncé quinze jours à l'avance des troubles et conclu que la révolte de Cronstadt avait été préparée à Paris.

Tout cela est possible, tout cela paraît logique. Les Gouvernements de l'Entente en ont tant fait à la Révolution russe depuis quatre ans qu'on peut tout admettre de leur part.

Cela ne me satisfait pas complètement cependant. S'il n'y avait à la base du soulèvement de Cronstadt qu'un complot de blancs et de leurs alliés d'occident, on en parlerait ici avec colère, comme on parle des entreprises de Koltchak ou de Dénikine. On n'y ferait pas toujours allusion avec ces réticences presque sympathiques qui m'étonnent et me troublent.

Un camarade a fini par me donner la clef de l'énigme. Il m'a dit :

« Cronstadt, soulèvement blanc ? Non, ce n'est pas si simple. On l'a cru d'abord et cela était forcé. Il y avait tant de précédents qu'on était tout naturellement amené à voir la main des contre-révolutionnaires en toute entreprise analogue. D'ailleurs, si la révolte avait réussi, ou même tout simplement duré quelques semaines, les blancs s'y seraient mêlés pour l'exploiter.

« Mais l'initiative n'est pas venue d'eux et ils n'ont joué dans les événements aucun rôle. Cronstadt est un de ces épisodes douloureux comme toutes les révolutions en connaissent, où, dans l'intérêt de l'Idée, pour sauver la Cause, on est obligé de réprimer par les armes un mouvement en armes lancé par des frères égarés.

« Les marins ne sauraient être considérés par nous comme des ennemis. La Révolution d'octobre 1917 a triomphé grâce à eux et ils ont été depuis lors à la pointe de tous nos combats. Nous les aimons parce qu'ils sont notre sang et notre chair et voilà ce qui vous explique cette espèce de réserve que vous avez cru constater.

« La raison de leur révolte ? Considérez qu'ils sont fils de paysans. Depuis qu'on a séparé de nous les provinces baltiques, les marins se recrutent principalement sur les côtes de la mer Noire, c'est-à-dire en Ukraine. Le mécontentement qu'ils traduisaient, c'est celui du paysan lui-même. Vous en avez assez entendu ces jours-ci sur le différend des villes et des campagnes pour comprendre ce qu'il y avait à la base de leur mouvement ».

Cette explication, évidemment, était l'explication véritable et comme la mutinerie des marins, envisagée sous cet angle, présente un intérêt pour l'étude de la « nouvelle politique », j'ai continué à chercher près de divers camarades des renseignements sur son caractère et sur son développement.

L'un d'eux m'a remis quelques jours plus tard la traduction de la résolution votée le 1er mars 1921, donc avant tout acte d'hostilité, par l'assemblée des 1re et 2e brigades de vaisseaux de ligne, c'est-à-dire par la garnison de Cronstadt.

En présence de Kalinine, président du Comité Central Exécutif — président de la République en d'autres termes — qui avait été délégué par le Gouvernement pour essayer d'apaiser les esprits, elle a été adoptée à l'unanimité moins deux voix : celle de Kalinine lui-même et celle du président du soviet local, Vassiliev.

C'est comme le manifeste des révoltés, ou plutôt c'est l'ultimatum qu'avant d'engager la bataille, ils adressaient au pouvoir.

Je n'en publierai pas le texte. Comme tout document de cet ordre, il contient des violences injustes et, si j'ai le souci de ne rapporter que des faits exacts, je n'entends pas donner aux adversaires de la Révolution russe des armes empoisonnées que leur mauvaise foi habituelle empoignerait avec trop de joie. J'écris pour renseigner, non pour faire de l'histoire. Tant que durera la bataille, il n'en saurait être question.

Aussi bien, la publication intégrale du manifeste de Cronstadt n'ajouterait rien d'essentiel à mes explications. Il suffit pour leur clarté que je prenne dans ses lignes ce qui constituait le programme des mutins.

Ce programme, comme on va le voir, c'est mot à mot celui des petits propriétaires paysans :

Dissolution des soviets en exercice. Election, non pas d'une Constituante comme les mencheviks l'ont toujours réclamé, mais de ces mêmes soviets par un scrutin secret, après une période électorale où les libertés de parole et de presse seraient assurées et après amnistie des ouvriers, paysans et soldats condamnés. — Voilà les revendications politiques.

Suppression des réquisitions. Egalisation des salaires en nature, sauf pour les travaux insalubres ou dangereux. Liberté laissée aux paysans de décider selon leur volonté dans toutes les questions relatives à la propriété des terres ou du bétail, pourvu qu'ils ne rétablissent pas le salariat. Liberté de la « fabrication non-industrielle » — Voilà les revendications économiques.

Qu'est-ce que cela signifie en définitive?

Cela signifie d'une part : maintien du système soviétique, mais suppression de la « dictature du prolétariat » exercée par le parti communiste.

D'autre part : suppression des réquisitions d'abord; mais surtout: rétablissement du petit commerce, rétablissement de la petite industrie.

Bukharine ne nous a-t-il pas dit que le programme de la paysannerie se résumait dans cette formule saisissante : « Vivent les soviets, à bas les communistes? »

A bas les communistes ! c'est-à-dire à bas les lois qui empêchent le cultivateur, l'artisan, de disposer pleinement du produit de leur travail?

Ce programme de l'immense masse russe que le noyau communiste au pouvoir n'a pas encore conquise à son idéal, ce programme des « petits bourgeois » auxquels Lénine donne satisfaction en adoptant la « politique nouvelle », ce sont les insurgés de Cronstadt qui l'ont pour la première fois formulé.

« Ils l'ont — me dit un ami — formulé sous une forme inacceptable. Aucun gouvernement ne peut accepter des conditions qu'on soutient à coups de mitrailleuses. Mais qu'ils aient traduit les volontés obscures auxquelles la nouvelle politique a répondu, on ne saurait le nier lorsqu'on observe le synchronisme des événements de mars et des décrets qui constituent la première application de cette politique.

« Suivez, en effet le développement de l'insurrection :

« 23 et 24 février. — La famine commence à Petrograd; les rations diminuent, le pain manque; on fait grève à Vassili Ostrov et le 26, après proclamation de l'état de siège, le bruit court que la troupe a tiré sur les ouvriers.

« 1er mars. — Les marins de Cronstadt s'agitent à cette nouvelle et votent la résolution que vous savez. Le lendemain, on annonce à Petrograd que Cronstadt est au pouvoir du général blanc Koslovski. Des affiches dénoncent à la population le nouveau complot blanc.

« 3 mars. — Les marins nomment un Comité révolutionnaire de 9 membres puis de 15. Il existe bien un général Koslovski à Cronstadt, mais il ne joue aucun rôle, proteste de son innocence et... se sauve. Et le Comité se compose si peu de contre-révolutionnaires que quand Tchernov et ses amis, dont les manifestes circulent clandestinement à Petrograd, lui font offrir des secours s'il consent à se prononcer pour la Constituante, le Comité refuse de répondre à leur délégué.

« 5 mars. — Un ultimatum est envoyé aux mutins.

« 7 mars. — La canonnade commence de part et d'autre.

« 10 mars. — Une première attaque de l'armée rouge est repoussée.

« 12 mars. — Le Xe Congrès du Parti Communiste s'ouvre et Lénine annonce la suppression des réquisitions et l'établissement de l'impôt alimentaire.

« 17 mars. — L'armée rouge, à la tête de laquelle le Congrès a placé le tiers de ses délégués — 240 sur 700 — entre à Cronstadt. La ville tout entière est occupée le soir et le cuirassé Petropavlovsk, dernier refuge des insurgés, se rend dans la nuit. Les 160 communistes emprisonnés par les mutins sont libérés. On n'a touché à aucun d'eux.

« 18 mars. — La *Pravda* annonce la victoire, qui coïncide avec la signature de la paix avec la Pologne et le cinquantenaire de la Commune de Paris.

« 19 mars. — Lénine, dans un discours, annonce la liberté du commerce et l'application immédiate de l'impôt en nature, substitué aux réquisitions.

« 24 mars. — Un décret garantit aux paysans la jouissance de leurs biens.

« 29 mars. — Des décrets rétablissent la liberté du commerce du blé, de l'avoine et des pommes de terre. La réouverture des marchés est annoncée.

« 1er avril. — Le décret sur les marchés paraît.

« 2 avril. — Décret sur les primes en nature, les tarifs, les coopératives.

« 23 et 24 avril. — Décrets fixant les modalités de l'impôt en nature.

« Il y a là, vous le voyez, plus que des coïncidences. Entre les coups de canon de Cronstadt et les premières réalisations de la politique nouvelle, on pourrait presque établir un rapport de cause à effet.

« Ce serait d'ailleurs inexact. Les décrets auraient été pris sans la mutinerie des marins. Ils correspondaient aux nécessités de l'heure et il n'est que juste de reconnaître que Lénine sentait depuis longtemps la nécessité d'une évolution.

« Tout au plus a-t-on le droit de dire que le geste de Cronstadt a hâté celui du Collège des Commissaires. Mais l'a précipité de peu.

« Les bolcheviks ne se piquent d'aucun entêtement aveugle. Notre parti a toujours, au contraire, reconnu l'obligation d'adapter la méthode révolutionnaire aux réalités du moment. »

Il m'a paru qu'il y avait quelque intérêt à fixer sur le papier les conversations que je rapporte, puisqu'elles permettent de mieux situer un épisode mal connu de cette grandiose histoire de quatre ans ; épisode douloureux sur lequel, en Russie même, tout le monde n'est pas d'accord après plusieurs mois ; qui semble bien, cependant, ne pas devoir être confondu avec les événements fangeusement banals de la plus plate des conspirations d'émigrés; et qui paraît, au contraire, avoir sa place dans le vaste mouvement tournant où la République des Soviets lance ses destinées passionnantes à l'appel d'un chef prestigieux.

L'impôt alimentaire et les décrets de 1921.

L'impôt en nature.

J'ai exposé la genèse de l'impôt en nature et la façon dont le Xe Congrès du Parti communiste en avait adopté les bases en mars 1921 sur la proposition de Lénine.

Il me semble utile de reproduire ici le texte de la résolution votée par le Congrès :

I. — Dans le but de permettre au cultivateur de conduire régulièrement et tranquillement son exploitation et de disposer plus librement de ses ressources, dans le but de renforcer la culture paysanne et d'augmenter son rendement, dans le but également de préciser les charges gouvernementales retombant sur le cultivateur, les levées alimentaires de denrées, matières premières et fourrage sont remplacées par un impôt en nature.

II. — Cet impôt doit être inférieur aux quantités qui étaient précédemment levées. Son total doit être calculé de façon à couvrir les besoins minima de l'armée, des ouvriers des villes et de la population agricole. Il doit diminuer constamment au fur et à mesure que le rétablissement des transports et de l'industrie permettra au Pouvoir des Soviets de recevoir les produits de la culture rurale par la voie normale, c'est-à-dire en échange des produits manufacturés.

III. — L'impôt est perçu sous la forme d'une portion des produits agricoles, en tenant compte de la récolte, du nombre de bouches et du bétail existant dans l'exploitation.

IV. — L'impôt doit avoir un caractère progressif; la portion perçue sur les exploitations moyennes et pauvres, sur les exploitations des ouvriers des villes, etc., doit être moindre. Les exploitations des paysans les plus pauvres peuvent être exemptées de certaines formes, et même, dans des cas extrêmes, de toutes les formes de l'impôt en nature.

Les meilleurs cultivateurs, ceux qui augmentent leur surface ensemencée ou bien le rendement de leur exploitation, sont récompensés par une diminution de l'impôt ou par un abaissement de son taux.

V. — La loi concernant l'impôt en nature devra être faite de telle sorte et publiée dans un délai tel que les cultivateurs sachent le plus exactement possible avant le début des travaux des champs l'étendue des charges qui leur incomberont.

VI. — La remise des produits réclamés conformément à l'impôt devra être terminée à des dates exactement spécifiées par la loi.

VII. — La somme des produits à verser est fixée pour chaque communauté villageoise, et à l'intérieur de chacune elle est répartie entre les cultivateurs conformément aux règles générales du paragraphe III par leur propre décision.

Le contrôle de l'application des taux de l'impôt et de sa perception est confié à des organes élus par les paysans groupés selon le taux de l'impôt qu'ils paient.

VIII. — Toutes les réserves de denrées alimentaires, matières premières et fourrages restant au producteur après paiement de l'impôt demeurent à son entière disposition et peuvent être utilisées par lui pour améliorer et perfectionner son exploitation, pour augmenter sa consommation personnelle, pour échanger contre des produits manufacturés de la grande ou de la petite industrie ou contre des produits agricoles. Cet échange est permis dans les limites de la circulation économique locale.

IX. — Afin d'assurer l'approvisionnement de la population pauvre et l'échange contre les excédents de denrées alimentaires, fourrages et matières premières, volontairement remis par la population à l'Etat après perception de l'impôt, il est constitué un fonds spécial de matériel agricole et d'objets de première nécessité. Ce fonds est formé des produits acquis à l'étranger en échange d'une partie de la fabrication nationale et de ceux qui seront acquis à l'étranger en échange d'une partie de la réserve d'or de la République et des matières premières.

Le Congrès approuve la proposition présentée au Comité Central sur l'établissement de l'impôt en nature et charge le Comité Central d'élaborer les formes concrètes du projet de loi qui sera soumis au Comité Central Exécutif et au Conseil des Commissaires du Peuple.

Le texte du décret, publié le 22 avril, s'inspire exactement des principes fixés par le Congrès.

Le produit total de l'impôt pour les céréales est fixé à 240 millions de pouds (38 millions de quintaux), pour les pommes de terre à 60 millions, pour les graines oléagineuses à 12 millions.

Les quantités ainsi fixées représentent à peu près la moitié de celles qu'on considère comme nécessaires pour fournir leur ration à tous les individus à nourrir. Ainsi, pour donner à chacun 750 grammes de pain par jour, il faudrait 400 millions de pouds de céréales. On compte sur l'échange pour se procurer l'autre moitié.

L'impôt est calculé pour chaque exploitation en tenant compte de la surface cultivée, du nombre de bouches et de la valeur de la récolte dans la localité. Il est établi à cet effet 11 catégories de récoltes allant de 25 à 70 pouds et plus par hectare et 7 groupes d'exploitations selon le nombre d'hectares cultivés par bouche. La valeur de la récolte est fixée pour chaque district par le Conseil des Commissaires du Peuple, et pour chaque canton par le Comité Exécutif de la province.

Le décret donne le barême du taux de l'impôt par hectare pour le seigle et le froment et pour tous les groupes de récoltes et d'exploitations.

L'impôt est progressif de telle sorte que, par exemple, pour une récolte de 45 à 50 pouds par hectare, ce qui est la moyenne, l'exploitation riche comptant 4 hectares et plus par bouche verse 9 pouds, tandis que l'exploitation pauvre n'ayant qu'un demi hectare par bouche verse seulement 1 poud 1/4.

Les rôles sont établis par les soviets de village, en multipliant pour chaque exploitation le chiffre du barême par le nombre d'hectares cultivés. Les exploitations d'un hectare de culture et au-dessous sont exemptées. L'impôt doit être versé aussitôt après la rentrée de la récolte et en tout cas avant le 15 décembre.

Pour les autres produits, le même barême est appliqué avec une table d'équivalences : 1 poud (40 livres) de froment ou de seigle vaut 35 livres de sarrazin, 26 livres de pois, haricots ou lentilles, 50 livres d'avoine, orge ou millet, 60 livres de maïs, 4 pouds de pommes de terre. Pour encourager telle ou telle plantation, les provinces peuvent proposer une modification ou un complément de ces équivalences.

Un second décret, paru en même temps que celui-ci, remplace la réquisition des œufs par un impôt en nature. Le taux est fixé, selon les provinces, à 2, 3, 5, 7 ou 10 œufs par hectare cultivé. Les éleveurs de volailles sans surface cultivée versent 10 œufs par poule, à partir de 20 poules.

Un troisième décret, publié le 24 avril, établit l'impôt sur les produits lactés d'après les mêmes principes que l'impôt sur les céréales et les œufs. Aux exploitations contenant une vache, il est demandé selon les provinces de 3 à 8 livres de beurrre fondu. Le taux est progressif : 4 à 10 livres pour les exploitations possédant 2 vaches, 5 à 12 et à 14 pour les exploitations possédant 3 et 4 vaches ou plus. Le beurre fondu, selon l'usage déjà établi par le Commissariat de l'Approvisionnement, est l'unité à laquelle sont ramenés les divers produits lactés. Les trois quarts de l'impôt doivent être versés au 1er août et le reste pour le 1er novembre.

**.

Décrets sur les Primes en nature, sur la réglementation des Tarifs et sur les Coopératives.

En regard des décrets réglant les modalités de l'impôt en nature, il faut placer, parce qu'ils constituent avec ceux-ci un tout, trois décrets qui avaient été promulgués quelques jours auparavant, le 9 avril.

Les deux premiers, le décret sur les primes en nature pour les ouvriers et le décret sur la réglementation des tarifs, rétablissent pour le prolétariat des villes la liberté du commerce. Le décret instituant l'impôt en nature autorise le paysan à disposer librement de ce que l'impôt ne lui prend pas. Ceux-ci permettent à l'ouvrier de donner des produits de sa fabrication contre ce surplus de produits agricoles.

Le décret sur les primes en nature décide qu'il

sera créé dans chaque entreprise un fonds de primes en nature avec une certaine partie des objets fabriqués. Ce fonds est destiné à l'échange. Son importance est proportionnelle au rendement de l'usine. Chaque ouvrier dispose de sa part propre.

Dans les industries dont les produits ne sauraient constituer de primes ni servir à l'échange, comme l'industrie des transports, les ouvriers sont autorisés à fabriquer, en dehors des heures de travail, des objets échangeables, du matériel agricole par exemple.

Le décret sur les tarifs abolit toute limitation des primes par rapport au salaire. L'ouvrier peut augmenter indéfiniment celui-ci en augmentant son rendement. En outre, les directions industrielles locales sont autorisées à faire des prix à forfait pour tel ou tel travail avec tel ou tel ouvrier ou tel ou tel groupe d'ouvriers.

Le troisième décret, relatif aux coopératives de consommation, a pour but d'organiser l'échange autorisé par les précédents.

Les coopératives, organes de liaison entre l'Etat et la campagne, deviennent en outre organe de liaison entre les travailleurs urbains et ruraux. Elles cessent d'être de simples organes de répartition, auxiliaires du Commissariat de l'Approvisionnement, pour devenir les instruments de l'échange entre les divers groupes de petits producteurs.

Chaque coopérative reçoit de ses membres sa part en argent ou en nature (fonds de primes), achète soit directement, soit par l'intermédiaire de la Ligue provinciale des Coopératives, les denrées agricoles et délivre à chacun la quantité de produits correspondant à ses versements.

Les coopératives reçoivent, en outre, le droit de conclure toutes les conventions qui ne contredisent pas la législation soviétique pour la fabrication, la transformation, la conservation des denrées. Elles sont autorisées à organiser des associations de production maraîchère, fermes laitières, etc...

* * *

Perception de l'impôt.

Jusqu'à l'établissement de l'impôt en nature, le principe en vigueur se résumait ainsi : tout appartient à l'Etat, qui rend au paysan ce dont il a besoin pour vivre et pour ensemencer. Mais dans l'application, puisque la propriété individuelle subsistait, il fallait bien fixer à chacun le contingent qu'il devait fournir. L'Etat prélevait une partie des produits, dont la quotité était déterminée comme le serait un impôt de répartition.

On sait quelle est l'organisation administrative soviétique :

Au village, qui nomme obligatoirement un Soviet s'il a plus de 300 habitants, le président et le secrétaire constituent l'organisme exécutif.

Au canton, pas de soviet, mais un Comité Exécutif de canton. Ce Comité, élu, possède des sections déjà différenciées, dont le chef seul est un membre du Comité mais dont les employés sont des fonctionnaires : sections d'administration, d'instruction, de police (tché-ka), militaire, etc...

Au district, organisation semblable avec un plus grand nombre de sections.

A la province, de même; mais la différenciation des sections est plus marquée ; il en existe autant qu'il y a de Commissariats du Peuple.

Ceci posé, il est facile de comprendre comment la répartition s'opérait aux différents échelons : Le Conseil d'approvisionnement de Moscou fixait le chiffre global des denrées à prélever et le contingent de chaque province ; le Conseil d'approvisionnement provincial fixait le contingent de chaque district ; la Section d'approvisionnement du district, celui de chaque canton ; le Comité Exécutif du canton, celui de chaque village ; le président du Soviet de village, celui de chaque feu.

Le décret du 22 avril, en établissant l'impôt en nature, a supprimé ce mécanisme compliqué, qui n'a jamais fonctionné d'une façon satisfaisante et qu'on avait dû remplacer, devant la restriction des cultures, par le mécanisme de la réquisition.

Aujourd'hui, l'impôt est perçu de la manière la plus simple. Les soviets de village établissent les rôles d'après le barème légal en tenant compte des exemptions dont bénéficient les exploitations pauvres et en appliquant le tarif progressif.

Les conférences de propagande organisées de tous côtés ont rapidement fait comprendre aux paysans cette procédure facile, si l'on en juge par la vélocité avec laquelle ils ont remis en culture les terres dont ils sont assurés désormais de conserver presque tous les produits.

***

Les autres décrets de la « Politique nouvelle ».

Depuis les décrets fondamentaux dont j'ai indiqué la substance, bien d'autres ont été promulgués en application des principes de la « Politique nouvelle ».

J'en citerai quelques-uns spécialement parce qu'ils sont parus pendant mon séjour à Moscou et que j'en puis garantir, non seulement l'authenticité, mais pour le premier au moins, les termes.

Celui-ci, daté du 30 juin et publié le 6 juillet dans les *Izvicstia*, concerne « la suppression des limitations à la circulation monétaire et le développement des opérations de dépôt et de transfert ».

Il est ainsi conçu :

« A l'effet de supprimer les limitations qui entravent la circulation monétaire et d'assainir cette circulation par le développement des opérations de dépôt et de transfert, le Conseil des Commissaires du Peuple, abolissant les dispositions précédemment publiées, a décidé :

1°. — Toute limitation de somme des signes monétaires ayant cours dans la République socialiste fédérative des Soviets de Russie qui peuvent se trouver entre les mains des personnes ou des associations privées, est abolie.

2°. — Toutes les sommes versées par des individus ou des associations à titre de dépôt ou de compte-courant ou bien pour transfert ou virement dans les caisses du Commissariat des Finances et des organisations coopératives ne peuvent être soumises à confiscation que sur décision d'organes jouissant des droits judiciaires.

3°. — Toutes les sommes en argent comptant versées en dépôt ou compte-courant ainsi que pour transfert ou virement doivent être remises en espèces à leur possesseur sur première demande sans limitation des sommes.

4°. — Les renseignements concernant l'état des compte-courants, des dépôts ou des transferts ne sont donnés qu'aux possesseurs ou aux organes judiciaires ou d'enquête.

5°. — Les fonctionnaires qui violeraient le présent règlement seront poursuivis conformément aux lois ».

Un autre décret, paru dans les *Izviestia* du 12 juillet, autorise tout particulier âgé de 18 ans à fonder un établissement quelconque, destiné à la production, et d'y employer vingt salariés au maximum.

Les ateliers ainsi créés ne peuvent être nationalisés, municipalisés ou réquisitionnés que sur décision des tribunaux.

Tous les décrets antérieurs, portant suppression du salariat, sont abrogés en ce qu'ils ont de contraire à celui-ci.

D'autres, publiés quelques semaines plus tard, ont rétabli le paiement sur les chemins de fer, où l'on voyageait jusqu'alors gratuitement sans aucune formalité jusqu'à 50 verstes et au-dessus de 50 verstes avec un billet délivré par le groupement auquel on ressortissait ; — le paiement sur les tramways, où l'on montait jusqu'alors sans débourser; — le paiement dans les théâtres, où l'on entrait avec des billets répartis par les syndicats.

Les journaux européens ont annoncé depuis que le loyer et l'éclairage avaient cessé d'être gratuits. Ils ont fait connaître le rétablissement de la Banque d'Etat et quantité d'autres mesures.

Je ne puis garantir comme exactes que celles dont j'ai eu directement connaissance. Elles sont déjà de nature à démontrer que Lénine poursuit avec continuité la politique d'adaptation qu'il définissait le 12 mars 1921.

Le plan d'électrification de Krijanovski.

Le 23 décembre 1920, Lénine, dans son discours d'ouverture du VIII⁰ Congrès panrusse des Soviets, a annoncé en ces termes le rapport sur l'électrification de la Russie qui allait être présenté :

« Je pense que nous assistons aujourd'hui à un tournant essentiel de notre histoire. Désormais on verra à la tribune de nos Congrès panrusses non seulement des administrateurs et des hommes d'Etat, mais des ingénieurs et des agronomes. C'est le commencement de l'ère heureuse où on parlera de moins en moins de la politique et où l'attention de tous sera fixée sur la réalisation économique et sur l'enrichissement de la Russie Soviétiste. Ce tournant doit être senti partout, dans tous nos Soviets et toutes nos organisations.

« Vous verrez par le rapport de la Commission Nationale d'Electrification les énormes travaux accomplis dans ce domaine. Les meilleurs spécialistes du Conseil Supérieur d'Economie Nationale se sont consacrés à cette œuvre et nous vous présentons le volume imprimé contenant le fruit de leurs études. »

Et il a conclu par ces phrases d'un lyrisme qui a dû stupéfier certains de ses auditeurs, quelque habitude de ses boutades que Lénine aie pu leur donner :

« Ce livre doit être à mes yeux un second programme pour notre Parti, car sans l'électrification, le communisme n'est pas réalisable. La restauration de la culture rurale, la restauration des transports et des autres branches essentielles de notre industrie ne sont possibles que si nous exécutons peu à peu tout le programme ici exposé.

« Le Communisme, c'est le Pouvoir des Soviets plus l'Electrification de tout le pays. »

L'homme qui s'est chargé d'appliquer ces vues, Krijanovski, est un ancien membre du Parti Communiste âgé de 40 ans aujourd'hui.

Tout jeune, il avait publié déjà quelques ouvrages scientifiques remarquables et lorsque, en 1895, le Ministre de l'Agriculture, Ermolov, se mit en tête de faire rechercher leur auteur, c'est à la prison préventive de Pétrograd qu'on dut aller le chercher. Le crime de propagande socialiste l'y avait déjà mené.

Déporté trois ans en Sibérie, il entra ensuite dans les chemins de fer. Révoqué après la Révolution de 1905, il passa au service de compagnies privées et se spécialisa dans l'électrotechnique.

Le gouvernement des Soviets a placé Krijanovski à la présidence de la Commission du Plan Economique National, instituée au printemps de 1921, lorsqu'on a refondu et systématisé les divers organismes chargés de diriger l' « Economie Nationale », pour seconder le Conseil du Travail et de la Défense que préside Lénine et que vice-préside Rikov.

Cette Commission, qui comprend 37 membres, doit dresser tout le plan d'organisation économique de la Russie en s'inspirant des plans partiels présentés, chacun pour leur domaine, par les Commissariats de l'Agriculture, des Finances, de l'Approvisionnement, du Commerce extérieur, du Travail et par les représentants des républiques autonomes.

Elle a sous sa dépendance directe les sections économiques des différents Commissariats. Seule, la Commission d'Exploitation, qui répartit les matières premières, relève directement du Conseil de Défense.

C'est dire l'importance énorme des fonctions de Krijanovski.

Le rapport qu'il a présenté au Congrès de décembre 1920 résume comme suit le projet qu'annonçait Lénine pour l'électrification de la Russie :

Il s'agit de construire 27 stations productrices de force réparties de manière à constituer un réseau qui s'étendra sur la plus grande partie du pays.

Le Donetz sera pourvu d'abord, car c'est la région minière et usinière essentielle. Quatre usines le desserviront, dont les unes utiliseront le charbon local, les autres les rapides du Dniepr, qui sera rendu navigable en même temps. On travaille déjà activement, paraît-il, à réparer les dégâts des blancs et à construire les installations nouvelles.

Le Caucase, la Géorgie, le Kouban, le Terek, se serviront des chutes d'eau et du naphte pour mettre en marche leurs stations.

Sur la Volga, on emploiera l'anthracite à Kalitva, le schiste à Samara, la tourbe et le bois à Kazan et Nijni-Novgorod.

La région industrielle du centre est riche en charbon et en tourbe. La station de Kachira, qui alimente Moscou, a déjà été fort agrandie, celle de Soudakov près Toula également.

Quatre usines doivent fonctionner dans l'Oural à l'aide du charbon du pays. On espère que l'une d'elles sera terminée en 1922.

Dans le nord, de vastes travaux — en cours actuellement — donneront sur le Svir des stations hydro-électriques qui procureront à Petrograd un milliard de kilowatts-heure, chaque année. L'usine d'Outkina Zavod aura une puissance de 10.000 kilowatts, celle des marais de Viaziev une puissance de 40.000. Jamburg utilisera les chutes de la Luga.

Des plans particuliers concernent l'électrification de la ligne mourmane, la région de l'Altaï en Sibérie, d'autres encore.

Krijanovski espère que ses desseins grandioses seront, si l'Europe reprend rapidement ses fournitures, réalisés en l'espace de dix ans.

La Russie retirera de leur réalisation, dit-il, d'inappréciables avantages. Si les stations futures travaillent seulement huit heures, 15 millions d'ouvriers se trouveront lancés « sur le front du travail ». Si elles travaillent 16 heures, 30 millions d'ouvriers seront économisés.

Que vaut sa conception? Des techniciens seuls en peuvent juger. Elle vaut incontestablement pour les régions riches en houille blanche et déjà, m'a-t-on dit, sous le tsarisme, des projets avaient été étudiés, sans qu'aucune suite leur fut donnée d'ailleurs, pour la région des lacs septentrionaux et pour l'Oural. En ce qui concerne l'immense plaine du centre, où la tourbe, combustible médiocre, représente la principale source d'énergie, l'entreprise paraît évidemment plus discutable, et le plan de Krijanovski ne rencontre pas un assentiment unanime. Trotski, entre autres, aurait témoigné quelque scepticisme, assure-t-on.

Le manque de matériel et l'absence de personnel compétent rendent en tous cas l'entreprise assez délicate à l'heure actuelle. Mais le gouvernement des Soviets apporte à la réaliser un acharnement digne d'éloges.

Un grand nombre de villes et de villages sont dotés déjà de l'éclairage électrique et l'apparition de la « lumière surnaturelle », comme l'ont nommée les paysans, a plus fait que tous les discours pour la propagande communiste.

On m'a cité quelques douzaines de localités des districts d'Elabuga, de Simbirsk, de Nikolaïev,

d'Elets, de Tchern entre autres, voire des villages
du territoire tchérémisse, où la population a salué
l'allumage des premières ampoules comme la révé-
lation d'une religion nouvelle et montré des adresses
comme celle-ci où l'on aurait tort de ne voir qu'une
manifestation de commande :

« Ce 24 avril 1921, nous soussignés, citoyens des
villages Tornovo et Gorki, canton de Iamsko-Slo-
bodsk, du district de Kachira de la province de
Toula, avons décidé à l'unanimité de témoigner de
la profonde gratitude qui nous remplit l'âme.

« Maintenant nous en avons fini avec les veillées
dans les ténèbres, nous avons tout loisir de travailler tard dans la soirée à la maison grâce à l'écla-
tante lumière. Jamais nous n'aurions pu rêver qu'un
gouvernement, quel qu'il soit, puisse installer dans
nos chaumières un si merveilleux éclairage.

« Nous n'avons plus à nous préoccuper de
pétrole, ni de branches résineuses, nous attendons
bien tranquillement le soir et le moment où nous
savons que vont s'allumer les lumières qui dissi-
peront la nuit de nos demeures. La joie et le bien-
être montent à l'âme et on a envie de s'exclamer :
« Merveilleuses sont tes œuvres, ô pouvoir des
Soviets ! » Nous souhaitons que l'électrification soit
partout introduite dans les campagnes. Le paysan
le rendra au centuple à la capitale. »

Les Soviets locaux poussent de tous leurs moyens
les ruraux à seconder par leurs efforts celui du
gouvernement. Le gouvernement a témoigné de
son côté, par quelques exemples éclatants, qu'il
userait de tous les moyens dont il dispose pour
réussir.

Les 4, 5 et 6 juillet 1921, pendant que nous étions
à Moscou, le tribunal révolutionnaire a jugé treize
fonctionnaires, dont certains haut placés, du centre
d'électrification pour la campagne, qui, conformément aux meilleures traditions de l'administration
tsariste, avaient exigé un pot-de-vin pour livrer à

deux villages de la province de Kostroma une dynamo, des isolateurs et des lampes que ceux-ci étaient autorisés à toucher.

Les ingénieurs Zelenski et Kalfirst, directeur et gérant du Centre, et trois de leurs subordonnés, ont été condamnés à mort. Quant aux autres, qui avaient connu leurs tripotages sans y participer, trois ont eu cinq ans de prison — maximum de la peine, — deux trois ans de travail obligatoire; trois deux ans de camp de concentration.

Bel exemple dont pourrait s'inspirer la justice occidentale, si indulgente à tous les mercantis !

II

Trotski. — L'Armée Rouge.

Le roman héroïque de l'armée rouge conté par son créateur.

J'ai pour Trotski — autant le dire avant qu'on ne s'en aperçoive — une vive admiration.

Trotski est mieux qu'un doctrinaire, c'est surtout un homme d'action et d'organisation.

Peut-être ce jugement lui sera-t-il médiocrement agréable. Un bon classement en matière doctrinale, pour le communisme russe, c'est le point important. Mais à mes yeux d'occidental, le moindre réalisateur est plus utile à l'avenir de la Révolution soviétique que le plus brillant des théoriciens. Et Trotski s'est toujours révélé comme un « as » lorsqu'il fallait faire sortir quelque chose de rien.

En ce pays où l'énormité des distances et la lenteur des communications suppriment chez tous — chez presque tous — la notion de temps, où les méthodes de précision et d'exactitude sans lesquelles nous ne concevons pas de travail pratique sont en général inconnues, il règle, lui, ses occupations sur une observation scrupuleuse de l'heure.

Il besogne comme doit besogner un chef, en « homme d'affaires ». Sans doute parce qu'il est juif. Cela n'importe point.

L'essentiel, c'est que son activité aboutit à des résultats féconds. Chaque fois qu'il faut créer ou remettre sur pied un service, on s'adresse à lui. Il s'installe avec son équipe, qu'il a formée à son image, à laquelle il a inculqué ses habitudes. Et bientôt, là où ses devanciers n'obtenaient rien ou pas grand chose, on trouve un mécanisme qui fonctionne et qui produit.

Au début de la Révolution, Lénine l'avait chargé de la tâche la plus urgente, en l'envoyant négocier avec les Allemands. Avec quelle souplesse sa dialectique étincelante chambarda les calculs du général Hoffmann, il n'entre pas dans mon plan de le rappeler à ceux qui ont pu oublier le tournoi passionnant aux péripéties duquel l'Europe entière fut alors suspendue (1).

Trotski revint de Brest-Litovsk pour organiser l'armée rouge. La Russie, sans un régiment, sans une batterie, ne pouvait se défendre. En quelques mois, il refit une armée et sauva la Révolution.

Au printemps de 1920, les chemins de fer s'arrêtaient presque, à bout de souffle. Il mobilisa plusieurs corps d'armée pour la réfection des lignes et le travail des ateliers, embaucha en Suède, où sévissaient grève et lock-out, quatre mille ouvriers qualifiés, qui vinrent diriger la besogne comme contremaîtres. Cela n'a pas suffi sans doute pour que les chemins de fer, où tout est à remplacer, devinssent parfaits, mais cela a suffi pour qu'ils se remissent en marche avec une amélioration sensible.

Lorsque j'arrivai à Moscou, Trotski, comme la plupart de ses camarades, s'occupait activement de la préparation de notre Congrès. Mes compagnons de la délégation française m'ayant chargé de les représenter à la Commission dont Trotski était rapporteur, j'entrai très rapidement en rapports avec lui.

Je l'avais rencontré certainement déjà dans les Congrès internationaux du socialisme, dont je n'ai jamais manqué un seul depuis vingt ans, comme j'avais dû rencontrer déjà Lénine, Zinoviev, Kamenev. Les uns ou les autres étaient à Amsterdam en 1904, à Stuttgart en 1907, à Copenhague en 1910. Mais qui prêtait attention parmi nous, avant la Révolution, aux représentants des socialistes russes?

____

(1) On en trouvera le récit, avec celui de toute l'existence antérieure de Trotski, dans *Trotsky*, par Roger Lévy (Librairie de l'*Humanité*, 1920).

On les considérait comme négligeables. Bien plus, on les fuyait pour rester à l'écart de leurs terribles querelles de sectes. Jaurès n'avait-il pas lui-même donné à *L'Humanité* la consigne de n'accueillir leurs proses qu'en cas de nécessité absolue, averti qu'il était par une longue expérience que l'insertion d'une ligne de l'un d'eux amenait inéluctablement dans la semaine une demi-douzaine de rectifications ennuyeuses ?

Je me rappellerai toujours l'impression d'heureuse joie que nous ressentîmes, mes quatre collègues et moi, qui composions la Sous-Commission d'études comme délégués des cinq principaux pays, à notre première rencontre avec Trotski.

Les autos étaient venues nous chercher à l'instant indiqué, et nous avaient déposés cinq minutes avant l'heure du rendez-vous devant le Commissariat de la Guerre. Tout de suite, nous avions été introduits dans une grande pièce claire et nette, où des tables recouvertes d'un papier buvard immaculé nous attendaient. En même temps, Trotski entrait par une autre porte et, après des présentations rapides, nous commencions à travailler.

La discussion sur le projet du rapporteur nous permit de nous rendre compte que ce jacobin autoritaire, loin de regretter la contradiction, la sollicitait et l'appréciait. En moins de deux heures, il eut recueilli nos objections et mis au point son texte avec une diplomatie souriante.

Nous partîmes conquis comme devaient l'être des Européens noyés depuis des jours dans les courses vaines et dans le brouillard des discours orientaux, avec le sentiment que, pour la première fois, nous avions employé notre temps de manière utile et la certitude qu'on peut aboutir en Russie comme ailleurs. Trotski venait de dissiper le doute dont nous commencions à être angoissés.

Bien des après-midi, je suis retourné à la Znamenka, dans ce grand bâtiment de l'Académie Alexandre, ancienne école militaire où les blancs, en octobre 17, fusillèrent les rouges par fournées.

L'immense cabinet de Trotski occupe au premier l'un des angles de la façade. Cinq colonnes en hémicycle décorent assez étrangement une des parois. Au-dessus de la colonne centrale, un pélican, symbole du Christ, se déchire le flanc pour nourrir ses petits.

Des cartes, des cartes, des cartes, partout, sur les murs, sur les colonnes, sur les tables. Dans un angle, près d'une fenêtre, le vaste bureau du Commissaire à l'Armée.

En quittant la France, je m'étais bien promis d'interviewer Trotski sur cette armée rouge qui, depuis quatre ans, a tenu tête à tous les assauts. Je savais, comme tout le monde, qu'elle représente une force redoutable et je voulais savoir comment son créateur est parvenu à la tirer du néant.

Pour averti que je fusse sur sa puissance, comme le sont tous ceux qui ont suivi les événements de Russie, j'étais loin de me douter de son importance réelle, et lorsque Trotski, au cours d'une de nos premières conversations, a laissé tomber comme une chose naturelle le chiffre des effectifs auquel elle a fini par monter, je n'ai pu m'empêcher de le regarder avec stupeur.

« L'année dernière, disait-il, au moment de la guerre avec la Pologne, nous avions sous les armes cinq millions trois cent mille soldats... »

Cinq millions ! C'est un chiffre que personne en Europe, n'a, je crois, soupçonné. Ma curiosité n'a fait, naturellement, que s'accroître et j'ai prié Trotski de me raconter lui-même le roman héroïque de son enfant.

« Mais tant que vous voudrez ! Bien sûr ! » m'a-t-il dit en souriant de ce sourire qui transforme si curieusement sa figure. Trotski, on l'a souvent remarqué, a l'air méphistophélique. Entre les longs cheveux qui surplombent et la barbe qui allonge sa face, ses yeux intelligents luisent, insensibles et froids. Deux plis profonds encadrent sa bouche d'un rictus désagréable. Mais quand il rit, les yeux prennent une douceur charmante et les fossettes qui se creusent au milieu des joues démentent complètement la méchanceté des plis qui les précèdent.

«Tant que vous voudrez ! » J'ai profité de l'offre sans scrupule, et Trotski s'est prêté avec une inépuisable bonne grâce à mes questions. Il m'a fourni tous les éléments d'une véritable histoire de l'armée rouge.

Je ne puis ici que résumer son récit :

« L'armée a été instituée, en principe, par un décret du 15 janvier 1918, signé de Lénine et des Commissaires à la Guerre et à la Marine, Dybenko et Podvoisky. Je négociais alors la paix de Brest-Litovsk avec l'Allemagne comme Commissaire aux Affaires extérieures, et c'est en mars que j'ai pris mes nouvelles fonctions.

« Il n'y avait plus rien. L'ancienne armée s'était dissoute, volatilisée. Les hommes étaient partis chez eux, le matériel gisait un peu partout, abandonné au hasard de l'arrêt des trains. Les Soviets locaux, tout jeunes alors, très primitifs encore, me télégraphiaient : « J'ai dix canons... j'ai un parc d'aviation... Dix soldats... cinq marins... » Vous voyez cette pagaïe !

« Mon bureau, à Smolni? Une foire ! Des gens y venaient, de tous les coins du pays : « Donnez-nous des souliers ! Vous n'auriez pas un colonel? » Reportez-vous à la description que fait Lissagaray du Ministère de la Guerre sous la Commune. C'était cela.

« Mettre de l'ordre là-dedans, ce n'était pas facile. Je n'avais aucune compétence et j'ai songé d'abord à me faire aider par les missions étrangères, qui caressaient l'espoir que nous reprendrions la guerre (1). Mais quand j'ai vu le chef de la mission

____

(1) Voir pour cette période les si intéressantes *Notes sur la révolution bolchevique* (Éditions de la Sirène, Paris 1920) où Jacques Sadoul a retracé jour par jour les efforts qu'il accomplissait pour essayer d'établir des rapports réguliers entre la mission militaire française, dont il faisait partie, et le gouvernement bolchevik.

française, le général Niessel, jouer avec moi au général allemand et mettre ses bottes sur ma table (2), quand j'ai constaté surtout le scepticisme de tous ces professionnels, je les ai mis à la porte. Ils ont regagné leur pays peu après.

« Un camarade du Parti, Bontch-Brouevitch, m'a amené son frère, général tsariste. Je l'ai pris et l'ai invité à constituer un état-major en le flanquant de deux communistes pour le surveiller. Il a d'ailleurs parfaitement rempli son office. Il professe maintenant la géodésie à l'Université.

« Avec lui, nous avons commencé à débrouiller la situation. Mais vous voyez cela ? Un général tsariste ? On a commencé par crier à la trahison, par refuser de m'obéir. Le Comité Central, heureusement, me comprenait et m'aidait. Pour rétablir la discipline, nous avons sévi impitoyablement. Il le fallait.

« Dans ce qui s'offrait à moi, il y avait de tout : des brigands, des demi-brigands. Un homme, qui venait avec une petite troupe, avait les poches pleines d'or et de montres; on l'a fusillé. Il y avait des mouchards, des espions. Il a fallu pratiquer de sérieuses opérations d'hygiène révolutionnaire.

« Partout des initiatives intéressantes se faisaient jour, mais de quelle façon ! Quand un noyau se constituait, l'esprit fédéraliste s'en mêlait. Nous avions une armée de Tver, ou de Vladimir. Le dégoût général du militarisme empêchait toute cohésion. C'était fou !

« Enfin, en mai, l'appareil essentiel fut sur pied : sept régions étaient constituées avec leurs subdivisions de gouvernements, de cantons, de volosts.

---

(2) Trotski affectionne évidemment cette formule imagée, car je l'ai retrouvée, telle qu'il l'avait employée devant moi, dans le récit qu'il a écrit des négociations de Brest-Litovsk, récit que cite en sa brochure Roger Lévy : « Le général mit plusieurs fois ses bottes de soldat sur la table... Quant à nous, nous ne doutâmes pas un instant que ces bottes du général Hoffmann fussent précisément la seule réalité sérieuse qu'il y eut dans toutes ces négociations. »

« Je n'avais pas osé commencer par rétablir l'obligation militaire ; le volontariat seul fonctionnait. Il nous avait alors donné environ 200.000 hommes : anciens soldats et membres des Jeunesses communistes surtout. L'affaire tchéco-slovaque survint et l'élan nécessaire se produisit.

« Vous vous souvenez de cette aventure? Les divisions tchéco-slovaques de l'armée autrichienne étaient passées dans nos rangs en entier pendant la guerre. Nous les avions cantonnées sur la Volga. Travaillées par Savinkov et les socialistes-révolutionnaires, elles se soulevèrent et occupèrent Kazan, Simbirsk et Samara.

« Tukhatchevski, ancien officier tsariste converti au bolchevisme pendant sa captivité en Allemagne, qui commandait en chef l'an dernier contre la Pologne, dirigeait devant Simbirsk notre première armée; Vatsetis, un Letton, qui a été notre premier généralissime, menait la cinquième devant Kazan. Pauvres armées, de 6 à 8.000 baïonnettes chacune. Je m'établis près de lui, à Swijashsk.

« Nous mobilisâmes d'abord les communistes, en tête, puis six classes dans les gouvernements de la Volga. L'ordre était : « la victoire ou la mort! » Les paysans venaient en foule contre les blancs, mais il leur manquait la confiance dans leurs propres forces. Voici ce qui la leur donna :

« J'habitais un train, dont on a beaucoup parlé, fait de wagons blindés avec des sacs à terre, défendu par un canon, des mitrailleuses, et que suivait un autre train. Ce dernier était monté par 300 cavaliers, avec aéroplane, wagon-garage pour cinq autos, télégraphie sans fil, imprimerie, tribunal; une petite ville militaire en un mot.

« Pour ses débuts, elle faillit se faire prendre. Savinkov, Kappel et Fortunatov étaient si sûrs de leur succès qu'ils l'avaient annoncé. Ils nous entourèrent avec un millier d'hommes. Nous creusâmes des tranchées et subîmes un siège; finalement ils furent repoussés.

« Afin de profiter de notre avantage, le soir même

de notre délivrance, je risquai un grand coup avec Raskolnikov, un jeune officier de marine bolchevik qui nous représente aujourd'hui en Afghanistan.

« Raskolnikov avait fait venir de Cronstadt, par les canaux, quatre vieux torpilleurs. Nous projetions tous deux d'anéantir avec eux la flottille adverse, composée de barques plates armées de canons, et embossée devant Kazan. Un coude du fleuve, dans lequel se dresse une colline escarpée, nous séparait. A une heure du matin, nous franchîmes le goulet avec le premier torpilleur et, du premier coup, nous fûmes assez heureux pour mettre le feu aux réservoirs à pétrole de l'une des barques. Tout brûla.

« Nos autres torpilleurs ne purent nous rejoindre et je me demande encore comment nous avons échappé. L'incendie sans doute empêchait l'ennemi affolé de nous voir. Nous finîmes par rentrer sans encombre avec notre gouvernail brisé.

« L'impression fut énorme. Dès l'aube, après une courte lutte, les blancs évacuèrent Kazan. Le lendemain, Tukhatchevski prit Simbirsk. Notre armée possédait enfin la confiance. Elle n'a plus, depuis lors, connu que des succès (1).

« Alors commença le véritable travail d'organisation.

« Nos mobilisations partielles, sommaires, avaient peu rendu. Nous avons mobilisé régulièrement, par classe. Le nombre des insoumis a diminué. Affiches, meetings, représentations de comédies satiriques, dans les campagnes, tribunaux, tous les moyens ont été employés.

---

(1) Il faut excepter cependant l'expédition de Pologne, en 1920. La Russie, provoquée par sa jeune voisine que l'Entente poussait, battit complètement la Pologne, mais fut ensuite battue par elle, l'armée rouge s'étant aventurée trop loin de ses bases. Les chefs de l'armée, et Trotski le premier — il me l'a affirmé lui-même — s'étaient opposés à la marche en avant, dont ils estimaient le succès impossible. Elle fut décidée malgré eux.

« Nous avons rappelé les anciens officiers. La Révolution française, sur 15.000 officiers du roi, en a retrouvé cinq à six mille. Sur un million, nous en avons trouvé des centaines de mille. Certains ont trahi, c'est vrai. Notre 11e division par exemple, la division de Nijni-Novgorod, notre orgueil, a été massacrée au printemps de 1919, pendant la rébellion des cosaques de Krasnov, par la faute préméditée de ses chefs. Nous avons arrêté les familles des officiers suspects et les avons prises comme otages. La menace a d'ailleurs suffi.

« Nous avons créé les Commissaires aux armées. Mais la Convention n'en plaçait qu'auprès des généraux en chef. Nous en avons mis dans toutes les divisions, dans toutes les brigades, dans tous les régiments en leur adjoignant dans chaque compagnie des « guides politiques » pour les seconder dans leur action. Près de chaque armée, deux Commissaires composaient avec le commandant un Conseil de guerre. Inviolables, mais responsables de toute trahison, ils possédaient droit de vie et de mort sur tous sans pouvoir s'immiscer dans la direction des opérations (1).

« Voilà comment a grandi et fonctionné cet organisme militaire qui nous a procuré toutes nos victoires et dont l'importance numérique vous a tant surpris. »

Toute cette histoire héroïque de l'armée rouge, dont je rapporte à peine les grandes lignes, Trotski me l'a contée pendant des heures, devant les cartes innombrables de son bureau.

Il me l'a contée avec cette simplicité que tous les Commissaires du Peuple ont si heureusement conservée au pouvoir, en s'interrompant pour me

____

(1) On trouvera l'arrêté du 8 avril 1918, qui a institué les Commissaires aux armées, ainsi que le décret du 15 janvier qui a créé l'armée rouge, en annexe à la brochure de Roger Lévy.

dire : « Comme vous avez bien fait de me demander tout cela ! Comme cela me fait plaisir de me rappeler ces choses ! » jusqu'au moment où il terminait un chapitre en déclarant gentiment : « Maintenant, nous allons nous arrêter. Mon garçon joue au ballon sur la place du Kremlin. Nous allons aller le chercher. »

Ce qu'il ne m'a pas dit, ce qu'il ne pouvait me dire lui-même, c'est à quel point il a été l'animateur de la résistance aux cent actes que la création de l'armée rouge a permise.

D'autres me l'ont dit, à Petrograd (par exemple) en me parlant de l'attaque de Iudénitch contre la capitale, en octobre 1919. Les blancs arrivèrent alors jusqu'à la grande ville. Ils pénétrèrent dans les faubourgs et l'on croyait Petrograd perdue.

« Quand Trotski a débarqué de Moscou — me rapportait un camarade — la confiance est revenue en un clin d'œil partout. Les barricades sont sorties de terre comme d'elles-mêmes. En quelques jours, Iudénitch a été battu, écrasé, et son armée s'est évaporée littéralement. »

Trotski n'est pas qu'un organisateur, c'est un chef. Plus craint qu'aimé peut-être, c'est possible. Mais d'un ascendant prodigieux.

Il appartient à la race de nos grands Jacobins, dont on s'aperçoit souvent que les souvenirs le hantent. Il connaît bien la Révolution française et l'amour qu'il lui porte est l'origine des sentiments francophiles qu'il professe, malgré les événements de ces dernières années, comme beaucoup de communistes russes.

Avant le Bloc National, il y a eu la Convention, heureusement. On se le rappelle à Moscou, mais je crois bien que Trotski s'en souvient plus que personne.

« Vous savez — me disait-il à notre dernière entrevue — vous savez, en Europe, c'est encore la France qui nous suivra la première. Ici, on dit : ce sera l'Allemagne, ce sera l'Italie. Mais ce n'est pas vrai... » Et il ponctuait ses paroles de vigoureux coups de poing sur sa table. « Ce n'est pas vrai ! Le grand pays révolutionnaire, c'est le vôtre. Moi, c'est sur les Français que je compte avant tout. »

Les Généraux de la Révolution.

Le militarisme communiste ! Le militarisme révolutionnaire ! Que de plaisanteries j'avais entendues sur ce thème avant d'aller en Russie ! que de lazzis j'ai recueillis depuis mon retour !

Quoi ? Fallait-il que la Révolution soviétique se laissât écraser ? Fallait-il que les dix-huit gouvernements que Zinoviev s'est plu à énumérer dans son fameux discours de Halle comme ennemis de la République pussent entrer chez elle sans trouver à qui parler ?

Evidemment, le militarisme n'est intéressant nulle part, et pas plus à Moscou qu'ailleurs. Mais la question n'est pas là.

On m'a dit qu'en 1920, Vergeat, l'un de nos trois camarades qui périrent dans l'Océan Glacial en revenant de Russie, n'avait pu dissimuler sa tristesse lorsqu'il assista sur la Place Rouge à une revue de la garnison moscovite.

Je comprends d'autant mieux son impression que j'ai éprouvé la même. La revue de la Place Rouge fait partie de toutes les grandes fêtes. Le gouvernement y tient, probablement parce qu'il estime la cérémonie utile pour l'armée elle-même, et le Congrès de 1921 a eu son festival militaire tout comme celui de 1920.

Un matin, nous nous sommes rendus, mes compagnons et moi, sur la Krasnaya où, sous les murailles du Kremlin, nous attendaient de vastes tribunes. Les troupes s'alignaient autour de l'énorme place et toutes les rues voisines regorgeaient de fantassins, de cavaliers, de batteries prêts à défiler.

Au premier coup de midi, au premier coup de cette sonnerie que le carillon du palais fait si joliment précéder des premières notes de « L'après-midi d'un faune », Trotski, accompagné du généralissime Kamenev, du général Brussilov et du commandant de place Muralov, est sorti du Kremlin.

« Zdrasvouitié, tovaristchi ! » — Bonjour, camarades ! — a-t-il crié d'une voix sonore, à peu près comme le tsar disait en semblable occasion : Bonjour, mes enfants ! Et les soldats ont répondu en chœur, employant une formule différente de l'ancienne, mais comme répondaient leurs aînés : « Slougim revolucii. » — Nous servons la Révolution !

Je ne dirai pas que ce spectacle, pour pittoresque qu'il fut, nous aie remplis d'allégresse. La parade militaire est en elle-même chose laide. Un bourgeois au cœur de garde national peut se réjouir devant cette laideur. D'anciens soldats, d'anciens combattants n'en sauraient faire autant.

Et puis, évidemment, à Moscou, la chose choque. Ce qu'évoque aujourd'hui pour nous notre idéal, c'est d'abord le désarmement. Il faut faire un sérieux effort sur soi-même pour se répéter constamment que l'armée rouge est une nécessité impérieuse et que la Révolution russe ne peut pas, tant que d'autres songent à la renverser, s'en passer.

Tout est là. Il faut choisir entre le geste tolstoïen de Trotski, refusant de signer la paix à Brest-Litovsk, disant : Envahissez-nous, nous ne nous battrons pas ! et le geste jacobin du même Trotski, boutant hors de son pays les soudards contre-révolutionnaires. Le premier, sans doute, était d'un symbolisme superbe, mais il n'a pas tenu devant la réalité. La capitulation a dû suivre, puis l'organisation de l'armée rouge. Et le second, à coup sûr, possède une autre valeur positive que le premier.

La Russie n'a pas l'âme cocardière. Elle licenciera ses soldats dès qu'on se décidera à la laisser tranquille. Elle ne les conserve pas par goût.

Son « militarisme » est d'ailleurs aussi peu militaire que possible, et c'est une pure plaisanterie que de le mettre en parallèle avec le caporalisme germanique où l'intoxication « victorieuse » du Français.

A cette revue de la Krasnaya, Trotski, du haut de la tribune, a rappelé les luttes livrées contre les blancs stipendiés par l'Entente. Il a évoqué, aux acclamations des soldats, les sacrifices auxquels ceux-ci pourraient être encore appelés pour la défense de la Liberté. Puis, les sections du Parti Communiste, les hommes, les femmes, les jeunes gens, tour à tour, tous en armes, ont défilé avant les troupes sous la conduite de leurs instructeurs.

En quel pays verrait-on semblable spectacle? Peut-on sérieusement taxer de militarisme ce peuple qui se dresse pour défendre et développer sa Révolution?

Et les soldats eux-mêmes?

Militaire, l'esprit de cette armée démocratique où le panache est inconnu, où l'on ne se salue même pas hors du service, où nul insigne ne distingue les gradés qui portent tous le même titre et ne se différencient que par leurs fonctions : commandant de compagnie, de régiment, etc...?

Militaire, l'inspiration de ces règlements où l'on peut lire (*Instruction du soldat*, paragraphe 10) : « Tu dois être un égal parmi tes camarades. Tes chefs sont des frères plus expérimentés et plus instruits. Au combat, à l'exercice, à la caserne, au travail, tu dois leur obéir. Aussitôt sorti de la caserne, tu es absolument libre »? Où l'on peut lire encore ceci : « Si l'on te demande : comment te bats-tu? Réponds : Je combats avec le fusil, la baïonnette, la mitrailleuse, et aussi avec la parole de vérité que j'adresse à ceux des soldats ennemis qui sont des ouvriers et des paysans, afin qu'ils sachent que je suis en réalité non leur ennemi, mais leur frère »?

Militaires, ces officiers affiliés en grand nombre au Parti Communiste, qui prennent part à des conférences comme celle que dirigea Zinoviev à Petrograd en octobre 19, où on leur enseigne que la neutralité politique de l'armée n'a pas de sens pour l'armée russe, qu'elle est une armée révolutionnaire qui soutient un système et des principes qu'elle défendra d'autant mieux qu'elle s'en pénétrera davantage?

Militaire, Trotski lui-même? Impérialiste, son entourage? Allons donc !

J'ai voulu connaître ses lieutenants immédiats. Dans les bureaux du Commissariat de la Guerre, j'ai rendu visite au commandant en chef et au chef d'état-major général.

On me les a montrés, car rien ne les distinguait de leurs voisins.

Le premier, Kamenev (1), est un superbe cavalier orné d'une moustache formidable, qui a conduit les opérations contre Koltchak. Le second, Lebedev, un homme trapu et massif. Ni l'un ni l'autre ne ressemblent à ceux des généraux que nous connaissons.

Tous deux ont fait partie de l'ancienne armée. Le cas n'est pas rare au reste, et beaucoup de leurs collègues ont la même origine.

Quelques-uns, peu nombreux, appartenaient depuis longtemps à l'une ou l'autre des fractions du socialisme russe. Tel Iegorov, colonel sous le tsar, gouverneur de Petrograd maintenant, qui depuis 1905 était affilié au parti socialiste-révolutionnaire.

D'autres, comme Tukhatchevski, gouverneur de Smolensk, qui fut généralissime contre la Pologne, se sont convertis pendant la guerre. Jadis capitaine au régiment Séménovski, il est devenu bolchevik durant sa captivité en Allemagne.

Mais la plupart se sont ralliés au nouveau régime sans en accepter toutes les idées peut-être, afin de concourir à la défense de la Russie contre les émi-

____

(1) Il ne faut pas confondre Kamenev, généralissime, avec Kamenev, président du Soviet de Moscou, dont il sera parlé plus loin

grés alliés à l'étranger, contre le Coblentz de Londres ou de Paris.

Tel Brussilov, qui commandait une armée du tsar et dirigea la dernière grande offensive contre l'Allemagne sous Kerenski. Tel Vatsetis, jadis colonel d'état-major, qui reprit Kazan aux Tchéco-Slovaques et commanda en chef jusqu'au moment où il échoua devant Riga pour avoir voulu, lui, Letton, rendre à tout prix à la Russie sa ville natale.

Tels encore Stankiévitch et Nicolaïev, moins connus que Brussilov et Vatsetis, mais dont les noms méritent de ne pas disparaître, car ils n'ont pas seulement continué à servir la Russie sous le nouveau régime; ils sont tombés pour la cause qu'ils avaient librement embrassée.

Stankiévitch, pris par Dénikine à Orel, s'est laissé fusiller plutôt que d'abjurer. Nicolaïev, dont j'ai vu la tombe à Iamburg, a préféré la potence aux offres de Iudénitch. Il est mort en disant : « Vous me prenez tout, vous me prenez la vie, mais ce que vous ne pouvez m'arracher, c'est ma foi en l'avenir des hommes. »

La Révolution russe a utilisé tout ce qu'elle a découvert de bon dans les anciens cadres, mais elle a, comme sa devancière, fait surgir des chefs du plus humble rang : Azime, qui commanda sur la Volga, était un bas officier cosaque. Budienni, qui forma les premières unités montées contre Dénikine et se vit placer à la tête de la cavalerie soviétique, était sous-officier. Frunzé, le vainqueur de Vrangel, servait obscurément à Iaroslav, dans l'intendance, quand le général Novitski, appelé par Trotski au commandement de la IVe armée, le désigna comme plus digne en sollicitant l'honneur de servir sous ses ordres.

On pourrait même citer des chefs que le Commissariat de la Guerre a été chercher hors des rangs, comme Muralov, hier commandant d'armée, aujourd'hui gouverneur de Moscou, et précédemment agronome.

A aucun d'eux on n'a demandé son âge, pas plus

qu'on ne le demandait à Hoche ou à Marceau. Azime a été tué à 21 ans. Tukhatchevski en a 28, Frunzé 30.

En dépit des services que les uns et les autres ont rendu, aucun de ceux que je cite ne possède d'autre notoriété que celle qui correspond à ses actes. Ont-ils recherché la popularité? Je l'ignore. Mais ils ne l'ont pas acquise, il est facile de s'en rendre compte.

Soldats? Ils ont prouvé qu'ils l'étaient, certes. Militaires? Assurément pas.

L'âme russe ne paraît pas concevoir le bonapartisme. Ceux qui s'effraient, ou font mine de s'effrayer du « militarisme révolutionnaire », peuvent se rassurer en ce qui concerne la Russie.

L'énorme organisme que constituait l'armée rouge se démonte d'ailleurs pièce à pièce.

Il a compris 21 divisions de cavalerie, 60 divisions d'infanterie à 3 brigades de 3 régiments. Et nombre d'autres unités, qui n'ont jamais été complètement formées, étaient en préparation lors de la guerre contre la Pologne quand on craignait à Moscou l'intervention ouverte de la France (1).

---

(1) L'armée rouge possède tout le matériel des armées modernes. Il me paraît inutile de m'étendre sur ce point. Je mentionne seulement qu'une importante partie de ce matériel provient des dépouilles des soudards blancs armés par l'Entente et a été fabriquée chez nous. Lebedev a bien voulu, sur ma demande, faire procéder à une enquête rapide sur ce point et il m'a donné les renseignements suivants :

« Nous avons reçu — c'est le mot qu'il employait, sans ironie je crois, mais il a vraiment une saveur toute spéciale — nous avons reçu 50.000 Lebel environ avec d'innombrables cartouches; 66 pièces de 75 prises à Dénikine et 87 prises à Koltchak, ces dernières alésées au calibre russe 76.2, ce qui prouve qu'elles étaient faites exprès pour les armées contre-révolutionnaires, le tsarisme n'ayant jamais commandé ce calibre-là en France; 13 tanks Renault; 8 avions Salmson de 220 chevaux capturés en Sibérie, 3 Bréguet pris à Odessa, 11 Nieuport et plusieurs Spad, 35 appareils anglais, etc... »

Ces renseignements honteux pour les ouvriers français, je me suis promis de les transmettre aux intéressés et, en particulier, à mes braves électeurs de Boulogne qui travaillent chez Salmson ou chez Renault.

La guerre polonaise finie, Vrangel liquidé, la démobilisation a commencé très vite.

En décembre 1920, au VIII° Congrès panrusse des Soviets, Trotski l'annonçait au nom du Conseil du Travail et de la Défense :

« Nous espérons réduire l'armée de moitié pour le milieu de l'été prochain — disait-il. — Nous voulons démobiliser le plus largement, le plus complètement et le plus méthodiquement possible. Nous commençons dès maintenant, avec la pleine confiance que nous avons dans la puissance morale de notre armée et de la classe ouvrière et paysanne qui l'a créée. »

Le Congrès l'a suivi en votant l'envoi en congé illimité de tous les soldats et marins nés en 1885 ou dans les années antérieures et la formation de leurs cadets en bataillons de travail jusqu'au jour où le licenciement des aînés serait terminé.

On espérait avoir achevé la démobilisation de la moitié des troupes pour l'été 1921. Trotski et Lebedev m'ont affirmé tous deux en juillet que leurs prévisions s'étaient réalisées. Les opérations continuaient alors. Elles devaient se poursuivre jusqu'à la réduction à un chiffre qui m'a été fourni, mais que je ne crois pas devoir donner ici. Le Gouvernement des Soviets le publiera lorsqu'il l'estimera nécessaire.

Au Tribunal Révolutionnaire.
Le Procès d'un des lieutenants de Koltchak.

Je désirais depuis mon arrivée à Moscou assister à une audience du Tribunal Révolutionnaire et j'avais prié plusieurs de nos camarades de me prévenir lorsqu'une affaire politique intéressante viendrait devant lui.

« Voilà ce qu'il vous faut ! — me dit Serge le 13 juillet. — On juge demain un ancien général de Koltchak ».

Le lendemain, après déjeuner, nous gagnâmes une fois de plus la Znamenka et le Commissariat de la Guerre, dans une des ailes duquel le Tribunal devait s'assembler.

La Révolution d'octobre, en détruisant le régime bourgeois et ses organes gouvernementaux, a anéanti tout l'ancien appareil judiciaire en même temps qu'abrogé les Codes anciens.

La forme de tribunal qu'après divers tâtonnements, elle a reconnue comme fondamentale est le Tribunal Populaire unique.

Un juge permanent, élu par l'assemblée plénière du Soviet de district sur une liste dressée par les Comités exécutifs de cantons et de villages et confirmé par le Comité exécutif provincial, le compose avec deux assesseurs populaires, avec six assesseurs en cas de crime très grave.

Une liberté d'appréciation presque absolue leur appartient. Ils prononcent leurs sentences en s'appuyant sur les décrets du gouvernement et, lorsque ceux-ci font défaut, en s'inspirant de leur conscience.

Les Tribunaux Révolutionnaires, organes de l'époque de transition, fonctionnent parallèlement aux Tribunaux Populaires en attendant qu'ils disparaissent devant eux. Ils ont pour mission de juger les crimes contre le pouvoir des Soviets et les coupables de « spéculation ».

C'est devant l'un de ceux-ci que se déroulait le procès du 14 juillet. Procès intéressant pour nous au premier chef, car il précise par un exemple concret l'état d'esprit du peuple russe en ce qui touche à la défense nationale et à la défense de la Révolution.

Le général Galkine, l'accusé, qui fut commandant de corps dans l'armée de l' « Amiral », n'est pas un vulgaire contre-révolutionnaire, mais un socialiste-révolutionnaire d'ancienne date. Son grand-père était serf. Ses oncles travaillent toujours à Petrograd comme ouvriers. Soldat, il a passé par une école de sous-officiers et conquis un à un ses grades jusqu'à celui de colonel qu'il possédait en 1917.

Rien ne l'attache à la réaction, tout le lie au prolétariat dont il sort. Le drame intime qui l'a mené à une trahison effective contre sa propre cause expose le tragique conflit de sentiments dont tant de socialistes russes ont été les victimes dans les premières années de la Révolution, dont quelques-uns demeurent encore, sans excuse, les victimes obstinées.

S'il a servi dans l'armée blanche, c'est la révolte de tout son être contre la paix de Brest-Litovsk qui l'y a conduit. En 1920, de sa retraite paisible, il est accouru spontanément s'enrôler contre la Pologne menaçante. Et la Tché-ka, en l'arrêtant alors, en le réservant pour lui faire à Moscou le procès sensationnel dont j'ai suivi les débats, a visiblement moins cherché à poursuivre un adversaire qu'à permettre une explication publique dont la propagande profiterait.

Je ne crois pas avoir jamais vu public ni magistrats plus sympathiques à l'accusé que ce jour-là. Les quatre cents ouvriers ou soldats qui se pressaient dans cette salle où des tableaux d'histoire naturelle indiquaient qu'elle doit servir habituellement de salle de cours, les trois juges et l'accusateur, jeunes tous quatre, tous quatre vêtus de la blouse de toile et chaussés des hautes bottes classiques, qui siégeaient sur une sorte de scène autour de tables de bois blanc, tous regardaient avec une sorte d'amitié ce petit homme de trente-cinq ans, en habits râpés, de taille et de figure assez semblable à feu Nicolas II, qu'un sous-officier débonnaire gardait, pour obéir à la règle, le revolver au poing.

Nulle barrière entre eux et lui. Quatre soldats en armes, intéressés surtout aux débats, jalonnaient vaguement l'espace libre qu'emplissaient le banc de jardin réservé à l'accusé, la table du défenseur et la nôtre.

Plutôt qu'à une terrible audience du Tribunal

Révolutionnaire, on se serait cru à une controverse passionnée entre hommes en désaccord sur la solution d'un cas de conscience.

Lorsque le greffier eut terminé la lecture de l'acte d'accusation, « Je reconnais les faits — dit Galkine, — mais je ne me reconnais pas coupable ».

Et voici le résumé de son histoire, telle qu'il l'exposa :

« Jusqu'à la paix de Brest, j'ai servi sur le front. Ensuite, j'ai gagné la Volga, où Savinkov rassemblait les socialistes-révolutionnaires autour des débris de la Constituante. Le VIIIᵉ Congrès de notre Parti avait ordonné la lutte contre les bolcheviks. Révoltés par le traité avec l'Allemagne et voyant que le peuple restait passif, nous souhaitions l'intervention des alliés (1).

« Un agent français nous apporta un jour une dépêche chiffrée du général français Lavergne, qui nous apprenait que les Tchéco-Slovaques, travaillés par l'Entente, venaient de prendre Penza et qu'ils allaient prendre Samara. Ils en chassèrent bientôt les autorités soviétiques et la Constituante s'y réunit. Stiepanov s'empara peu après de Kazan avec l'as-

____

(1) L'ordre de trahison auquel Galkine faisait allusion était le suivant :

« Considérant que la politique du gouvernement bolchevik met en danger l'indépendance de la Russie, qui risque d'être partagée en sphères d'influences entre ses voisins, le VIIIᵉ Congrès du Parti des socialistes-révolutionnaires estime que ce péril ne peut être écarté que par la liquidation immédiate du gouvernement bolchevik et par le passage du pouvoir aux mains d'un gouvernement démocratique basé sur le suffrage universel, gouvernement qui acceptera, pour la guerre contre l'Allemagne, le concours militaire des Alliés, à des conditions et dans une forme garantissant l'intégrité de la Russie. Dans les intérêts de ce gouvernement démocratique appuyé sur l'Assemblée nationale, l'entrée des troupes alliées en territoire russe sera autorisée à des fins purement stratégiques et nullement politiques, si aux termes de l'accord avec la Russie, et en vertu de garanties formelles, les forces alliées ne viennent pas s'immiscer dans l'organisation politique du pays et si elles respectent son intégrité territoriale. »

sentiment de la population, mécontente de ce que le ravitaillement fonctionnait mal.

« L'organisateur du mouvement, Lebedev, ancien ministre de Kerenski, était officier français. Lui, moi et un troisième, nous occupions le ministère de la guerre dans le gouvernement, entièrement composé de socialistes-révolutionnaires. Nous voulions organiser une armée démocratique, formée de volontaires, mais nous fûmes contraints de recourir à la mobilisation, et nous réunîmes environ 60.000 hommes.

« Surtout, nous voulions former une armée russe et enlever le commandement au général tchèque Shohorov pour le confier à Retchkov, que notre Comité Central avait désigné. Mais le temps manqua, car les rouges arrivaient, et nous décidâmes de fusionner avec l'armée monarchiste de Sibérie pour créer une armée russe nationale.

« Nous remîmes donc nos pouvoirs en septembre 18 au Directoire d'Omsk, issu du gouvernement de Samara, que constituaient Avksentiev, Zenzinov, Vologodski, Boldirev et Vinogradov. Le 18 novembre, un complot fomenté par les Anglais le renversa et le ministre de la guerre, Koltchak, devint dictateur.

« Koltchak, réactionnaire, nous haïssait. Il me haïssait personnellement parce que j'avais appliqué dans notre armée les mêmes mesures que les bolcheviks : suppression des marques extérieures de respect et des insignes de grade. Je crus être fusillé, d'abord, mais on se contenta de me surveiller.

« En mars 19, il m'envoya, sans fonctions, dans un district éloigné de l'Oural, mais quand les rouges approchèrent, il m'improvisa commandant du XIe corps d'armée et m'ordonna de retraiter vers le Turkestan. Je refusai, démissionnai et fus mis hors la loi. Je dis à mes soldats qu'ils étaient libres d'attendre les rouges, non que j'eusse de la sympathie pour ceux-ci, mais parce que j'étais complètement désabusé.

« Nous pensions, mes amis et moi, que notre rôle était de servir de tampon entre le gouvernement des Soviets et le nôtre, dont nous sentions la fin venue puisque les masses nous avaient abandonnés. Nos unités fondaient. Je ne voulus pas lâcher ce qui restait de mes hommes et je partis avec eux vers l'Est en octobre.

« De tous côtés, des débris de nos troupes, formant des bandes indisciplinées, hostiles même entre elles, refluaient vers Irkutsk. Malade, avec une blessure ancienne au pied droit rouverte, je fus porté par quelques fidèles sur une chaise. Nous parcourûmes ainsi 3.000 verstes et finalement, épuisés, nous nous rendîmes à des partisans ».

Cette lamentable déroute des koltchakistes devant l'armée que commandait le généralissime actuel Kamenev, la livraison de leur misérable chef par les Tchèques à l'instigation du général français Janin, son procès, son exécution, tous ces faits que notre bonne presse a « oublié » de faire connaître à l'époque, ne touchent pas directement à l'histoire de Galkine, ou du moins à ce qui en est intéressant pour nous (1).

Je les laisse de côté, ainsi que les abominables récits de la répression blanche en Sibérie et les exploits des « Compagnies de la Mort » du général Annenkov que le tribunal demanda à Galkine, qui affirma n'avoir pas participé aux assassinats contre-révolutionnaires.

Ce qui, dans son histoire, me paraît devoir être retenu, c'est sa moralité.

Lorsque notre homme eut terminé sa confession, tout entière débitée avec un accent de complète franchise et sans le moindre souci de rien atténuer, la controverse entre les juges et lui commença.

---

(1) La *Revue de Paris* a publié, dans son numéro du 15 novembre 1920, un article anonyme, objectif et sévère sur *Le Gouvernement de Koltchak en Sibérie*.

Les faits n'étant pas contestés, elle porta surtout sur les raisons dont Galkine s'était inspiré pour agir. Et voici le résumé de ses réponses, tel que mon traducteur me l'a dicté :

« J'ai toujours été d'accord avec les bolcheviks au point de vue économique. Si, politiquement, je me suis séparé d'eux au point de les combattre par les armes, ce n'est pas que je sympathise avec les blancs que je déteste. La paix de Brest seule en est cause. Comme tous les socialistes-révolutionnaires qui ont pactisé avec Koltchak, ce sont des raisons nationales seules qui m'ont poussé. Nous ne croyions pas, en 1918, que les bolcheviks pourraient refaire la Russie.

« Depuis, comme beaucoup de mes camarades, j'ai dû m'incliner devant la réalité. Je vois se créer une grande Russie. Cela me suffit et je veux la servir. Je ne dis pas ceci parce que je suis poursuivi. Voilà longtemps déjà que je m'étais rallié au nouveau régime. Après que je m'étais rendu, les Soviets sibériens m'avaient libéré. Je m'étais rapproché d'eux et ils m'avaient confié un emploi de juge de paix. Il ne tenait qu'à moi de ne pas venir à Moscou me faire connaître. Mais un nouveau danger national s'était produit. Vous avez appelé les anciens officiers. Fidèle à mon passé, je suis accouru... »

L'arrêt du tribunal révolutionnaire a été rendu quelques semaines plus tard, au moment où nous quittions la Russie.

Galkine a, je crois, été condamné à une peine d'emprisonnement légère. Mais personne ne doutait de l'intervention d'une grâce très prochaine et de l'entrée de l'ancien lieutenant de Koltchak dans l'armée rouge. ,

Il y a vraisemblablement rejoint aujourd'hui ceux qu'il n'aurait jamais dû quitter.

Quatre années de Guerres Civiles.

Nulle histoire du gouvernement bolchevik n'a paru jusqu'ici. Aucun ouvrage n'existe où l'on puisse suivre les aventures qu'a traversées depuis quatre ans la Révolution russe.

On ne peut l'étudier cependant sans rencontrer à chaque pas les souvenirs sanglants des expéditions blanches soutenues par l'Entente que l'armée rouge a, les unes après les autres, repoussées.

Pour qui cherche à se rendre compte de quoi que ce soit qui se passe en Russie, c'est une gêne continuelle que de s'entendre répéter à tout bout de champ : Indénitch arrivait alors, ou : Nous étions à ce moment aux prises avec Petliura, sans savoir exactement à quoi correspondent ces phrases.

Peu de temps après que j'avais commencé à Moscou mes enquêtes, je me suis pour ma part senti si embarrassé de mon ignorance des faits militaires dont les quatre années dernières ont été encombrées que j'ai prié l'un de nos camarades de vouloir bien consacrer une soirée à me donner une leçon d'histoire.

La liste chronologique que j'ai dressée sur ses indications m'a bien souvent aidé dans le travail de classification méthodique auquel je m'efforçais de plier mon cerveau.

Le lecteur ne sera donc pas fâché, je pense, en l'absence de tout répertoire plus complet, de trouver en ce chapitre consacré à l'armée rouge un résumé rapide des batailles que la Révolution a dû livrer.

1917

Au lendemain de la Révolution d'octobre, une seule tentative de contre-révolution immédiate :

Le général Krasnov, avec quelques régiments

de cavalerie, tente de reprendre Pétrograd, que défend le socialiste-révolutionnaire Muraviev, qui l'année suivante, abandonné par ses troupes quand il essaiera de se joindre aux Tchéco-Slovaques, se brûlera la cervelle. Krasnov, pris, puis mis en liberté, gagne le sud-est.

C'est dans cette région, sur le Don, parce qu'ils espèrent y soulever les Cosaques, que se réfugient la plupart des Junkers qui ont combattu à Petrograd et à Moscou la révolution d'octobre.

1918

1918 est l'année des complots des socialistes-révolutionnaires et des agents officiels de l'Entente demeurés en Russie.

Jusqu'en juin, la contre-révolution s'organise et tâtonne.

De petits groupes intitulés « L'Union pour le Salut de la Patrie », « L'Union pour l'Assemblée Constituante », « La Ligue Militaire », sont découverts par la Tché-ka et liquidés avant d'avoir agi.

Le plus important, « L'Union pour la défense de la Patrie et de la Liberté », subsiste. Il semble avoir voulu opérer d'abord à Moscou, mais son chef, Savinkov, averti que les Alliés préparent une descente à Arkangel et Murmansk et que les Tchéco-Slovaques vont se soulever sur la Volga, transporte son activité à l'est des deux capitales et y suscite une série d'insurrrections :

1° A *Iaroslav*, où le chemin de fer d'Arkangel rejoint le réseau russe, dans la nuit du 5 au 6 juin, le colonel Perkhurov, avec une troupe d'officiers blancs, s'empare de la ville, qui ne sera reprise qu'après un long bombardement.

Des tentatives semblables échouent à Rybinsk, à Murom, à Nijni-Novgorod, à Arzamas.

2° A *Arkangel*, que les Anglais occupent au début d'août, les blancs installent un « Gouvernement provisoire du Nord ».

3° Dans le *Gouvernement de Vialka*, en août, les colonels Iuriev et Vlassov s'emparent d'Ijevsk, Sarapul, Votkinsk, Ourjum, Nolinsk. Au bout de quelques semaines, les débris de leurs bandes finissent par gagner Kazan.

4° Les *Tchéco-Slovaques* commencent le 28 mai à Penza un mouvement qui se prolongera jusqu'à la fin de 1919. Cantonnés sur la Volga depuis qu'ils ont en masse déserté de l'armée autrichienne, ils partaient par fractions, par le transsibérien, pour être rapatriés par Vladivostok. Soulevés à ce moment comme je l'ai raconté dans les chapitres précédents, ils s'emparent de Kazan, Simbirsk et Samara, d'où l'armée rouge les chasse, les obligeant à battre en retraite vers l'Oural et la Sibérie (1).

En septembre, une conférence tenue à Oufa tente d'unifier les « Gouvernements » qui se sont créés partout : à Samara, à Arkangel, dans l'Oural, sur le Don, en Sibérie. Elle ne réusssit qu'à former l'éphémère « Directoire d'Omsk » (Président : Avksentiev; membres : général Boldirev, Vinogradov, Zenzinov, Vologodski) auquel Koltchak se substitue quelques semaines plus tard.

5° *Sur le Don et dans l'Oural méridional*, les généraux Krasnov, Dutov, Kornilov, Kaledine, Alexeiev ont formé des bandes qui s'agitent à l'époque du soulèvement tchéco-slovaque. Celles des quatre premiers sont assez facilement dispersées ou tenues en respect et Kornilov — le héros de

---

(1) C'est vraisemblablement ce mouvement de retraite qui décida du sort de Nicolas II et de sa famille. Le gouvernement les avait internés à Iekaterinburg, dans l'Oural. Les autorités soviétiques locales les firent fusiller le 17 juillet 1918, de peur sans doute de les voir délivrer par ceux qui devaient entrer dans la ville le 25. Cet épisode insignifiant dans l'histoire de la Révolution russe a fait couler presque autant d'encre que les débauches de l'intéressant Raspoutine. Ceux qu'il passionne pourront consulter les souvenirs domestiques de M. Gilliard, précepteur du feu tsarevitch et lire dans *La Tragédie sibérienne* de M. J. Lasies, le récit de l'enquête à laquelle l'ancien député de Paris s'est livré sur place.

l'équipée de 1917, qui tenta sous Kerenski, d'accord avec lui et Savinkov, une marche militaire sur Petrograd — se suicide. Celles du cinquième forment le premier noyau de la future armée de Dénikine.

Les soulèvements de 1918 ont été fomentés et soudoyés par les socialistes-révolutionnaires et les agents officiels des Alliés, en particulier M. Noulens, ambassadeur de France, réfugié à Vologda. Ceux-ci ont en outre préparé et dans plusieurs cas accompli des attentats de droit commun dans le but de désorganiser les transports et le ravitaillement (1).

Le gouvernement russe a même déclaré qu'il possède la preuve qu'un complot ourdi par leurs soins dans le but d'arrêter les Commissaires du Peuple devait éclater à Moscou vers le 10 septembre. Une Haute-Cour révolutionnaire, après avoir instruit cette affaire, a condamné à mort, le 3 décembre, MM. Lokhart, ex-chef de la mission anglaise, Grenard, ex-consul général de France à Moscou, Raylay, lieutenant de l'armée anglaise, Vertamont, citoyen français et Calamantino, citoyen américain.

1919

1919 est l'année des grandes expéditions contre-révolutionnaires.

Elles se multiplient sur tous les fronts et progressent jusqu'à la fin de septembre :

1° *Au nord*, le gouvernement blanc de Tchaikowski se maintient à Arkangel avec l'appui des Anglais (général Ironside), des Américains (général Pool), des Italiens et des Serbes, qui descendent jusqu'à Chenkursk, à mi-chemin de Vologda.

En Carélie, les « Volontaires Caréliens » sou-

---

(1) Voir le chap. sur *L'Europe et la famine*. Voir aussi la *Lettre à M. Raymond Poincaré, président de la République française*, par René Marchand, correspondant du *Figaro* (s. l. n. d. — En vente à *L'Humanité*).

tenus par Mannerheim, chef du gouvernement blanc de Finlande, viennent jusqu'aux portes de Petrograd et maintiennent tout l'été, entre les lacs Ladoga et Onéga, un gouvernement contre-révolutionnaire à Olonietz.

2° *A l'Ouest,* des chefs de bandes russes, Rodzianko et Balakhovitch, opèrent en s'appuyant sur l'Esthonie.

Iudénitch dirige de Réval deux expéditions sur Petrograd. La première (mai-juin) s'empare par trahison du fort de Krasnaïa Gorka, dans la grande banlieue de la capitale, mais ne peut s'y maintenir malgré l'appui de la flotte anglaise embossée devant Cronstadt. La deuxième atteint, à la fin de septembre, les faubourgs de la capitale.

3° *A l'est,* l'amiral Koltchak, ancien commandant de la flotte de la mer Noire, a renversé le 18 novembre 1918 le Directoire d'Omsk avec l'appui des Anglais et s'est proclamé « Gouverneur suprême de toutes les Russies ». Il tient toute la Sibérie et des missions officielles des pays alliés le secondent.

En avril, une grande offensive lui donne Iékaterinburg, Perm et l'amène d'Omsk à 50 kilomètres de la Volga. En mai, la contre-offensive dirigée par Vatsetis l'oblige à une retraite précipitée. En septembre, il avance de nouveau vers l'ouest.

Au sud de Koltchak, Dutov et ses Cosaques tiennent l'Oural méridional et assiègent Orenburg.

4° *Au sud,* Dénikine, partant d'Iekaterinodar dans le Kouban, commence en juillet la conquête de l'Ukraine, prend Kursk, Voronèje, Orel et menace Tula, centre des fabrications de guerre, à moins de 200 kilomètres de Moscou.

A sa droite, son lieutenant Vrangel remonte la Volga et prend Tsaritsyne.

A sa gauche l'ataman Petliura, dont le quartier général est à Vinnitza en Podolie, ravage la région de Kiev et multiplie les pogroms.

Le 1ᵉʳ octobre, la situation semble désespérée.

Il est question d'abandonner Petrograd, mais Trotski s'y refuse. On envisage le transfert du gouvernement dans l'Oural.

Du 1ᵉʳ au 7 octobre, pendant la « semaine tragique », alors que tous les journaux d'occident sonnent l'hallali, le « miracle » se produit.

1° *Iudénitch*, battu à Pulkovo, battu à Narva, se sauve en Esthonie.

2° *Dénikine*, battu au nord d'Orel et dont les communications sont coupées par la cavalerie de Budienni et par l' « armée verte » (les bandes de Makhno et les paysans) s'effondre et fuit jusqu'en Crimée, où il passe son armée à Vrangel.

3° *Koltchak*, battu, commence une retraite qui ne s'arrêtera plus. Il proclame « la Patrie en danger » au milieu d'un peuple qui se soulève contre ses exactions et ses cruautés, et qui constitue à Irkutsk un gouvernement provisoire socialiste-révolutionnaire. Coupé de Vladivostok, où se trouvent ses derniers fidèles, abandonné par les missions alliées, il est livré par les Tchéco-Slovaques au gouvernement provisoire, qui le fera fusiller le 7 février 1920 à l'approche des premiers éléments de l'armée sibérienne en retraite.

1920

La liquidation des derniers aventuriers s'achève. Dans le nord, les Alliés ont évacué Arkangel et l'ordre s'y rétablit aussitôt.

La guerre avec la Pologne sauve quelque temps Vrangel et Petliura. En mai, les Polonais entrent en Ukraine et prennent Kiev. Refoulés en août jusqu'aux portes de Varsovie, sauvés par l'intervention de la France, ils repoussent à leur tour l'armée rouge.

La paix aussitôt conclue, Vrangel, qui s'était permis de sortir de Crimée, est écrasé du 15 octobre au 15 novembre et obligé de s'embarquer sur la flotte française à Odessa. Petliura se réfugie en

Pologne, d'où il lance de temps à autre une incursion.

En Sibérie orientale, l'ataman Semenov, qui depuis 1919 terrorisait la Transbaïkalie, disparaît en octobre. Le baron Ungern et le général Bakitch, qui essaient en Mongolie de relever l'étendard de Koltchak, vivoteront un peu plus longtemps. Leurs bandes ne seront anéanties que dans l'été de 1921.

***

Quelques rares articles ou brochures peuvent être consultés sur certains des épisodes de ces quatre années de guerre.

Pour les complots de 1918, *l'Internationale*, revue mensuelle de la III° Internationale, éditée à Moscou en russe, en français et en allemand, a donné dans son n° 16 un article détaillé de G. Moroz : « La guerre civile en Russie ».

Sur la première offensive de Iudenitch, la Bibliothèque du Travail (144 rue Pelleport, Paris 20°) a publié une brochure vivante de Victor Serge : *Pendant la guerre civile, Petrograd, mai-juin 1919.*

Des articles parus dans les journaux russes et des documents officiels relatifs à la seconde offensive de Iudenitch ont été réunis dans *La Défense et la Victoire de Petrograd, 15 octobre-6 novembre 1919* (éditions de l'Internationale Communiste, Petrograd-Smolni, trad. franç.).

En ce qui concerne Koltchak, le livre, que j'ai déjà cité, de M. Lasies, contient peu de choses, mais *La Revue de Paris* a donné le 15 novembre 1920 un excellent article, non signé, que j'ai déjà indiqué : «Le Gouvernement Koltchak en Sibérie».

Je mentionne pour mémoire, puisqu'on ne le trouve pas dans le commerce, le compte-rendu officiel des opérations de l'armée rouge, imprimé par les soins de l'état-major russe, qui contient seul une relation complète illustrée de quantité de cartes.

Enfin, pour trouver des renseignements précis sur

les massacres effroyables accomplis par les armées
blanches, on consultera avec fruit la brochure éditée en français par l'Internationale Communiste :
Comment on tente d'assassiner la Commune russe,
par Un Communiste qui n'est autre que Victor
Serge.

On y trouvera le récit des assassinats commis par
Iudenitch, (650 personnes fusillées ou pendues dans
la seule ville de Iamburg, en août 1919 — j'ai personnellement recueilli sur place le récit de ces exécutions —); par les bandes baltes et les Allemands
de von der Goltz, à Riga (4.000 **victimes environ**);
par les légionnaires polonais à Vilna et à Minsk ;
par les officiers français à Odessa, sur les personnes
de l'institutrice française Jeanne Labourde et de
quatre autres femmes; par les Anglais à Mourmansk et Arkangel ; par Koltchak (un millier de
soldats rouges brûlés vifs à Perm lors de sa retraite,
quantité d'autres fusillés sans jugement en divers
endroits, pêle-mêle avec des mencheviks d'ailleurs);
par Dénikine, qu'aidait de ses lumières notre glorieux Mangin.

On y trouvera aussi l'indication d'un certain
nombre des pogroms accomplis dans les villes
d'Ukraine par les bandes de Petliura, pogroms au
cours desquels, d'après les *Isviestia,* 70.000 juifs et
juives ont péri, la plupart après avoir été torturés
ou violées.

Les faits relevés dans cette brochure portent sur
la seule période de mars à novembre 1919. Leur
énumération permettra peut-être à certains de se
rendre compte que la fameuse « terreur rouge »
doit, comme dans toutes les révolutions, être considérée comme inexistante au regard des terreurs blanches organisées par les champions de la « civilisation ».

III

Kalinine, président de la République.

Combien, même parmi les communistes, savent de Kalinine autre chose que son nom ? Et qui soupçonne d'ailleurs qu'il existe, dans cette Russie soviétiste où le prestige de Lénine éclipse tout, une fonction supérieure à la sienne, un personnage plus élevé que lui dans la hiérarchie ?

Je n'en avais, je l'avoue, nulle idée. A différentes reprises, dans les réunions publiques, auxquelles nous fûmes conviés dès notre arrivée, j'avais aperçu Kalinine au bureau. Je l'avais entendu, au meeting d'ouverture du Congrès des Femmes, prononcer un discours en parcourant la tribune de ce pas pesant qui décèle généralement l'homme de la terre.

Mais, comme il ne parlait qu'en russe, au contraire de tous ses camarades qui ne s'adressaient jamais à nous qu'en français, en allemand ou en anglais, je n'avais — pas plus qu'aucun de mes co-délégués d'ailleurs — distingué particulièrement cet homme d'extérieur tout à fait sympathique sans doute, mais qui présentait peu de relief et semblait volontairement s'effacer.

Je le prenais pour un de ces vieux militants, respectés autant que respectables, auxquels on confie les tâches honorifiques et faciles, et j'ignorais complètement que j'avais sous les yeux le premier personnage de l'Etat et la personnalité la plus originale peut-être, la plus spécifiquement russe en tout cas, de l'état-major moscovite.

« C'est notre Président de la République », me dit un jour un camarade. Tout surpris, je réclamai des explications et profitai de l'occasion pour rafraîchir et compléter mes notions de droit constitutionnel.

La R. S. F. S. R. — République Socialiste Fédérative des Soviets de Russie — comprend sept États, sans compter les deux Républiques alliées de Bukhara et de Khiva : les Républiques Socialistes Soviétiques de Russie (capitale Moscou), de Russie Blanche (Minsk), d'Ukraine (Kiev, actuellement Kharkov), d'Azerbeidjan (Bakou), d'Arménie (Erivan), de Géorgie (Tiflis), et d'Abasie (Sukum-Kalé) (1).

D'après la charte adoptée en juillet 1918 par le Ve Congrès panrusse des Soviets (2), l'autorité suprême appartient au Congrès panrusse, composé des représentants des Soviets urbains et de représentants des Soviets de province. Celui-ci, qui comprend 2.800 membres environ, se réunit une fois par an et délègue ses pouvoirs au Comité Central Exécutif, qui compte 200 membres au maximum et s'assemble tous les deux mois.

Le président du Comité Central, qui fut d'abord Sverdlov, mort il y a deux ans, qui est aujourd'hui Kalinine, est donc le premier magistrat de la nation. Il correspond à peu près à notre président de la Chambre des Députés — d'une Chambre qui serait unique — et à notre Président de la République.

Les dix-huit Commissaires du Peuple — nos ministres — étant nommés et révoqués par le Comité Central Exécutif (3), le président du Collège des

---

(1) Si l'on en croit les journaux français, la Crimée aurait été récemment érigée en Etat. Une République du Caucase aurait, par contre, remplacé l'Azerbeidjan, la Géorgie et l'Abasie.

(2) *Constitution de la République socialiste fédérative des Soviets de Russie*, Librairie de *L'Humanité*, 1919.

(3) Les dix-huit Commissariats du Peuple avaient, eu août, pour titulaires : *Affaires Etrangères*, Tchitchérine; *Guerre*, Trotski; *Marine*, Trotski; *Intérieur*, Djerzinski; *Justice*, Kurski; *Travail*, Schmidt; *Assurances sociales*, Vinokurov; *Instruction publique*, Lunatcharski; *Postes et Télégraphes*, Liubovitch; *Affaires des nationalités*, Staline; *Finances*, Krestinski; *Voies de communication*, Emchanov; *Agriculture*, Ossinski; *Commerce et Industrie*, Krassine; *Ravitaillement*, Tsurupa; *Contrôle de l'Etat*, Staline; *Conseil supérieur de l'Economie nationale*, Bogdanov; *Hygiène*, Siemachko.

Commissaires, Lénine, est en fait le subordonné de Kalinine.

Mais Kalinine n'a jamais revendiqué le pouvoir qui lui appartient de droit. Il l'a toujours laissé à Lénine et s'est fabriqué pour lui-même un emploi tout à fait original, tout à fait nécessaire et dans lequel personne ne saurait l'égaler.

Il s'est institué le juge de paix de l'immense Russie, le juge de paix de cent millions de paysans.

Dans cette fonction — m'explique mon interlocuteur, Taratutta, qui dirige un département de l'industrie chimique — il est incomparable. Car il a pu travailler dix-huit ans dans une usine de Petrograd ; il n'a rien perdu de ses habitudes et de ses goûts de campagnard. Il est demeuré maire de son village, Verchnaïa Troïtsa, dans la province de Tver ; il y retourne chaque année et y conserve pieusement sa vache, ses deux chevaux et ses huit moutons (1).

Il ne se plait que parmi les paysans et les paysans l'adorent.

Toujours en mouvement, il parcourt la Russie dans son train, un de ces « trains rouges » qui sont si admirablement agencés pour la propagande avec leur wagon-cinéma, leur wagon-imprimerie, leur wagon-librairie, et dont les parois extérieures sont ornées de peintures symboliques et de devises fulgurantes.

S'élève-t-il quelque part une difficulté entre soviets locaux ? Une affaire administrative nécessite-t-elle une intervention pressante ? Existe-t-il en quelque coin un stock de matières premières que leur détenteur refuse de livrer aux usines qui en auraient besoin ? Hop ! Voilà Kalinine en route ! Accompagné des techniciens utiles, relié par la

---

(1) Le journal russe *Bednota* (Pauvreté) a publié, il y a quelques mois, un dessin qui représentait Kalinine fauchant pendant la moisson de 1921 à côté de la Présidente du Comité exécutif de Petchetov, commune dont le village de Verchnaïa Troïtsa dépend.

T. S. F. de son train aux bureaux de la capitale, le bon juge de paix va mettre au service du pays sa dialectique irrésistible et son incroyable popularité.

Lorsqu'il séjourne par hasard à Moscou, il donne audience à tous ceux qui le désirent. Le *missus dominicus* de la Révolution se transforme en Saint-Louis sous le chêne.

« D'ailleurs, voulez-vous le voir opérer de vos yeux? — offre Taratutta. — Il part dans quelques jours pour l'Oural. En y allant demain matin nous le trouverons certainement ».

Dix heures. Sous un soleil de plomb, j'attends sur la petite place qui précède la porte Troitzkiya, la principale entrée du Kremlin. Un pont y conduit, par-dessus les jardins d'Alexandre, plantés dans les anciens fossés.

Sous le vieux guichet fortifié qui donne accès au pont, c'est un va-et-vient incessant de piétons multicolores, dont les sentinelles vérifient les laissez-passer. On crie, bien entendu, on se dispute comme dans toute foule, mais sans jamais cesser de sourire, avec l'aimable bonhomie dont le peuple russe semble ne pas savoir se départir.

Là-bas, au-dessus des jardins, se dressent les hautes murailles crénelées que dépassent les toits aux tuiles vertes de Potyeshni Dvoretz, la curieuse maison peinte où sont installés les bureaux de Lunatcharski, les innombrables coupoles dorées des cathédrales et les tours à clochetons de l'enceinte, que l'aigle à deux têtes n'a pas cessé de couronner.

J'admire sans me lasser ce prestigieux décor d'un quinzième siècle encore sauvage, quand mon guide me frappe sur l'épaule. « Allons! c'est à côté ».

Nous tournons le dos au Kremlin, nous traversons la place. Sur la porte d'une maison bourgeoise, d'aspect plus qu'ordinaire, une pancarte indique : « Bureau du camarade Kalinine, au premier ».

Nous entrons, et tout de suite c'est la foule. Quelques centaines de personnes passent chaque jour ici.

Aucune étiquette. Point de lettres d'audience. Quelques pièces où se tiennent des secrétaires appartenant aux divers Commissariats du Peuple, qui pratiquent un premier tri. Au fond, le bureau du « Président ». Plus que simple, nu, mais d'une propreté éblouissante. Une table de chêne, deux téléphones, quatre fauteuils de cuir, cinq chaises. Au mur, une carte de Russie, un portrait de Lénine, un tableau indiquant des heures de service. C'est tout.

Je retrouve l'homme que j'ai vu plusieurs fois déjà, mais avec ce que je sais maintenant de lui, je le comprends davantage.

Vêtu de la blouse de toile grise classique, chaussé de fortes bottes, sa casquette de cuir noir et son bâton pendus à un clou derrière lui, c'est un moujik de Tourguenev ou de Gogol à peine transformé, ce grand gaillard de cinquante-trois ans, sec et droit, aux cheveux châtain bouclés, aux moustaches grisonnantes, dont les yeux vifs et malins, ironiques et rieurs, s'abritent sous les lunettes qui coiffent un nez largement écrasé.

Quelle belle occasion d'enrichir un peu mes connaissances sur la politique paysanne des Soviets ! Je pose mes questions et mon traducteur me communique à mesure les réponses :

« Notre politique envers les paysans, c'est celle qu'ont toujours préconisée les socialistes révolutionnaires et les mencheviks. Il n'y en a pas deux possibles. Seulement, eux cherchaient en la suivant à soumettre les paysans à la bourgeoisie, tandis que nous, nous cherchons à les unir à la classe ouvrière.

« Au début, cela n'a pas été facile. Le pays était en guerre. On n'avait pas le temps de discuter. Pour assurer l'existence des villes, il a fallu réquisitionner, employer la force, mais ce n'est pas là un chemin communiste. Dès que nous l'avons pu, nous avons cherché à convaincre au lieu de contraindre. Et c'est tout le secret de notre nouvelle politique, dont j'ai été l'un des premiers défenseurs.

« Il nous faut trouver le moyen d'assurer au petit propriétaire paysan la libre jouissance du produit de son travail. Quels produits lui sont essentiels? Des vêtements, des outils, de la verrerie. du sel. Nous avons tout cela. Nous l'aurons surtout dans la mesure où nous restaurerons notre industrie. L'échange s'établira naturellement.

« Le paysan, partout, se plaint toujours. Mais il n'est mécontent chez nous que parce que nous sommes tous dans la misère. Nous augmentons son bien-être chaque fois que nous installons un moulin, que nous remettons en marche une usine, que nous ouvrons une école, que nous construisons un pont. Il le sent bien et apprécie de plus en plus nos efforts. Notre nouvelle politique lui plaît. Les résultats le prouvent.

« Et puis, comment y aurait-il hostilité entre les paysans et les ouvriers? Ils n'ont pas seulement les mêmes intérêts, ils ont aussi entre eux des liens personnels étroits. Les ouvriers, chez nous, ne sont qu'à demi citadins; ils tiennent encore de tout près au village.

« La seule question, avec nos paysans, c'est de savoir leur parler. Ainsi, tenez, il y a quelques semaines, aux environs de Kazan, dans une réunion, je faisais remarquer aux assistants qu'ils étaient tous bien habillés. Ils m'ont d'abord répondu, furieux : Eh bien, et toi? Est-ce que tu ne l'es pas? Pourquoi ne le serions-nous pas, nous aussi? Je leur ai expliqué : Mais moi, je suis le premier personnage de la République, et s'il n'y avait en Russie de quoi habiller qu'un homme, ce serait moi. Or, vous êtes tous aussi bien mis que moi. Tout de suite, ils ont commencé à rire, et ils ont dit : C'est juste! »

Taratutta, en traduisant cette anecdote, s'esclaffe : « Ah! il les engueule, les paysans — commente-t-il, plein d'une admiration enthousiaste. —

Il leur dit : Vous êtes des ingrats ! Vous avez la terre, vous avez la liberté. Qu'est-ce que vous voulez encore? Ils l'adorent tous, vous savez. Oh ! il est épatant ! »

J'ai fini de prendre mes notes. Un petit crissement attire mon attention. Je relève la tête. Kalinine a tiré de sa poche des graines de tournesol, qu'il décortique et grignote. Le Président de la République, tout en causant, prend son repas.

« Le camarade désire-t-il encore quelque autre chose? » demanda-t-il. J'avoue mon vif désir d'assister à l'une de ses audiences populaires. « Qu'à cela ne tienne ! D'ordinaire je reçois ici, un par un, mes visiteurs après que les secrétaires les ont déjà entendus. Mais, pour aller plus vite, nous irons directement dans la salle d'attente. »

Nous passons dans la première pièce, où j'ai vu en entrant une si belle cohue. La même foule y grouille, d'ouvriers, de paysans en costumes multicolores. Dès que Kalinine paraît, le flot se précipite de toutes parts. Des mains tendent des pétitions.

Gentiment, il lance à droite, à gauche, quelques bourrades, fait faire un peu de place, puis cueille au hasard le premier qui se trouve devant lui.

C'est un marin, qui fut prisonnier de Koltchak et qui rentre seulement de Sibérie, après de multiples aventures. Il cherche sa famille et demande qu'on l'aide à la retrouver. Quelques bonnes paroles, un ordre à un secrétaire. Le marin disparaît avec lui.

A un autre ! Celui-ci, c'est un Kirghiz, en bonnet de fourrure. Il habite Orenburg, il est venu à Moscou pour acheter des chevaux. Les formalités sont longues pour transporter les bêtes par le train. Il voudrait un bon de transport pour partir tout de suite. « C'est bon, c'est bon, tu l'auras ! » grommelle Kalinine. Un second secrétaire, un second ordre. L'homme s'en va.

« Et toi, que veux-tu? » demande le président à un paysan en casquette, qui raconte une histoire compliquée. Il est de la province de Riazan et il

veut se remarier; mais sa future entend se marier
à l'église et le pope refuse de les unir parce que
le divorce du fiancé n'est pas très clairement établi
par ses papiers. Ne pourrait-on dire quelques mots
au pope? Kalinine se gratte l'oreille et ses yeux
malins révèlent sa jubilation intérieure : « Ecoute,
camarade, je ne peux rien sur ton pope, moi.
L'Eglise est séparée de l'Etat. Arrange-toi avec lui.
Ce n'est pas de mon ressort ! » Et d'une grosse tape
sur l'épaule, il appuie sa déclaration.

IV

Tchitchérine. — La Politique Extérieure.

« La Carrière » chez les bolcheviks.

L'Europe, qui reçoit de temps à autre les messages de Tchitchérine, se représente sans doute le Commissaire du Peuple aux Affaires Étrangères sous les traits d'un ogre moscovite à la barbe en broussaille, aux noirs sourcils terriblement froncés.

Comment s'imaginerait-elle que l'homme qui s'adresse à elle au nom de la République des Soviets est un baron balte authentique, conseiller d'État titulaire, qui appartint longtemps à « la Carrière »? Et qu'il est surtout l'homme le plus débonnaire, le plus timide et le plus modeste qui se puisse rencontrer?

Lorsque ses opinions l'amenèrent à quitter ses fonctions officielles, il vécut, errant comme ses camarades, à Berlin, à Genève, à Paris. Dans les années 1908 à 1911, il appartint chez nous, à cette section du XIV° arrondissement qui a compté parmi ses membres la plupart des dirigeants actuels de la Russie. Et nous devons à cet heureux hasard l'amusant portrait que traçait récemment de Tchitchérine mon ami Mavéras, ancien député de la Seine, qui fréquentait, lui aussi, à cette époque, les réunions hebdomadaires de la salle Cambon, à l'angle des rues du Texel et de l'Ouest.

« Souvent, et toujours au moment où le débat était bien en train, bien animé, ou même bien orageux, sur le coup de dix heures, la porte s'ouvrait doucement, tout doucement et apparaissait une longue, large, bizarre, fantomatique houppelande à pèlerine surmontée d'un chapeau aux ailes noires.

« Dans la houppelande et sous le chapeau, il y avait le camarade Tchitchérine.

« La porte retombée, il s'effaçait le long du mur; s'il y avait place sur un banc, il s'asseyait silencieux; s'il n'y avait pas de place, il restait debout, également silencieux, son chapeau à la main. Si le bec de gaz était d'humeur un peu moins sombre, on pouvait apercevoir, sous des cheveux bruns frisotants et à reflets roux, un front bien modelé, un visage maigre, fin, des yeux fouilleurs et agiles, une barbe châtain roux, courte sur les joues, allongée en pointe au menton. On apercevait plus aisément, débordant des poches de la houppelande gris sombre, des livres, des brochures, des journaux, et l'on devinait alors que les poches intérieures étaient pareillement bourrées. Ce n'était pas un pardessus; c'était une bibliothèque.

« Le camarade Tchitchérine écoutait, écoutait toujours. Mais vers onze heures et quart, onze heures et demie, au moment où il semblait que le débat était épuisé, il demandait la parole.

« Il s'approchait de la scène, et, sans y monter, face à l'assemblée, se mettait à parler.

« A parler d'une voix déconcertante, d'une voix qui mue, celle d'un garçon de quinze ans qui attend son premier poil de barbe, une voix en vrille. On ne pouvait pas ne pas écouter. On était bientôt très satisfait d'écouter. Quelles choses il disait, nombreuses, rapides, parfois originales! Au fur et à mesure qu'il parlait il tirait d'une poche un livre, d'une autre une brochure, d'une troisième un journal. Il trouvait tout de suite la citation à faire, la citation d'appui. Le temps passait. Minuit! on écoutait encore. Minuit et demie! il se faisait bien tard; déjà certains gagnaient la porte sur la pointe des pieds, avec beaucoup de déférence pour l'orateur qui n'avait pas l'air de se soucier de ces départs furtifs. Une heure! Une heure et quart. Tchitchérine parlait toujours, tirant toujours d'une poche un livre, de l'autre un journal, d'une troisième une brochure, appuyant toujours son discours des plus

substantielles citations. Une heure et demie ! Il ne
restait plus que le bureau et quelques héros pour
entendre une péroraison méticuleuse et péremptoire.
Le camarade Tchitchérine avait vidé ses poches et
épuisé le sujet. A côté de lui, sur la scène, il y
avait un beau tas de paperasses confondues. La
houppelande semblait avoir gagné en longueur ce
qu'elle avait perdu en épaisseur.

« Et cependant qu'avec le dernier carré, il s'en
allait vers la rue Sévero où il demeurait et près de
laquelle habitaient plusieurs d'entre nous, le camarade Tchitchérine n'omettait jamais de reprendre
certains points de son discours qui lui paraissaient
susceptibles d'être mieux encore précisés. »

Les grandeurs n'ont pas troublé Tchitchérine. Tel
que l'a connu Mayéras à « la XIV° », tel il nous
est apparu à Moscou.

De la rue Sévero, il est passé à l'Hôtel Métropole,
le plus luxueux des hôtels moscovites, dont son
ministère occupe l'aile gauche. Mais il n'a pas
changé ses habitudes.

Lorsqu'on traverse la place de l'Opéra en tournant le dos au grand théâtre dont la façade porte
encore la marque des aigles impériales disparues,
après avoir passé le square où s'érige dans les fleurs
une énorme pierre, base de la future statue de Karl
Marx, comme l'annonce une inscription, on arrive
devant le mur énorme du Kitaï Gorod que dépassent
des toits recouverts de tuiles vertes et blanches.

Il faut tourner devant ce mur, longer une courette
pour atteindre la modeste entrée du plus modeste
des Commissariats.

Une porte tournante, un escalier sombre. On est
à l'entresol dans le service des courriers diplomatiques. Un étage de plus, on est chez Tchitchérine,
et le soldat qui fume son papyros, assis sur une
chaise, le fusil entre les jambes, appelle un secrétaire qui vous introduit.

Quelques bureaux, quelques employés, quelques
dactylos. Ah ! ce n'est pas le quai d'Orsay, avec
son installation somptueuse et son luxe de hauts

fonctionnaires inoccupés ! Une petite station chez Floritzki, l'homme de confiance du « ministre », spirituel et charmant type de mondain dégoûté du monde, converti comme un héros de Tolstoï par la grâce de la Révolution.

Tchitchérine, au bout d'un instant, vient vous chercher et, de son pas menu, vous conduit dans la vaste pièce où il travaille.

Cette pièce, oh ! qu'elle est amusante ! Exactement dans le style de la houppelande, de la fameuse houppelande dépeinte par Mayéras. Du haut en bas, d'un bout à l'autre, ce n'est qu'un débordement de papiers.

Des armoires vitrées qui tapissent le mur du fond, du gros coffre-fort de gauche, le torrent ruisselle. Il submerge les cinq ou six tables du milieu, monte à l'assaut du canapé entre les deux fenêtres, inonde les fauteuils et les chaises. Si l'on tient à s'asseoir, il faut s'asseoir dedans.

Sur le bureau, l'énorme bureau de Tchitchérine, il s'allonge sur une profondeur de quarante centimètres. Le Commissaire du Peuple disparaît derrière lui et quand il veut prendre une note, il lui faut se hausser sur son siège pour écrire dans le fleuve où il a l'air de se baigner.

Le jour, la nuit, il vit dans ses flots de paperasses, oublieux de tout ce qui n'est pas sa besogne. Il arrive le soir vers dix-sept heures, s'en va vers onze heures le matin. Où mange-t-il ? Ici sans doute ; l'assiette qui surnage là-bas, près d'une tasse de thé, semble l'indiquer. Quand dort-il ? Dans la journée nécessairement, entre onze et dix-sept heures ; mais ses collaborateurs les plus immédiats disent qu'eux-mêmes n'en savent au juste rien.

Il lit, traduit, annote, rédige en toutes langues, car il les possède toutes. Dernièrement, à ce qu'on m'affirme, il a, pour se distraire, appris l'hébreu que, par hasard, il ignorait. La moindre dépêche lui passe par les mains.

Lorsqu'il a terminé quelque chose, il le porte lui-même, de bureau en bureau, car il ne sait pas se faire servir. Et si d'aventure, lorsqu'il passe quelque part, le téléphone appelle, il répond. C'est un planton qui désire parler à son camarade? Bien. Le ministre va chercher le camarade et lui transmet la commission.

Mieux que personne en Russie, il pourrait se procurer ce qui manque, car ses courriers passent constamment les frontières. Mais son détachement de toutes choses est tel qu'il ne lui manque jamais rien.

L'un lui a rapporté du cacao, l'autre du sucre; il a tout distribué autour de lui. « Vous avez un costume bien usé — lui a dit un troisième. — Voulez-vous que je vous en achète un? » Tchitchérine a contemplé sans les voir les pièces qui parsèment son pantalon et il a répondu : « Pourquoi donc? Mon vêtement est excellent... »

Qu'on juge comme on voudra cette simplicité de mœurs presque excessive. Qu'on ridiculise — c'est facile — l'homme qui pousse jusqu'à ce point la faculté de s'abstraire des contingences.

Il y a deux choses qu'on ne peut nier, car elles s'imposent : l'extraordinaire puissance de travail de Tchitchérine, d'abord, et ensuite l'absolue sincérité de sa diplomatie.

Quatre fois je suis allé le voir, tantôt avec l'un, tantôt avec l'autre de mes compagnons, aux instants où il reçoit. Et chaque fois, nous l'avons écouté avec passion. La vieille pendule dorée sur laquelle le Temps protège le sommeil de l'Amour pouvait, du haut d'un casier, égrener trois et quatre heures. Tandis que la nuit transparente baignait les toits bigarrés du Kitaï Gorod, Tchitchérine nous exposait de sa voix douce la politique de la République des Soviets.

Aux questions que nous lui posions sur les possibilités d'une reprise des relations entre la Russie et la France, sur les intentions des bolcheviks, sur les concessions qu'ils sont prêts à donner aux capitalistes d'occident, il nous répondait sans se lasser, avec le désir de documenter du mieux possible les courriers que lui offrait le hasard pour rapporter en France quelques-uns de ces éléments d'information qu'une presse intéressée travestit sans cesse.

J'ai tenté de fixer par écrit ce qu'il nous disait et j'ai été pris de scrupules. La matière est si grave, une incorrection de plume, une impropriété de termes pouvaient avoir de telles conséquences en un sujet si angoissant qu'il m'a paru qu'un journaliste n'était pas qualifié pour endosser semblable responsabilité.

Et j'ai prié Tchitchérine de choisir lui-même les mots de la déclaration qu'il voulait me confier. Il l'a fait. Il l'a composée et rédigée, revue ensuite avec notre brave ami Pascal.

Bien des fois, depuis le soir où il m'a remis son manuscrit, je me suis félicité d'avoir agi de la sorte. Car ce que m'a remis Tchitchérine, ce n'est pas la simple et banale déclaration d'un homme politique en proie à l'interview; ce n'est même pas le résumé de conversations librement conduites avec des camarades dont on connaît la sympathie fraternelle.

C'est plus et mieux : c'est un message de la République des Soviets aux nations capitalistes et à la France en particulier; c'est un document de chancellerie, auquel manque simplement la transmission officielle et que le Commissaire du Peuple aux Affaires Extérieures a porté à la connaissance du monde par un des rares moyens de publicité que lui laissent ceux qui prétendent rayer de la carte un peuple de cent trente millions d'hommes.

Le Président du Conseil des Ministres de France, Ministre des Affaires Etrangères, M. Aristide Briand, a d'ailleurs si bien senti l'importance de ce message qu'à la seule annonce de sa publication dans l'*Humanité*, avant même qu'il ne parût, il m'a fait prier de venir le voir.

Respectueux de la discipline de mon Parti, j'ai saisi de l'affaire notre Comité Directeur, qui s'est déclaré favorable à l'entrevue. Le manifeste avait vu le jour dans l'intervalle et M. Briand, dont la curiosité se trouvait satisfaite, n'a pas donné suite à sa proposition.

Peut-être eût-il mieux valu que la conversation eût lieu. Peut-être, si mon camarade Frossard, secrétaire général du Parti, à qui j'avais demandé de m'accompagner, et moi-même, nous avions communiqué au Président du Conseil quelques renseignements, aurions-nous dissipé certains des malentendus que les diplomates entretiennent à plaisir.

Il n'importe. Les événements, plus forts que les hommes, ont passé. Chacun se déroule à son heure.

Je reproduis ici le message de Tchitchérine, vieilli déjà, car en Russie les choses vont vite ! Je le reproduis dans son intégralité, comme il convient pour une pièce historique, qu'il ne faut pas examiner seulement en elle-même, mais qu'il faut situer à sa place dans l'ensemble des faits.

Un message de la R. S. F. S. R. à l'Europe. (1)

Pour répondre à vos questions relatives à notre politique extérieure et à notre politique intérieure, qui font un tout indivisible, il vous faut bien comprendre le point de départ de notre ligne de conduite au moment actuel. C'est le développement de la production : voilà l'alpha et l'oméga de notre politique actuelle. Voilà la clé du système et de toutes les « combinaisons » de notre diplomatie soviétiste. Notre politique extérieure, tout comme celle que nous suivons en Russie même, est une politique de production.

A l'intérieur, cette politique se divise en deux

(1) Il va sans dire que les sous-titres qui coupent le message de Tchitchérine ne sont pas de lui. Ils ont été ajoutés par *L'Humanité* lorsqu'elle a publié ce document. J'en laisse subsister quelques-uns parce qu'ils facilitent la lecture.

parties : le rétablissement de l'agriculture et le rétablissement de l'industrie. Il faut manger avant tout, et les plus grands efforts actuellement doivent être consacrés à ce problème essentiel : remettre en état la production agricole.

Pour le moment les vastes horizons sont encore étrangers à la plus grande portion des paysans. Ce sont les besoins immédiats qui dominent leurs raisonnements.

Durant les terribles épreuves que nous avons traversées, lorsque chaque pensée, chaque énergie, chaque mouvement des muscles ou des cerveaux était consacré au front, à la défense de la République contre Coriolan assisté des ennemis extérieurs, toute autre considération devait s'effacer devant le salut de la République. L'armée devait être nourrie, et bien nourrie, et une armée combattant sur des étendues immenses, sur des fronts d'une longueur sans pareille, engloutissait une énorme quantité de ressources.

Nos campagnes, déjà épuisées par les épreuves traversées par la Russie, bouleversées par les convulsions dont s'accompagne nécessairement l'enfantement d'un nouveau monde, étaient obligées de fournir constamment des ressources nouvelles. Le monopole de l'Etat sur les denrées alimentaires était une dure nécessité et devait être appliqué avec une extrême rigueur. Nous étions obligés de prendre aux paysans ce dont la République avait besoin pour son salut et pour celui de la Révolution.

La collaboration économique avec les Etats capitalistes.

Cette période est passée, mais les villages russes se ressentent encore profondément de ses effets. Maintenant que les assauts immédiats et violents de nos ennemis ont été repoussés, nous devons faire appel à l'intérêt du paysan : c'est là le fond du nouveau système.

L'impôt en nature fournira les denrées nécessaires à l'approvisionnement. Le reste est du domaine du marché libre.

Mais ce n'est encore qu'un côté de la question : Bien des mesures, les plus énergiques et les plus vastes, sont nécessaires pour relever l'agriculture, pour lui fournir un outillage et un cheptel, pour remettre sur pied l'exploitation rurale chancelante. Cette partie du problème se lie intimement au relèvement de l'industrie.

Ranimer l'agriculture et l'industrie, voilà l'idée fondamentale qui inspire actuellement toute notre politique extérieure.

Maintes fois la chose a été dite et répétée : La base de notre système extérieur est la collaboration économique de la Russie soviétiste avec les Etats capitalistes.

Il est faux de prétendre que nous avons changé, que nous ayons abjuré quoi que ce soit. Nous ne sommes pas Henri IV. Ce n'est pas nous qui avons changé, mais le milieu qui nous environne. Nos idées fondamentales sont restées les mêmes. Seulement, les problèmes du moment dépendent toujours des circonstances historiques qui nous entourent, et qui ne sont plus les mêmes aujourd'hui que dans la période de grandes convulsions mondiales qu'était la guerre impérialiste.

Nous ne pouvons pas agir de la même façon dans une période d'effusion de sang universelle et dans la période actuelle d'évolution lente, de désagrégation progressive, comme nous le croyons, de l'économie capitaliste. Rome restait la même quand ses armées étaient commandées par un Scipion ou par un Fabius Cunctator.

Je dois cependant dissiper quelques erreurs quant au passé de notre politique.

Ce ne fut que pendant les premiers mois de notre existence que nous lançâmes des appels à la Révolution immédiate dans tous les pays.

Dès le moment où la paix de Brest fut signée, notre méthode se modifia. Elle prit dès ce moment la forme d'une politique visant à la consolidation lente et organique de notre existence.

On a trop oublié que dès le printemps de 1918 nous invitions les capitalistes de tous les pays à concourir au rétablissement de la production de la Russie sous la forme de concessions.

Dès ce moment nous négociions avec des représentants du banquier norvégien Hannewik, qui ensuite désavoua ses agents de Moscou, et qui était lui-même relié par des attaches multiples à des mastodontes capitalistes anglais comme lord Rhondda ou américains comme Robert Dollar et même Morgan.

Nous proposâmes alors simultanément aux capitalistes allemands et, par l'intermédiaire du colonel Robins, aux capitalistes américains, tout un système de reconstruction économique qui devait apporter à nous le relèvement de la production russe et à eux les profits qu'ils déclareraient suffisants.

Comme je le disais dans mon rapport au Congrès des Soviets dans l'été de 1918, nous étions disposés à payer pour apprendre.

L'attitude ambiguë de l'Angleterre.

Le rôle de Litvinov en Angleterre, faussement accusé de propagande clandestine, était avant tout de nouer des relations avec le monde industriel et commercial.

A cette époque comme à beaucoup d'autres, en Angleterre, la main gauche ne savait pas ce que faisait la main droite. Au moment même où se préparait l'exode des ambassadeurs de Vologda, se présenta à Moscou une délégation économique anglaise présidée par sir William Clarke, délégué du Board of Trade. Clarke se trouva pris au dépourvu en apprenant le débarquement de ses compatriotes à Arkhangel et s'enfuit précipitamment, pris de peur, quoique nous n'eussions pas la moindre intention de le molester.

Vous le voyez donc, les fondements de notre politique économique actuelle avaient été posés dès la première année de notre existence. Nous y revenons maintenant, nous revenons, si j'ose dire, à nos moutons, puisque cette idée de relations économiques a toujours été notre idée favorite.

Ce n'est pas nous qui avons inventé le fil de fer barbelé de l'encerclement économique. L'héroïsme de l'armée rouge ayant fait tomber cette barrière, le système qui était toujours resté au fond de notre pensée et que nous avions fait maintes fois ressortir dans nos notes et nos déclarations, redevient tout naturellement une réalité immédiate.

C'est la politique même de nos ennemis qui contribue à ce résultat.

Les hommes d'État les plus clairvoyants du monde capitaliste, je veux dire ceux de l'Angleterre, ont compris depuis longtemps qu'ils ne réussiraient jamais à nous écraser par la force des armes. Ils espèrent donc nous apprivoiser par le commerce. C'est le système officiellement avoué par Lloyd George. Nous n'avons qu'à nous en louer, puisque dès le début nous voulions des relations commerciales.

Nous avons donc mordu volontairement à cette amorce.

Notre voie s'est confondue avec celle de Lloyd George. Tous les deux nous voulons le commerce. Nous voulons, comme disent les Anglais, *peace and trade*. Ce sont seulement les perspectives d'avenir qui diffèrent.

Nous attendons la désagrégation du système capitaliste. Lloyd George attend notre apprivoisement. Radek dit spirituellement dans un article de notre grande revue *Krasnaia Nov* : « Les Anglais veulent envoyer en Russie des rasoirs ou pour nous couper la gorge, ou pour faire de nous des gentlemen. » Nous prendrons les rasoirs, mais nous avons une autre opinion sur le résultat à attendre.

Qu'importe aux Anglais que nos espoirs soient autres, puisque pratiquement nous voulons la même chose qu'eux? Faisons du commerce ensemble, comme eux et nous le voulons également; quant au bien-fondé de nos espérances, l'avenir décidera.

L'erreur de l'abstention de la France.

Je ne crois pas que la France gagne à rester boudeuse à l'écart. Les gros morceaux iront à l'Angleterre... Si les Français en sont privés, qu'ils s'en prennent à Clemenceau et à Millerand.

Dans l'Evangile, Marie, qui ne faisait rien, reçut la bonne part tandis que Marthe, qui faisait tout, n'eut rien. Dans notre pauvre monde, c'est le contraire qui se passe. Si la France veut rester oisive, elle n'aura rien.

Je comprends que vous puissiez être un peu désorientés par les publications fabuleuses qui nous sont attribuées.

Jamais il n'y a eu telle pléthore de falsifications et d'inventions contre nous. Ce sont chaque jour des cataractes nouvelles.

Tantôt, c'est le compte rendu d'un Congrès secret d'agents de la III° Internationale, qui n'a jamais été tenu, et auquel prennent part des agents qui n'existent pas. L'officine secrète de mensonges a inventé de toutes pièces et les acteurs et le drame.

Tantôt, c'est une dépêche secrète qui m'est attribuée et que je n'ai jamais écrite. Puis ce sont des instructions émanant soi-disant de moi, quelquefois de la IIIe Internationale, quelquefois de Litvinov ou de quelque autre source gouvernementale soviétiste. Mais toujours ce sont des faux.

La fertilité d'imagination des fonctionnaires de l'officine en question est vraiment admirable. Ce sont des poètes, au sens plein du mot ; leur plume est inépuisable.

Puis ce sont des télégrammes secrets ou des discours qui n'ont jamais vu le jour.

Ce sont des informations de correspondants moscovites sur des événements qui n'ont jamais eu lieu : barricades, arrestation de Lénine par Trotski ou inversement...

Le lecteur étranger est littéralement gâté : il ne se passe pas de jour qu'on ne lui présente le menu le plus varié et le plus fantaisiste.

Une catégorie spéciale d'inventions concerne les préparatifs de fuite que font soi-disant les dirigeants de la République soviétiste. Je puis vous certifier catégoriquement que rien de pareil n'a lieu, car nous n'attendons nullement la chute de notre régime et nous ne ferions pas les préparatifs qu'on nous prête même si les prophéties sinistres de nos ennemis trop optimistes avaient quelque vraisemblance.

La Russie pacifique.

Autres inventions encore, ce sont nos prétendus préparatifs de guerre. J'ai été frappé de voir à quel point les socialistes de droite sont tombés bas, quand j'ai vu dans la *Vie Socialiste* la publication de prétendues instructions de moi : faux absurdes et éhontés !

Tout homme ayant la moindre idée de nos véritables pensées et de notre système politique sait fort bien que c'est impossibilité absolue pour nous de tâcher de susciter des guerres. Nous pouvons considérer des guerres entre impérialistes comme très probables, nous pouvons même nous attendre à cette éventualité indépendante de notre volonté.

Mais il est absolument impossible, tant que nous sommes des bolcheviks et des communistes, que nous cherchions à précipiter des guerres entre les peuples. Tout au contraire, nous invitons les ouvriers de tous les pays à s'opposer aux guerres que préparent les Etats capitalistes.

D'autres inventions, plus absurdes peut-être encore, sont celles qui concernent de prétendues falsifications de papier monnaie étranger que ferait notre Gouvernement. Une pipelette parisienne croira peut-être à ce mauvais roman, mais je doute qu'aucun lecteur avisé et connaissant la politique s'y laisse prendre.

Ces jours derniers ce ne sont que bruits sinistres, élucubrations cauchemaresques sur nos prétendus préparatifs de guerre. Je suis sûr que quand vous reviendrez à Paris, on vous demandera si les hordes bolcheviques, ou peut-être chinoises ou lettones, ne traversent pas Moscou en brandissant leurs armes.

Un jour, c'est une prétendue mobilisation générale de toute la population mâle de toute la Russie d'Europe et d'Asie : 20 millions de barbares bolcheviks se ruant sur la civilisation ! Puis ce n'est plus qu'une mobilisation partielle. D'après la presse polonaise, Trotski tramerait en secret une nouvelle grande guerre. Tout le monde sait en effet que rien n'est plus facile que de faire de tels préparatifs sans que personne en Russie même s'en aperçoive !

Ailleurs, d'autres inventions sont assaisonnées pour plaire au palais indigène. A Prague, le dernier canard est celui-ci : la III° Internationale a décidé d'anéantir la Tchéco-Slovaquie. Un certain Kutchera a été à Moscou en se donnant pour communiste. Là on lui a remis des sommes fabuleuses en argent et en pierres précieuses. Le mot d'ordre a été donné aux communistes tchéco-slovaques et à ceux des pays environnants de préparer la suppression de la République tchéco-slovaque.

Je puis vous déclarer catégoriquement qu'aucune somme d'argent n'a été donnée ni par Bela Kun, ni par la III° Internationale, ni par notre Gouvernement à ce Kutchera, ni à aucun de ses amis.

Il en est de même pour les pierres précieuses. Aucune déclaration semblable ne lui a été faite non plus par qui que ce soit du gouvernement russe ou du Comité exécutif de la III° Internationale.

Aucune organisation communiste ne considère comme désirable la suppression de la Tchéco-Slovaquie. Bela Kun l'a déclaré lui-même dans des articles. L'idée des communistes est de poursuivre leur but sans s'occuper des frontières déjà tracées entre les États capitalistes. Ils luttent pour leur idéal de classe, et non pour des déplacements de frontières.

Dans les limites de la Tchéco-Slovaquie les communistes allemands et tchéco-slovaques luttent ensemble pour réaliser leur programme de classe et ne se soucient nullement des questions de frontières.

Quant à l'existence indépendante des petites nationalités comme États séparés, le Gouvernement soviétiste y a toujours été sympathique et y a même toujours contribué. Il a créé de son propre chef toute une série de Républiques autonomes en faveur de peuples qui, par leurs propres forces, n'auraient jamais pu obtenir aucune espèce d'organisation politique séparée.

Orient et Occident.

Notre politique orientale ne vous est pas tout à fait claire. En Occident on nous attribue de vastes desseins conquérants à travers l'Asie. On voit en nous des héritiers de l'expansion tsariste. Rien de plus faux. Ce qui nous rend si forts et si influents en Asie, c'est justement que nous avons renoncé à toute extension. Les peuples de l'Orient voient en nous leurs amis, précisément parce que nous avons cessé d'être impérialistes.

L'Angleterre craint toujours des menées souterraines de notre part. Elle a tenu à nous lier les mains par notre traité. Nous nous laissons faire volontiers, car notre politique n'a rien de ténébreux, notre méthode ignore les menées souterraines et les intrigues diplomatiques. Nous avons mis fin à l'impérialisme russe, et cette seule attitude a suffi à produire d'immenses changements dans tout l'Orient. C'est la véritable raison de l'inquiétude anglaise.

Quand une vie nouvelle circule parmi les peuples orientaux, l'Angleterre attribue ce fait à nos émissaires secrets. Nous nous sommes très volontiers engagés à ne pas expédier d'émissaires secrets, puisque nous savons que l'absence absolue dans notre politique de toute idée impérialiste est la seule et la véritable source de l'ébranlement du monde oriental.

Il en est de même ici que pour le mouvement révolutionnaire en Occident.

Les gouvernements capitalistes ne cessent d'accuser les émissaires de Moscou, l'or de Moscou, « l'œil de Moscou ».

Notre existence comme République soviétiste ouvrière et paysanne suffit pour expliquer tout.

Il n'est besoin ni d'or ni d'œil de Moscou pour que le monde ouvrier soit ébranlé à la seule vue de notre République prolétarienne. C'est pour cela que l'arme perfide du mensonge et de la calomnie a été tellement affilée par le monde capitaliste. La vérité le tue. Il essaye de se sauver à force de mensonges et de calomnies.

Les méthodes que nous appliquons à la lutte contre la famine vous étonnent. Elles ne présentent rien de nouveau. Là aussi nous n'avons en rien changé.

Nous en appelons à toutes les énergies qui veulent avec nous combattre le fléau. Nous avons toujours eu recours à toutes les bonnes volontés dans tous les problèmes où leur concours était possible.

Quand la Pologne nous attaqua, nous formâmes un comité militaire spécial composé en partie des vieilles célébrités de la période tsariste. Les anciens grands capitalistes, les ministres du tsar eux-mêmes, ont toujours joué chez nous un très grand rôle dans nos administrations centrales. Si la plupart de ces éléments nous ont largement boycottés et nous boycottent encore, c'est leur faute et non la nôtre.

Relever la production est notre but : pour y arriver nous utilisons toutes les énergies qui se présentent. Nous ne faisons pas autrement au moment actuel pour combattre la calamité publique de la disette.

La reprise du commerce avec la France.

Vous avez raison, c'est la France qui est la grande citadelle du système de blocus dirigé contre nous.

Tant que ce système dure, il n'y a rien à espérer de nous pour les commerçants ou les industriels de France. Nous nous refusons à alléger pour les capitalistes français le poids des fautes de leur gouvernement. Que le gouvernement français change d'attitude à notre égard, et nous recevrons à bras ouverts tous les commerçants ou industriels français qui nous proposeront des affaires sérieuses. Mais rien à faire tant que le système gouvernemental restera le même.

Nous opposons au blocus notre vieille arme du contre-blocus.

C'est une épée que nous avons déjà éprouvée dans la bataille. Quand par exemple la Suède expulsa notre représentation sous prétexte d'accusations qui ne reposaient en réalité sur rien, le gouvernement suédois prétendit conserver chez nous, dans un but d'information, certains fonctionnaires de ses légations et consulats. Nous les avons tous chassés.

Nous avons fermé nos portes et nos fenêtres à la Suède. En Suède, rien ne transpira de chez nous. Nous ne répondions à aucune question du gouvernement suédois concernant ses ressortissants ou ses intérêts économiques en Russie. C'était le contre-blocus. Les résultats pour la Suède ont été immédiats. Quand en 1920 les relations avec elle furent reprises, c'est sous la pression du monde des affaires.

Cette pression n'aurait pas eu lieu si nous avions permis aux intérêts suédois en Russie de continuer à être satisfaits malgré la rupture voulue par le gouvernement suédois. Rompre avec nous et avoir en même temps chez nous des avantages économiques, voilà ce qu'on désirait à Stockholm. Nous

avons répondu par le contre-blocus et les résultats
nous ont donné raison.

Dites cela à Paris, faites comprendre que nos
oreilles sont assez solides pour ne pas se laisser
prendre à des chants de sirènes nous promettant
des monts d'or. Que la France suive l'exemple de
l'Angleterre, et tous les avantages possibles lui
écherront.

Saluez Paris, jadis métropole révolutionnaire.
Elle est tombée bas, mais elle nous reste chère, et
les nouveaux faubourgs, la banlieue, bientôt la réha-
biliteront. Sa devise pourrait être aussi celle de la
Russie soviétiste qui, comme elle, *fluctuat nec mer-
gitur*.

24 juillet 1921.   GEORGES TCHITCHÉRINE.

Les suites du message. — Vers Gênes.

Dès notre retour de Russie, le 15 août, *l'Humanité*
a publié cette pièce capitale.

L'effet produit a été foudroyant.

Tous les journaux l'ont reproduite ou résumée.
Presque tous l'ont commentée, les uns avec la hau-
teur superbe et l'ironie méchante qu'ils opposent
aux propositions bolcheviques quelles quelles soient,
les autres avec une sympathie plus ou moins
ouverte.

Il y a depuis longtemps en France tant d'usines
sans commandes, tant d'ouvriers en chômage, que
les dédains aveugles du *Temps* ou du *Figaro* ne
suffisent plus même aux conservateurs les plus
forcenés.

Le gouvernement a senti qu'à la politique réaliste de Tchitchérine, il fallait opposer autre chose
qu'une fin de non-recevoir.

Dès le lendemain, 16 août, l'agence *Havas* communiquait à la presse cinq colonnes massives de dépêches échangées entre la France et l'Angleterre, du 25 novembre 1920 au 14 juin 1921, relativement aux dettes tsaristes.

Pour étrange que soit cette manière de répondre, la publication de cette correspondance officielle n'en constitue pas moins une réponse. Et si M. Briand, en limitant sa réplique aux mesquines réclamations des porteurs de titres, est moins apparu en homme d'Etat animé de larges préoccupations qu'en homme ligotté par des criailleries impérieuses, il n'en a pas moins prouvé qu'il comprenait la nécessité de « causer ».

La lecture de ces textes insipides m'a procuré une joie profonde. Enfin ! Le cercle du silence était rompu. Fallait-il que le gouvernement ait reçu en pleine poitrine les déclarations de Tchitchérine pour éprouver le besoin, tout de suite, d'expliquer que ce n'était pas sa faute si les relations avec la Russie ne sont pas encore reprises, qu'il avait fait ce qu'il pouvait, mais qu'il n'était pas libre !

La communication du 16 août rompait net le fil de fer, le fameux fil de fer barbelé planté par M. Clemenceau autour de la terre russe.

Elle entamait la conversation. Elle l'entamait d'une manière peu glorieuse pour une nation comme la France, puisqu'on parlait à la cantonade sans s'adresser à l'interlocuteur de Moscou, puisqu'en ne mettant en avant que la reconnaissance des dettes, on n'affichait que des préoccupations d'usurier.

Mais enfin, on causait. Cela seul était énorme.

Tchitchérine, le 28 octobre, a fait parvenir au gouvernement britannique — qui parle, lui, sans se croire obligé de détourner les yeux — un nouveau message qui s'adresse en réalité à Paris.

Il déclare, comme les bolcheviks l'ont déclaré dix fois depuis trois ans — la première de ces déclarations remonte, je crois, à janvier 1919, à l'époque où la Russie offrait à M. Clemenceau la réunion d'une conférence à Prinkipo — que la République des Soviets, « désireuse de s'entendre avec toutes les puissances », est prête à « reconnaître ses obligations découlant des emprunts contractés par le tsarisme » à la condition que « les grandes puissances prendront également l'engagement simultané de reconnaître les droits souverains et l'inviolabilité des frontières russes ».

Ainsi, on est arrivé peu à peu, par des chemins tortueux que le Quai d'Orsay aurait mieux fait d'éviter sans doute, à la fameuse décision de la Conférence de Cannes. M. Briand et M. Lloyd George, le 8 janvier 1922, ont fait prier par l'Italie les bolcheviks de venir causer à Gênes avec eux.

C'est la reconnaissance virtuelle du gouvernement soviétique en attendant la reconnaissance effective.

M. Briand a quitté le pouvoir. M. Poincaré l'a remplacé. Des pions ont changé de place sur l'échiquier européen, mais la partie continue et Tchitchérine la gagne.

M. Poincaré qui, dans ses écrits de sénateur, maintenait encore en décembre 1921 le vieux point de vue nigaud : on ne discute pas avec ces gens-là ! accepte depuis janvier 1922 dans ses déclarations de président du Conseil de causer à condition que... et pourvu que l'on veuille bien reconnaître...

Ne lui en demandons pas davantage pour l'instant. Attendons.

L'Angleterre a traité avec les Soviets. L'Allemagne a traité avec les Soviets. La Suède a traité avec les Soviets. Les pays limitrophes de la Russie ont traité avec les Soviets. Karakhan s'est installé à Varsovie comme ambassadeur des Soviets à l'instant précis où nous rentrions en France. Otto Pohl, qui représentait avant la guerre l'*Arbeiter Zeitung* de Vienne à Paris, représente maintenant l'Autriche à Moscou. L'Italie, la Suisse, tout le monde traite, ou négocie. Il ne reste plus guère que la France.

La prochaine conférence arrangera cela.

Le petit homme à la houppelande, le petit homme noyé dans ses papiers à l'Hôtel Métropole, a le droit de se frotter les mains. Lentement, mais sûrement, il arrive à ses fins, démontrant à ces messieurs de « la Carrière » — qui ne profiteront pas plus de cette leçon-là que des autres — que le bon sens et la sincérité sont des armes plus efficaces que des plumes d'autruche sur la tête et un soleil brodé dans le dos.

V

Les Institutions Communales.

Le Soviet de Moscou. — Kamenev.

Quelques jours avant notre arrivée à Moscou, le nouveau Soviet avait été nommé.

Sur les 2.115 députés qui le composent — il représente non seulement la ville, mais la province entière — 1.543, soit 73 %, sont communistes; 533, soit 25 %, n'appartiennent à aucun parti; le reste est socialiste-révolutionnaire, anarchiste ou menchevik.

Dès la première séance, le 13 mai, Kamenev a été réélu président à l'unanimité. Il occupe ses fonctions depuis août 1918. Représentant de la République russe en Angleterre au lendemain de la Révolution d'octobre, revenu au bout de très peu de temps au pays, fait prisonnier en Finlande par les blancs dont il ignorait le retour au pouvoir, il a été échangé après avoir tiré six mois de prison à Uléaborg. Il n'a plus quitté Moscou depuis trois ans.

Kamenev, bien qu'il n'ait que 38 ans, est un ancien du Parti. Plusieurs fois arrêté et emprisonné sous le tsarisme, il a dû s'expatrier comme la plupart de ses camarades. De 1909 à 1913, il a vécu à Paris avec Lénine et Zinoviev.

Membre du Comité Central du Parti, représentant de Moscou au Congrès panrusse des Soviets, personnage important du Comité qui combat aujourd'hui la famine, il jouit d'une autorité considérable. Si toutes ces raisons ne m'avaient poussé à le voir, j'aurais tenu à le connaître, ne fut-ce que pour apprendre du maire de la vieille capitale comment sont administrées les grandes villes russes.

J'ai donc été trouver mon « collègue » Kamenev en ce palais de la Tverskaya qu'habitèrent les derniers gouverneurs : l'archiduc Serge, frère d'Alexandre III, exécuté par Savinkov en 1905 à l'entrée du Kremlin et le général Gerschelmann. Le Soviet l'occupe maintenant.

Dans cette vaste bâtisse sans style, peinturlurée en rouge, comme l'étaient toutes les constructions officielles de l'empire, et dont la façade s'adornait, en l'honneur du Congrès, de drapeaux, de banderoles et d'un immense portrait de Karl Marx, une longue suite de bureaux remplis de secrétaires conduit au cabinet de Kamenev, cabinet simple s'il en fut, que suffisent à meubler quelques tables. trois ou quatre fauteuils dépareillés, une bibliothèque tournante, deux téléphones et une pendule sans mouvement.

En buvant les obligatoires tasses de thé, nous avons causé longuement; causé de Paris. des camarades communs. de cette vieille XIVᵉ section qui fut toujours le point de ralliement des Russes émigrés à Montparnasse; des bouquins, des chers bouquins que Kamenev a laissés chez nous lors de son départ précipité et qu'il voudrait tant retrouver.

Puis nous en sommes venus à notre sujet.

*
* *

L'administration d'une capitale comme Moscou n'est pas, on s'en doute, une petite affaire. Le mécanisme administratif est celui-ci : Le Soviet s'assemble une fois tous les six mois. Il nomme un Comité exécutif de 75 membres. qui se réunit chaque semaine et qui désigne à son tour : d'abord un conseil de 13 membres qui siège tous les jours, ensuite les directeurs des 18 services : finances, instruction, santé, économie sociale, agriculture, travaux, assistance, habitation, police, armée, justice. tché-ka. postes. ravitaillement de la ville, ravitaillement de la campagne, voirie, statistique du travail, inspection ouvrière et paysanne.

Moscou, qui comptait 2.000.000 d'habitants avant la guerre, en a aujourd'hui 1.150.000, comme en 1905. La campagne en compte 1.700.000.

Les services occupent 30.000 employés. 240.000 ouvriers, presque tous tisseurs — la province de Moscou représente 60% du textile russe — dépendent en outre de la commune puisqu'ils travaillent dans les usines nationalisées.

La culture marche bien et Kamenev en montre un légitime orgueil. 400.000 pouds (16 kilos 38) d'avoine, 600.000 pouds de pommes de terre ont été avancés par le Soviet pour l'ensemencement. Des instruments agricoles, qui n'avaient pas été réparés depuis sept ans, 22% sont remis en état.

La « politique nouvelle » a porté ses fruits dès cette année : 200.000 déciatines (1 hectare 09), soit la même surface qu'avant guerre, sont cultivées par les paysans; 50.000 le sont en outre dans les domaines soviétiques.

La situation alimentaire serait donc bonne s'il ne fallait aider les provinces dévastées. Le pays aurait bien mérité pourtant d'entrer dans la période des vaches grasses, car il a connu de durs moments.

Pour qu'on puisse donner à chacun une livre de pain chaque jour, il faut que Moscou reçoive chaque mois 1.050 wagons de farine de 1.000 pouds. Et voici ce qu'il en a reçu depuis la récolte dernière : septembre, 1.074; octobre, 1.069; novembre, 1.254; décembre, 1.332; janvier, 968; février, 860; mars, 997; avril, 835; mai, 681. En 1018, 19 et 20, les chiffres étaient tombés bien plus bas et les 40 boulangeries où la commune a concentré le travail des 116 de jadis ne trouvaient qu'une faible besogne. En mai 1919, Moscou n'avait reçu que 500 wagons, en mai que 450. On pourrait, avec la nouvelle récolte, envisager l'avenir avec confiance sans le devoir sacré qui s'impose de secourir les malheureux frères affamés.

Le ravitaillement en combustible s'améliore, lui aussi. L'hiver 1919-20 avait été terrible, la guerre ne permettant ni au Donetz ni à l'Oural d'envoyer du charbon. Le dernier hiver s'est passé beaucoup mieux, le prochain se passera mieux encore. Les usines ont du charbon d'avance pour quatre à six mois. Dans 3.000 maisons, où le chauffage central est organisé au naphte, il fonctionne comme autrefois.

***

Où les difficultés commencent vraiment, c'est là où le blocus inplacable empêche un réapprovisionnement qui ne peut venir que de l'étranger.

Il faudrait repeindre tous les deux ans les toits des maisons; l'enduit nécessaire manque. Sur les 27.000 immeubles de la ville, 8.000 seulement possèdent le tout à l'égout; les tuyaux de vidange dans ceux-ci, les tuyaux d'eau dans tous, ont été fort abîmés par les gelées. Pas de tuyaux ! Pas de robinets ! Tout cela provenait du dehors.

Moscou s'alimente d'excellente eau de source, mais l'usine élévatrice, qui fournissait en 1914 huit millions de doubles décalitres, doit en fournir maintenant, pour une population moindre, près de douze en raison des pertes énormes de canalisations usées. Elle a été agrandie et peut donner jusqu'à quinze, mais l'usure s'accentue et le matériel de remplacement fait défaut.

Malgré ces conditions déplorables, l'hygiène générale s'améliore. La mortalité qui, de 23 pour 1.000 avant la guerre, s'est élevée à 50 et 39 pendant les deux semestres de 1919, à 46 pendant le premier semestre 1920, où sévit une épidémie de typhus, est descendue à 27 pendant le second, à 26 dans les premiers mois de 1921. Elle tend à revenir aux moyennes anciennes, comme la natalité.

Kamenev m'a donné tous ces chiffres avec la minutieuse application d'un administrateur sérieux. Son bon sourire, lorsqu'il pouvait à juste titre marquer quelque amélioration, indiquer quelque progrès probable, animait sa large figure paisible qu'adoucissent encore sa barbe et sa moustache blonde. Et ses yeux s'éclairaient derrière son lorgnon.

Nous avons reparlé de la France qu'il aime tant, de Paris, du XIV° et de ses chers bouquins. Puis, il m'a mené à une séance d'une Commission du Soviet, qui ressemblait comme une sœur à une séance d'une commission de nos mairies...

... Quelques jours plus tard, dans un ancien numéro du *Bulletin de la presse russe*, je lisais ces lignes du discours programme qu'il prononça le 13 mai après sa réélection :

« Si nous étions des fantaisistes et si nous disions que le régime communiste, régime d'égalité et de fraternité, est déjà réalisé en Russie soviétiste, nous nous tromperions. Nous ne possédons pas encore l'idéal auquel nous tendons. Le régime actuel est une étape indispensable. Nous avons été obligés de faire la politique que la vie nous dictait. Nous avons jugé toutes choses d'un seul point de vue : que faut-il faire pour écraser la bourgeoisie? Ce ne sont pas les communistes qui ont remporté la victoire. C'est la classe ouvrière tout entière, marchant sous le drapeau du Parti communiste. Nous sommes forts parce que nous avons formulé la pensée d'une masse hésitante, inhabile à s'organiser, de millions de travailleurs. Nous lui avons donné sa forme, nous lui avons dit : voilà la route par laquelle nous arriverons au but... »

Langage ferme, langage clair et loyal surtout, exempt de forfanterie inutile et de grandiloquence oiseuse.

Langage d'un administrateur honnête, qui connaît mieux que personne les difficultés de sa tâche, et qui besogne consciencieusement dans les conditions les plus difficiles, sans rien se dissimuler, sans rien cacher aux autres, de la petitesse des résultats obtenus et de l'éloignement du but à atteindre.

La Petrocommun. — Puchkov.

J'aurais voulu, pendant que j'étais à Petrograd, réunir sur la capitale du nord des renseignements semblable à ceux que Kamenev m'avait fournis pour Moscou.

Malheureusement, Petrograd n'a point de « maire » qui concentre toutes les données dont un enquêteur a besoin. Le président du Soviet, ici, c'est Zinoviev, que la fonction municipale n'absorbe pas uniquement comme elle absorbe son collègue, et que la direction de la IIIe Internationale accapare souvent. Zinoviev, d'ailleurs, n'était pas à ses bureaux de Smolni à la fin de juillet. Il achevait de liquider à Moscou la besogne du Congrès.

Il faut, à Petrograd, pour recueillir les données qu'on désire, courir de service en service. Et s'il n'est pas toujours facile de se retrouver dans les dédales des administrations françaises, c'est bien autre chose encore dans les administrations russes !

J'ai donc limité mes recherches à l'organisation du ravitaillement, dont les bureaux sont installés dans un des affreux immeubles que je ne sais quel sauvage a construit le long de la Néva devant l'Amirauté, en en masquant le bâtiment central.

Au bout d'une petite heure de promenade par des couloirs et des escaliers, nous sommes arrivés, mon excellent guide ordinaire et moi, devant la porte du camarade Puchkov, qu'on avait fini par nous indiquer comme capable de satisfaire nos curiosités.

***

Puchkov et Molvin dirigent, sous l'autorité de Badaev, depuis la Révolution d'octobre, la « Petrocommun », qu'administre un conseil de neuf membres, annuellement élu par les travailleurs de la capitale.

Chacun des neuf a son service propre : approvisionnement, distribution, comptabilité, etc... Tous sont des ouvriers et ils aiment à le dire. La Révolution a commencé à Petrograd. C'est Petrograd qui conserve avec le plus de pureté l'esprit communiste, c'est elle qui a toujours, hélas ! supporté le maximum de sacrifices. Elle est la ville d'avant-garde et elle tient à sa réputation, payée de tant de souffrances.

La population a diminué d'un tiers dans la province, de moitié dans l'agglomération urbaine. De 1.700.000 habitants avant la guerre, Pétrograd est tombée à 800.000 aujourd'hui, armée et marine non comprises. Mais l'enthousiasme n'a pas changé. On compte sur la reprise du commerce extérieur, sur les concessions pour ressusciter l'activité d'autrefois et l'on travaille avec confiance.

La Petrocommun, qui est le plus ancien des organismes russes de ravitaillement, dépend du Soviet de Petrograd, dont elle est elle-même une des parties principales. Le Soviet, qui la considère comme un centre important d'expérimentation, lui laisse une très grande indépendance.

On ne s'y embarrasse point de théorie. On y agit avec l'énergie audacieuse qui est la caractéristique du prolétariat de la ville rouge, suivant les nécessités du moment.

Le système des réquisitions a d'abord, comme partout, fourni aux besoins de la population. Il avait été inauguré par un ministre du tsar, Rittich, en 1916; Kerenski l'avait maintenu. Mais alors que le tsar et son successeur sont tombés au bout de quelques mois d'application de ce régime, le bolchevisme s'est maintenu parce qu'il possédait la sympathie des paysans.

Les réquisitions d'ailleurs ne pouvaient suffire dans une province qui, en raison de sa situation géographique, produit moins qu'elle ne consomme. Il a fallu établir des centres de ravitaillement sur toute l'étendue du territoire russe pour compléter les approvisionnements.

Des compagnies de propagande, formées d'ouvriers pétersbourgeois, ont été créer des centres un peu partout sur le territoire soviétique. En diverses provinces de la Russie d'Europe, en Sibérie, au Turkestan même et dans l'Azerbeidjan, la Petrocommun possède aujourd'hui 38 filiales. Dans 28 provinces, elle cultive 50 domaines à elle, suivant les procédés modernes, domaines qui lui apportent un secours appréciable en même temps qu'ils servent de modèles et d'écoles aux paysans d'alentour.

Ses trains de ravitaillement particuliers, au service desquels sont attachés trente wagons-ateliers qui assurent les réparations, lui amènent les produits qu'elle répartit.

Lorsque les opérations ont commencé, en février 1918, la population était distribuée en quatre classes : ouvriers accomplissant un travail fatigant, ouvriers accomplissant un travail plus facile, intellectuels, bourgeois. La dernière classe ne recevait pas de pain, la première en recevait une livre, mais plus souvent trois quarts de livre. Une seule ligne de chemin de fer fonctionnait encore (1). Jamais une journée ne se passa pourtant sans qu'une distribution quelconque eut lieu.

Les catégories actuelles sont déterminées, comme alors, par l'intensité de l'effort physique que chacun doit accomplir. La première comprend ceux des

---

(1) Celle de Vologda. C'est celle que les agents français et anglais essayèrent de couper en commettant les plus abominables attentats. René Marchand, neveu de Calmette, correspondant du *Figaro*, jusqu'alors antibolchevik convaincu, raconte, dans sa *Lettre à M. Raymond Poincaré*, l'émotion qui le saisit et qui détermina sa conversion lorsqu'il entendit, au Consulat général des Etats Unis, un agent anglais et un français exposer, l'un qu'il préparait la destruction du pont sur la Volkhov, l'autre qu'il avait essayé de faire sauter celui de Tchérépovetz. La suppression du premier ou du second de ces ouvrages, dit-il, aurait acculé Petrograd à une famine complète. (Voir le chapitre : « L'Europe condamne les affamés ».)

ouvriers qu'on nomme, d'une expression empruntée à l'argot de la guerre, les ouvriers « de choc »; la seconde, tous les ouvriers et employés des entreprises nationalisées sauf ceux qui appartiennent à la première, les artisans travaillant à domicile, les invalides et les femmes enceintes; la troisième, les ouvriers sans-travail et les vieillards; la quatrième, les enfants.

Au 1ᵉʳ février, le nombre des cartes d'alimentation distribuées se présentait ainsi :

$$
\begin{array}{lr}
\text{1° catégorie} & 124.794 \\
\text{2° »} & 219.601 \\
\text{3° »} & 43.099 \\
\text{4° »} & 210.181 \\
\hline
& 597.675
\end{array}
$$

Chiffre qui, ajouté à celui de 213. 128 — celui des personnes qui touchent collectivement leurs rations, comme appartenant à des institutions diverses, asiles, hôpitaux, ambulances, internats, etc. — donne bien le chiffre total de 810.803, qui est celui de la population de Petrograd.

Que reçoit chaque catégorie?

En août, on touchait quotidiennement dans la première 1 livre 1/2 à 2 livres de pain, suivant les possibilités, dans la seconde 1 livre 1/4, dans la troisième une livre. Et l'on touchait dans toutes pour le mois 6 livres de harengs, 3/4 de livre de sucre, 2 livres de sel, 4 livres de légumes secs, 1/4 de livre de café.

Les enfants, à Petrograd comme partout, bénéficient d'un régime de faveur. Certains produits leur sont réservés et leurs rations sont proportionnellement plus fortes que celles des adultes.

On aura une idée de la tâche formidable qui incombe à la Petrocommun si l'on songe qu'elle a

réparti en 1920 entre les deux millions de consom-
mateurs de la province :

7.100.000 pouds(1) de pain.		
1.400.000	»	farines diverses.
1.400.000	»	gruau.
0.140.000	»	graisse.
1.400.000	»	viande et poisson.
4.016.000	»	pommes de terre et légumes.
0.450.000	»	sucre.
0.613.000	»	sel.

La fabrication du pain a été concentrée dans
seize boulangeries, dont huit mécaniques. Les huit
autres disparaîtront lorsque seront terminées deux
vastes boulangeries mécaniques actuellement en
construction, qui produiront quotidiennement, l'une
11.000, l'autre 9.000 pouds.

Les difficultés de transport et le souci d'un amé-
nagement rationnel de l'économie nationale poussent de plus en plus la Petrocommun à développer
la culture maraîchère autour de la capitale. Les progrès, en ce domaine, sont constants et Puchkov espère que, d'ici à un an, surtout si le commerce
extérieur reprend, la marmite de la ville rouge,
qu'alimentaient pour la plus grosse part les produits des filiales lointaines, pourra bouillir surtout
avec les ressources de la province.

Pour le présent, il n'envisage rien de particulièrement inquiétant. La crise de la famine sera, me
disait-il, générale, et nous ne recevrons sans doute
pas grand chose. Mais à Petrograd, il n'y aura rien
de pis que ce qu'on pouvait attendre. Et si nous
souffrons quelque peu, ici, nous avons l'habitude...

---

(1) 1 poud = 16 kilos 38.

Une assemblée du Soviet moscovite.

Depuis mon retour, j'ai trouvé dans *L'Avant-Garde*, journal communiste de Genève, un article d'Humbert Droz, daté de Moscou, 20 septembre, sur la seconde assemblée plénière annuelle du Soviet de Moscou.

Humbert Droz représente au Comité exécutif de la III° Internationle le Parti communiste suisse. Il assistait avec sa délégation au congrès de juillet et c'est lui qui a bien voulu remplir pour nous, Français, l'office ennuyeux et délicat de traducteur de l'allemand, office qu'il remplissait à merveille. Ses camarades l'ont délégué là-bas, en permanence, comme nous avons délégué Souvarine. C'est un esprit clair et précis, aux rapports duquel on peut se fier.

Il dépeint le Soviet siégeant, devant une foule nombreuse, dans cette grande salle aux colonnes de marbre blanc de l'ancien Club de la Noblesse, aujourd'hui Maison des Syndicats, où j'ai vu plus d'une réunion se tenir.

Trotski y parle aux délégués de la situation en Ukraine, aux frontières roumaine et polonaise où les bandes blanches continuent leurs incursions. Puis, Kamenev lit son rapport sur la situation alimentaire :

« Kamenev rapporte : pas de grandes phrases, des chiffres, des statistiques, des précisions.

« La nouvelle politique économique vise à relever la grande production et laisser la petite production se développer librement. Tandis que jusqu'à ce jour toute la population de Moscou recevait une carte alimentaire donnant droit à une répartition gratuite, mais insuffisante de vivres, à partir du 1ᵉʳ octobre, seuls les ouvriers et les ouvrières des usines nationalisées et travaillant ainsi pour la collectivité, recevront une carte alimentaire donnant droit à un ravitaillement gratuit et suffisant pour eux et leur famille. Le reste de la population, formée en grande partie de petits artisans, de petits commerçants et de travailleurs d'entreprises non nationalisées, devront se tirer d'affaire par leurs propres moyens, en utilisant la liberté du commerce pour écouler leurs produits et pour se procurer la nourriture nécessaire en échange.

« Quand l'abolition du ravitaillement gratuit pour la population permettra de donner aux ouvriers des usines un ravitaillement suffisant, la production nationale se relèvera rapidement. C'est le but de la nouvelle politique économique.

« A Moscou, 26 petites entreprises seulement sont exploitées par d'autres organes que ceux de l'Etat. Cinq sont exploitées par des capitalistes, les 21 autres sont des coopératives ouvrières de production indépendantes de celles de l'Etat. Ces entreprises doivent entretenir en bon état les moyens de production qui restent propriété de l'Etat. Les produits du travail, déduction faite de l'impôt en nature pour location, restent propriété de l'entreprise.

« Les réfectoires des usines nationalisées seront ravitaillés par l'Etat. Les ouvriers pourront ou bien se répartir les produits et cuisiner à la maison, ou bien faire cuisine commune à l'usine. Le ravitaillement collectif a donné d'excellents résultats. Une fabrique reçoit une certaine quantité de vivres en échange d'une norme de production. Si elle parvient à écarter les forces inutiles à la production et à réduire le nombre des producteurs au minimum, chaque producteur reçoit une ration plus forte. La production est ainsi débarrassée de tout parasite et les forces de travail libérées pour d'autres travaux.

« Les perspectives de ravitaillement de Moscou dans ces conditions sont bonnes. La récolte de pommes de terre a été très abondante dans le gouvernement de Moscou. Elles seront réparties avant les premiers froids aux travailleurs pour éviter le gel et les difficultés des conserves en grande quantité.

« La récolte de blé dans toute la Russie a été de 2 milliards 250 millions de pouds. Il reste chez les paysans encore 2 milliards de pouds des récoltes passées. Il faut faire sortir ce blé. Une partie sera prélevée par l'impôt alimentaire, mais il faudra surtout procéder aux échanges par le moyen des coopératives.

« Les produits échangés par les fabriques de Moscou ont rapporté déjà plus de 200.000 pouds. Cela fait environ deux semaines de ravitaillement en pain. Les services publics étaient jusqu'ici gratuits pour toute la population. La nouvelle politique supprime la gratuité. La population devra payer pour les logements, le gaz, l'électricité, le tramway, le chemin de fer, etc. Seuls, les travailleurs des usines nationalisées, ceux qui travaillent pour la collectivité et non pour eux-mêmes, recevront encore gratuitement logement, gaz, électricité, tramway, etc.

« Seuls, les tramways sont de nouveau payants à ce jour. Les recettes journalières s'élèvent à 120 millions de roubles à Moscou.

« Le commerce est frappé de lourdes taxes. Du 15 août au 10 septembre les patentes et les impôts sur le petit commerce ont rapporté au Soviet de Moscou 4 milliards et demi.

« Les perspectives de chauffage pour l'hiver sont bonnes aussi. Le ravitaillement en charbon et en bois est un peu inférieur à celui de l'année dernière. Mais par contre la tourbe et le pétrole seront beaucoup plus abondants (7 millions de pouds de pétrole contre 2 millions l'an dernier.) »

Le rapport de Kamenev, dit Humbert Droz, a été adopté à l'unanimité ainsi qu'une résolution invitant le Conseil Central à poursuivre l'application de la politique nouvelle.

Tout cela concorde avec ce qui nous a été dit, tout cela en est la suite logique.

Rétablissement provisoire de l'économie capitaliste pour la petite industrie et le petit commerce, établissement sur des bases plus solides de l'économie socialiste pour la grande industrie nationalisée, c'est bien la politique dont Lénine, dont Bukharine nous avaient esquissé les grandes lignes.

Les moyens de subsistance semblent s'améliorer à la suite des mesures prises. C'est bien là ce qu'on espérait.

Allons, allons ! Il faudra que le *Temps* prenne patience. Les communistes russes ne sont pas encore au bout de leur rouleau.

VI

Lunatcharski. — L'Instruction publique.

L'héritage du tsarisme.

On peut penser tout ce que l'on voudra des chefs du bolchevisme. On peut critiquer leurs méthodes, condamner leurs actes en gros ou en détail. C'est affaire d'opinion ou de sentiment.

Mais il y a un point sur lequel il me parait impossible qu'on n'approuve pas unanimement leur effort, qu'on n'apprécie pas sans réserve les résultats déjà obtenus : c'est en matière d'instruction publique.

Danton disait : « Après le pain, l'éducation est le premier besoin du peuple ». La Révolution russe qui, par tant de côtés, ressemble à notre Révolution de 1789, a repris ce mot pour en faire sa devise.

Devant son œuvre d'éducatrice, qu'on le veuille ou non, on est obligé de s'incliner — et d'admirer.

Nous avons peine, aujourd'hui encore, après tout ce que les romanciers russes nous ont appris de la condition lamentable des moujiks, après tant de récits parus en ces dernières années sur l'abjection du régime raspoutinien, nous avons peine à nous figurer la médiocre Papouasie qui s'intitulait l'Empire des tsars.

Les descriptions pompeuses des parades de Tsarskoïe-Selo, les auditions musicales et les exhibitions chorégraphiques auxquelles les théâtres parisiens nous ont permis d'assister, l'existence brillante que quelques milliers d'aristocrates frottés de culture française menaient en nos Palaces, tout cela nous a toujours illusionnés sur les tristes réalités d'un pays que l'éloignement entourait de mirage.

Au vrai la Russie tsariste ressemblait à cette

maison dont parle Pestalozzi, où l'étage supérieur abrite, dans une inondation de lumière et de chaleur, une poignée de gens heureux, tandis qu'en dessous, dans les ténèbres, fourmille une masse de pauvres diables privés de jour et de savoir.

A défaut de statistiques officielles, deux rapports que j'ai sous les yeux peuvent nous fournir quelques données sur l'état de l'instruction primaire sous le tsarisme. L'un, qui traite de l'Instruction publique à Petrograd, émane de la femme de Zinoviev, Lilina. L'autre, plus général, a été rédigé pour le X⁰ Congrès des Soviets par la femme de Lénine, Krupskaia. Tous deux datent de la fin de 1920.

D'après leurs auteurs, on comptait en 1886 22.770 écoles dans l'immense Russie, et une population scolaire de 1.141.915 enfants. Une école pour 14 villages, à peu près. 13 % des garçons, 3 % des fillettes recevaient alors quelque instruction.

En 1917, à la veille de la Révolution, le nombre des écoles est montée à 38.387 — à peu près le nombre des communes françaises. — Il avait augmenté de 15.617, c'est-à-dire qu'au cours des trente-et-une dernières années, on en avait bâti moins de 504 chaque année, pour une population de 150 millions d'habitants.

Les résultats de ce beau système ? Voici quelques chiffres de Krupskaia, qui me paraissent de nature à nous les indiquer :

On a enregistré dans le gouvernement de Saratov 2.400.000 illettrés, à Viatka 2.000.000, à Gomel 1.500.000, à Riazan 1.200.000, à Penza 300.000, à Vologda 500.000, à Pskov 870.000, à Kazan 500.000, à Nijni-Novgorod 440.000. Une quantité particulièrement considérable se trouve dans l'est : dans les gouvernements d'Ouralsk 75 %, d'Altaï 78 %, de Simbirsk 80 %, de Tioumen et d'Astrakan 94 %.

A Petrograd, on comptait au dernier recensement, en 1910, 31 % d'analphabets et 49 % de gens sachant à peine lire et écrire; 80 % des habitants de la capitale même vivaient donc dans une ignorance quasi-totale.

La classe « intelligente » et « éclairée » qui gouvernait la Russie se satisfaisait d'un système qui plaçait son pays immédiatement au-dessus de celui des Botocudos. Que pouvait lui faire l'absence d'écoles primaires? Est-ce que ses enfants les auraient fréquentées? Que lui importait même la médiocrité en nombre et en qualité des établissements secondaires et des Universités? Quelques institutions privées, les précepteurs étrangers qui s'ajoutaient par tradition à la domesticité des familles riches ne suffisaient-ils pas pour munir les rejetons de l'aristocratie de la culture superficielle nécessaire à l'existence mondaine?

Je ne pense pas qu'on puisse découvrir au passif d'une classe quelque chose de plus lamentable que l'état d'abandon dans lequel les anciens maîtres de la Russie ont laissé le peuple dont ils vivaient et qu'ils prétendaient conduire. Que le budget de l'Instruction publique du tsarisme n'ait pas existé au regard du budget de la police (1), que le moujik, au jour de la liquidation révolutionnaire, se soit trouvé au niveau intellectuel et moral où il croupissait, c'est la condamnation la plus décisive, la plus infamante, de ses maîtres (2).

---

(1) En 1903, le Canada dépensait pour l'Instruction publique 5 roubles 98 par tête d'habitant; la Russie, o rouble 44 (rapport de Lilina).

(2) M. Legras, professeur à l'Université de Dijon, a donné dans son livre *Au Pays russe* (1892) cette définition terrible des écoles primaires du tsarisme : « Il serait téméraire d'affirmer que le but principal de ces écoles soit le désir d'arracher le peuple à l'ignorance; elles ont avant tout un caractère offensif; elles font partie d'une tactique gouvernementale; au lieu d'avoir été établies *en faveur* des pauvres, elles semblent bien avoir été surtout dirigées *contre* le mouvement libéral. » Et il cite ce fait caractéristique : « Il y a quelque temps un certain M. P..., noble seigneur et président de la noblesse dans un canton du gouvernement de Nijni-Novgorod, est devenu tristement célèbre par une lettre dans laquelle il déclarait à un ami que « grâce à ses efforts, dans l'école dont il était curateur, le nombre des élèves était tombé de 60 à 40, et qu'on finirait bien par n'en plus avoir ».

Lorsqu'on voit aujourd'hui encore, chez nous, ceux que les journalistes qu'ils entretiennent nomment sans rire les « patriotes russes » réclamer la direction de leur pays, on est en droit de se demander s'ils ont une conscience quelconque de la responsabilité qu'ont encourue en commun tous les éléments « civilisés » de la Russie tsariste. Lorsqu'on lit surtout les sottises qu'impriment quotidiennement leurs feuilles sur les évènements moscovites, on est fondé à croire que leur égoïsme borné leur interdit jusqu'à la constatation de l'évidence.

Car l'évidence, ce n'est pas, comme ils l'affirment, que Lénine et Trotski ramènent la Russie à l'époque des jacqueries de Pougatchev ou de Stenka Razine; c'est que la Russie, au contraire, a vécu à cette époque jusqu'à la chute des tsars et de leurs soutiens; c'est qu'en 1917 seulement elle est sortie de la barbarie.

L'évidence, c'est que les bolcheviks ont pour la première fois tenté de tirer leur pays de la tombe; c'est que le peuple, maître pour la première fois avec eux de ses destinées propres, accomplit depuis quatre ans un effort prodigieux et magnifique pour sa libération morale.

Un Etat socialiste dans une nation d'illettrés ne se peut concevoir. La Russie soviétique s'acharne à transformer la masse, qui se prête d'ailleurs avec enthousiasme à cette transformation.

Voilà ce qu'il faut voir avant tout. Voilà ce qui dépasse de haut les quelques épisodes malheureux, inséparables de toute Révolution, dont on nous rebat sans cesse les oreilles.

La civilisation, en Russie, c'est le bolchevisme. La sauvagerie, c'est tout ce qui l'a précédé.

L'homme à qui incombe depuis quatre ans la lourde tâche d'instruire ses compatriotes, Lunatcharski, est un des plus anciens membres de l'état-major communiste. Contemporain de Lénine et comme lui fils d'un conseiller d'état, à maintes reprises inquiété par la police, il a vécu relégué à Viatka, à Kiev, puis à l'étranger depuis 1907.

Bien des fois, au Congrès, dans ses services à Narcomprost ou dans son grand bureau voûté de Potiechni Dvoretz, l'antique maison peinte si curieuse du Kremlin, je l'ai interrogé sur son œuvre.

Son vieux dolman vert parsemé de taches, son poil roux inculte, son profil dont je n'ai jamais démêlé s'il tient plutôt du lapin ou de la chèvre, tout son extérieur, jusqu'à ce tic des jambes incessamment remuées, concourt si peu à composer un personnage représentatif qu'on a peine à attribuer dès l'abord à Lunatcharski la valeur qu'il possède.

Lorsqu'on a goûté son esprit si pénétrant et sa conversation si large, lorsqu'on connait les résultats formidables que cet homme sans dehors a obtenus, on ne fait plus aucune difficulté d'admettre qu'il peut s'aligner sans désavantage avec notre Lakanal ou notre Condorcet.

L'Organisation de l'Enseignement.
L'Ecole du Travail.

Quelles sont les bases de l'enseignement dans la République des Soviets?

Dès les premiers mois de 1918, elle a posé le triple principe démocratique : laïcité, gratuité, obligation. Et elle a pris soin d'en ajouter deux autres : dans un régime fondé sur la suppression des classes, l'école doit être unique; dans une République de travailleurs, elle doit être une école du travail.

En conséquence, un décret du 2 février 1918 a séparé de l'Eglise l'école, à laquelle le clergé fournissait le tiers de son personnel enseignant. Toutes les institutions privilégiées ont disparu pour faire place à une échelle d'institutions de type unique où, du haut en bas, les dépenses d'alimentation, d'habillement, les fournitures scolaires sont à la charge de l'Etat.

De 8 à 16 ans, la fréquentation est obligatoire. L'instruction est générale, polytechnique dans le plein sens du mot. La spécialisation ne commence qu'ensuite.

L'enseignement se répartit en deux périodes, ou comme on dirait chez nous, deux cycles : le premier de cinq ans et le second de quatre.

A côté du travail pédagogique, il comporte du travail productif. Dans le premier cycle — de 8 à 12 ans — il s'agit surtout de travail à l'intérieur de l'école. Pour les plus jeunes enfants, cela se réduit aux soins les plus faciles de propreté, d'ornementation de leur propre local, à la mise en ordre de collections, bibliothèques, jardins, à l'élevage d'animaux domestiques. Les élèves effectuent eux-mêmes, dans la mesure de leurs forces, toutes les tâches nécessaires à la satisfaction des besoins de leur petite communauté.

Dans le second cycle — de 13 à 16 ans — on prépare l'entrée progressive des écoliers dans la vie active du pays en leur faisant prendre contact avec les principales branches de la production. Ils doivent visiter des usines, des gares, des bateaux, des hôpitaux et participer dans une mesure légère au travail d'une entreprise collective.

L'essentiel — tous les programmes, toutes les discussions des congrès le précisent — c'est de former chez l'enfant non seulement le citoyen, mais aussi le producteur. Et il s'agit moins de lui apprendre un métier à cet âge que de le familiariser avec les principes fondamentaux de la technique et du fonctionnement de l'industrie et de l'agriculture modernes.

Comme il est fatal que les écoles urbaines se préoccupent surtout de la vie des ateliers et les écoles rurales de la vie des champs, une circulation constante et méthodique doit exister entre les unes et les autres, pour que la vie économique toute entière du pays défile sous les yeux des enfants et que leur horizon s'élargisse en en contemplant tous les aspects.

Une fois fixé cet excellent programme dont les nations occidentales elles-mêmes pourraient s'inspirer avec fruit, ou pour parler plus exactement, en même temps que ce programme s'élaborait, son application commençait.

Le gouvernement la poursuit avec une ardeur que seconde, sur tous les points du pays, l'ardeur des autorités locales.

En 1917, d'après Lilina, le budget de l'Instruction publique, qui se montait l'année d'avant à 195 millions de roubles, était passé à 940 millions. Les bolcheviks l'ont porté à 2.914.000 en 1918 et à dix milliards en 1919.

Les 38.387 écoles de 1917 sont devenues 52.274 en 1918 et 62.238 en 1919, c'est-à-dire que chacune des deux premières années révolutionnaires en a vu éclore presque autant que les trente dernières années du tsarisme. Les classes abritaient alors plus de cinq millions d'élèves. Et la progression a continué.

« Et ce n'est pas seulement la situation scolaire qui a été largement améliorée... L'éducation préscolaire, considérée comme un luxe de fantaisie, était abandonnée exclusivement à l'initiative privée et l'Etat ne lui consacrait pas la moindre somme... Vers la fin de 1919, le nombre des jardins d'enfants et des garderies passa en Russie à 3.000, qui gardaient 200.000 enfants de 3 à 7 ans ». (1)

Oh ! sans doute, je sais tout ce qu'on peut dire

____

(1) D'après le dernier recensement, dont les résultats ont été publiés le 20 août 1921, le nombre des enfants nourris par l'Etat s'élève à : enfants de 1 à 3 ans (Commissariat de l'Hygiène publique) . 154.000; enfants de 4 à 7 ans (Commissariat de l'Instruction publique) : 411.300; enfants de moins de 16 ans dans les Maisons de repos du Commissariat de l'Instruction publique : 115.000; enfants des écoles du premier degré (Ukraine, Turkestan et Crimée non compris) : 6.434.000.

de cette floraison hâtive d'institutions multiples, tout ce qu'on peut alléguer sur la distance qui existe entre les principes et les réalisations. On peut sourire des statistiques, supposer que le personnel enseignant est peu préparé à la tâche ardue qui lui incombe, que le matériel scolaire est insuffisant.

On peut croire tout cela, on n'a que trop de raisons de le croire. Nos camarades russes se sont assez plaint à nous de tout ce qui manque à leurs écoles, nous ne l'avons que trop constaté par nos propres yeux.

Il n'en reste pas moins qu'ils ont commencé et qu'ils poursuivent un effort merveilleux dans ce que Lunatcharski nommait un jour devant nous « la lutte contre les ténèbres » et que la foi tenace qu'ils apportent dans leur œuvre donne chaque jour et donnera de plus en plus des résultats.

Des cours pédagogiques ont été créés partout pour former maîtres et maîtresses, cours que des membres du Conseil Central, comme Bukharine, ont tenu à professer. Les plus belles villas, les plus grands jardins ont été consacrés à l'enfance. Tout ce que la Révolution a recueilli de mieux lui a été réservé.

Les femmes qui faisaient partie de la délégation française en Russie, Lucie Leiciague et Lucie Colliard, ont dépeint dans leurs rapports et leurs articles l'émotion que leur a procurée la visite de certaines colonies de cinq cents enfants comme celle de Bolchovo, à quarante kilomètres de Moscou. Plusieurs des étrangers qui ont visité la République des Soviets ont décrit d'autres institutions analogues. Il me paraît donc inutile d'essayer d'en brosser à mon tour le tableau.

***

Aussi bien l'école du premier degré n'a-t-elle pas accaparé à elle seule l'attention passionnée du gouvernement.

L'enseignement secondaire comme l'enseignement supérieur ont également reçu du bolchevisme une impulsion vigoureuse.

2.000 lycées et établissements secondaires de toute espèce lui avaient été laissés par le tsarisme, et plus de six millions d'enfants sont d'âge à y entrer. La Révolution a doublé le nombre de ces institutions. Elle en a maintenant 4.000 et 55.000 élèves y travaillaient dès 1919 (1). C'est peu, et le rapport du Commissaire du Peuple à l'Instruction présenté au X° Congrès des Soviets ne cherche pas à le cacher :

« Le nombre devrait atteindre, à peu près, celui des écoles du premier degré. Mais celles du second degré doivent être aménagées de façon beaucoup plus complète ; elles doivent posséder des laboratoires, des bibliothèques, des ateliers, avec un personnel pédagogique spécialisé. La construction de nouveaux bâtiments, la fourniture de tout le matériel nécessaire, la constitution d'un cadre suffisant sont des problèmes impossibles à réaliser dans un court délai ».

Pour parer dans une certaine mesure à l'absence des institutions nécessaires, de nombreux « Clubs pour adolescents » ont été créés autour des usines ou des organisations syndicales. Des « cours accélérés » d'enseignement général ou d'enseignement technique cherchent, un peu partout, à élever le niveau d'instruction des jeunes gens.

L'enseignement technique surtout se développe, autant que les moyens du pays le permettent. Un

------

(1) D'après le recensement dont les résultats ont été publiés le 20 août 1921, les écoles du 2° degré possèdent maintenant 415.000 élèves (Ukraine, Turkestan et Crimée non compris). Si l'on ajoute ce chiffre à celui que j'ai donné en note à la page 179, il y aurait donc dans l'ensemble des institutions pré-scolaires et scolaires des 1er et 2e degrés 7.529.300 enfants, soit 16,2 % du nombre total des enfants.

Comité central de l'Instruction professionnelle a
été fondé en janvier 1920 près du Commissariat de
Lunatcharski. Il dirigeait, en février 1921, 3.758
établissements comptant 300.000 élèves ; établissements où les cours, très variés, durent de quelques
mois jusqu'à quatre et six ans et s'adressent tantôt
aux adolescents, tantôt aux adultes.

1.500 d'entre eux sont des écoles d'arts et métiers,
un millier forment le personnel des transports, 170
celui des P. T. T., 400 se consacrent à l'agriculture.

Mais, comme l'indique le rapport de Lunatcharski
que je citais il y a quelques instants, toutes les difficultés que rencontre le développement des écoles
primaires se retrouvent, infiniment plus fortes,
lorsqu'il s'agit des écoles secondaires. Toutes les
critiques que j'énonçais à propos de l'enseignement
du premier degré — critiques dont les bolcheviks
reconnaissent les premiers la justesse — peuvent
a fortiori être émises à propos de l'enseignement
du second degré.

*
* *

Elles se trouvent naturellement plus exactes
encore lorsqu'on s'occupe de l'enseignement supérieur.

Aux rares Universités que possédait l'ancien
régime, Universités anémiques où les étudiants
payaient le traitement des professeurs, afin que les
pauvres fussent autant que possible écartés, les
Soviets locaux ont ajouté quantité de nouvelles. Il
en existe aujourd'hui jusqu'à Smolensk, jusqu'à
Kostroma, jusqu'à Astrakan, jusqu'à Iekateri-
nenburg. Et chacun y peut fréquenter sans examen
d'entrée ni diplôme.

Mais ces Universités représentent surtout, à
l'heure actuelle, des promesses.

Dans une interview de Lunatcharski que *La Correspondance Internationale*, organe officieux de la

III° Internationale, a publiée au début de 1922, le Commissaire du Peuple à l'Instruction publique le constate avec regret.

« La plupart des efforts du Commissariat — dit-il — ont porté sur l'école populaire. Dans ce domaine la Révolution a été marquée par une augmentation considérable du nombre total des établissements et par un changement radical de méthode et d'esprit. De nouvelles écoles se sont ouvertes par milliers. Elles accueillent déjà plus d'un quart de million d'enfants naguère laissés à l'écart de l'enseignement. Des résultats plus décisifs encore auraient été atteints, n'était la crise du ravitaillement, le manque du matériel scolaire le plus simple et le manque de maîtres auquel il est impossible de remédier en quelques années. »

Mais, pour ce qui touche à l'enseignement supérieur, la République n'a pas eu le loisir de l'organiser beaucoup encore et ce qui a été entrepris jusqu'ici, sur des initiatives locales, nécessitera une révision.

« Dans le domaine de l'enseignement supérieur, nous avons conservé tous les établissements anciens utiles, et nous en avons créé au début un grand nombre de nouveaux. Après cette période de floraison exubérante, il convient aujourd'hui d'opérer une sélection et de fermer ou de transformer, par exemple, les Universités peu viables surgies dans des centres peu importants. Nous en grouperons le personnel dans celles qui ont le mieux réussi. Ainsi les Université nouvelles d'Iekaterinburg et de Smolensk méritent vraiment leur titre, tandis que celles de Tambov et d'Orel ne justifient pas leur existence sous cette forme ».

Plus on s'élève de degré, plus l'improvisation évidemment est difficile. La bonne volonté du Gouvernement ne peut suppléer à des insuffisances auxquelles le temps seul permettra de remédier.

La liquidation de l'ignorance.

Là où l'œuvre éducatrice de la Révolution est vraiment admirable, c'est d'abord dans l'organisation, que j'ai indiqué, des écoles du premier degré ; mais c'est aussi, c'est surtout peut-être, dans l'effort que les Soviets accomplissent pour dégrossir les adultes ignorants.

Instruire les enfants, ce n'est après tout que remplir un des devoirs essentiels de tout gouvernement digne de ce nom. Réparer dans les générations qui ont dépassé l'âge de la scolarité un peu du crime commis sur elles par le régime à qui le devoir de les éduquer incombait, c'est comprendre la responsabilité du chef dans le sens le plus large et la solidarité sociale dans le sens le plus profond.

Les bolcheviks ont senti qu'il ne suffisait pas de préparer les petits à jouer un jour leur rôle dans la collectivité, mais qu'il fallait aussi, en attendant l'avènement de ceux qui profiteront de la Révolution, faire quelque chose pour ceux qui l'ont accomplie.

Et comme il ne saurait, dans une société communiste, être question de charité, comme toute mesure doit être fondée sur l'intérêt général, ils ont conçu la « liquidation de l'ignorance » comme une obligation qui s'impose à la conscience de tous les citoyens.

« Tous les habitants, de 8 à 50 ans, qui ne savent ni lire ni écrire, sont tenus d'apprendre à lire et à écrire, soit en russe, soit dans leur langue maternelle ». Le décret du 29 décembre 1919, qui pose en ces termes le principe, prévoit des poursuites « contre les personnes qui chercheraient à échapper aux stipulations du présent décret ou qui empêcheraient les illettrés de fréquenter les écoles ».

Ecoles d'adultes, cercles, clubs, maisons du

peuple ont surgi au premier appel. Toutes les provinces ont rivalisé de zèle et d'émulation.

« Suivant le compte-rendu donné par le gouvernement de Tambov, pendant trois mois de l'année 1920 — écrit Krupskaia — les écoles de liquidation ont instruit 48.000 personnes. Suivant un autre compte-rendu du gouvernement de Tchérépovietz, 57.807 personnes ont passé dans les écoles de liquidation. Selon les comptes-rendus du gouvernement d'Ivanovoé Voznesensk, 50.000 personnes ont passé dans ses écoles. A Novozybkov, toutes les personnes jusqu'à quarante ans ont reçu une certaine préparation. A Petrograd, 500 noyaux scolaires du premier et du second degré ont déjà préparé 9.000 personnes et ils en préparent encore 25.000. A Kaluga, 190 écoles ont été ouvertes ; dans le gouvernement de Saratov 1.000 écoles, à Tula et à Kozmodémiansk 130, à Gjatsk 40, à Jisdra 40, à Arkangel 180, à Omsk 190, à Elabouga 70, etc... »

Le Commissariat de l'Instruction estime qu'au cours de l'année 1920, 2.700.000 illettrés ont appris les premiers éléments. Lunatcharski, au cours d'une interview du début de 1922, que j'ai déjà citée, déclare que jusqu'à présent « cinq millions d'illettrés ont appris les rudiments de la lecture et de l'écriture ».

Pour préparer le personnel nécessaire à l'enseignement des adultes, on a ouvert, dès la fin de 1919, 65 cours afin de former 6.200 élèves. Et cela n'a pas suffi aux besoins.

Il s'est bien trouvé, nécessairement, des réfractaires et l'on a dû, dans certaines provinces, user des sanctions que prévoyait le décret de décembre 1919. A Kazan, on a infligé aux récalcitrants des amendes et la privation des cartes d'alimentation. A Petrograd, on les a exclus des syndicats. A Tambov, on a décidé de refuser les signatures apposées pour les illettrés par des tiers. A Saratov, usant du système contraire, on a donné aux écoliers volontaires de précieux avantages en nature :

attribution des denrées hors tour, attribution des objets manufacturés au premier tour, etc...

Mais, en général, l'enthousiasme a été formidable et l'on n'a pas eu, loin de là, à pousser les ignorants vers les locaux scolaires.

Lilina estime qu'en août 1920 il ne restait déjà plus à Petrograd que 29.500 adultes analphabets et l'armée du Kouban a triomphalement annoncé en décembre 1920 à la Conférence de l'Instruction publique qui précéda le Congrès des Soviets, qu'elle ne comptait plus d'illettrés dans ses rangs.

Gorki, le 20 avril 1920, rendant compte au Soviet de Petrograd de ses inspections dans les écoles, pouvait dire :

« Camarades, l'attention passionnée avec laquelle des gens de quarante ans se mettent à apprendre m'émeut joyeusement. Il est frappant de voir jusqu'où va la soif de savoir de ces gens. Vous devez satisfaire par tous les moyens cette soif de savoir. Vous devez faire tout votre possible afin de transformer les illettrés en hommes cultivés. Le savoir est une force terrible qui vainc tout et, en étant armés, vous sortirez victorieux de cette dure situation dans laquelle vous vous trouvez actuellement ».

*
* *

Lire et écrire ne suffisent pas sans doute. La Commission extraordinaire créée pour la liquidation de l'analphabétisme s'efforce aussi d'organiser des écoles pour adultes possédant déjà les premiers éléments. On enseigne dans celles-ci: le calcul, l'histoire naturelle, la géographie économique et l'histoire du travail.

Chaque chef-lieu de gouvernement et bien des villes de moindre importance possèdent également leur Ecole du Parti. L'Université Sverdlov, dont les organisations moscovites sont fières, présente le type le plus complet de ces institutions.

Le réseau des bibliothèques, d'autre part, s'accroît chaque jour. Petrograd n'en avait avant la Révolution que 23 avec 140.000 volumes. Elle en a maintenant 59 avec 365.000 volumes, bien qu'on ait sérieusement épuré les collections.

Dans 42 gouvernements, le nombre des bibliothèques a doublé en 1920 par rapport à 1919 ; dans 4, il a triplé ; à Astrakan, Briansk, Perm, il a septuplé ; à Toula, il a décuplé.

Il ne s'agit ici que des bibliothèques fixes, des « isbas de lecture » locales où souvent ont lieu, comme dans les « maisons du paysan » en Ukraine, des lectures publiques. Il en existe aussi de circulantes, dont les plus curieuses sont celles que transportent les trains et les bateaux de propagande. Celles-ci sont destinées à ravitailler les autres en même temps qu'à pourvoir directement aux besoins des paysans isolés.

« Un train de propagande avec un dépôt de livres passe dans un village. Tout de suite une longue queue se range, près du dépôt et augmente sans cesse. On voit des vieilles femmes, des vieillards, des jeunes gens avec des sacs. Il semble bien qu'on achéterait tout si c'était possible, mais le train n'accorde à ce village qu'une petite quantité de sa richesse ; il en faut aussi pour d'autres... » (Krupskaïa).

J'ai vu deux de ces trains en station à Moscou. Entièrement peints à l'extérieur de devises et de scènes allégoriques, ils sont à l'intérieur merveilleusement aménagés pour le travail d'administration et d'éducation qu'ils effectuent. Section d'inspection, section d'information, section des plaintes trouvent place dans quelques-uns de leurs seize wagons. Mais, auprès d'elles, se trouvent la section des publications, qui, dans le train même, imprime son journal et ses proclamations, la section cinématographique toujours prête à donner une séance, la section des expositions dont le matériel suffit à organiser immédiatement une démonstration, le magasin des livres.

Les cinq trains « Révolution d'octobre, Lénine, Cosaque rouge, Caucase soviétiste, Orient rouge » et le bateau « Étoile rouge », si j'en crois ce que m'a dit un de leurs occupants, ont séjourné en deux ans dans un millier de localités et leur personnel a donné près de 3.000 conférences.

Ils servent moins aujourd'hui, paraît-il. On les emploie toujours pour les grandes tournées administratives, comme celles que Kalinine effectue continuellement à travers la Russie. Mais pour la besogne d'éducation, on leur préfère ces petites camionnettes bariolées des mêmes devises qui circulent en tous sens et pénètrent partout où le train n'accède pas.

Le rendement est meilleur sans doute, mais au point de vue pittoresque on ne saurait que regretter l'abandon des trains rouges.

*
* *

Je ne puis terminer cette esquisse trop brève de l'œuvre accomplie par le bolchevisme pour l'instruction populaire sans signaler encore, en quelques mots, ce qu'il a fait pour ces allogènes que le tsarisme négligeait à peu près totalement. Quelques écoles russes, à destination des classes aisées, représentaient en son temps tout l'enseignement dans les provinces musulmanes. Certaines des cent et quelques nationalités qui peuplent la Russie ne possédaient rien d'écrit dans leur langue.

La République des Soviets a constitué des commissions de traducteurs qui ont créé des alphabets nationaux pour les nationalités privées d'écriture. Pour les autres, elle a fait imprimer des abécédaires. Deux écoles seulement formaient les instituteurs non-russes. En 1920, 37 étaient en plein fonctionnement.

Il existe maintenant près de 3.000 établissements scolaires de tous ordres pour les diverses peuplades tatares et mongoles, autant pour les familles variées de race finnoise qui sont dispersées aux limites de l'Asie.

Le peuple russe, en brisant ses chaînes, a voulu briser du même coup celles des peuples « inférieurs » que l'histoire a liés à lui.

Il tâtonne depuis quatre ans, il cherche sa voix vers la lumière et il entraîne avec lui dans sa marche à l'étoile ceux qui ne songeraient pas, sans doute, à sortir de leurs ténèbres.

C'est un spectacle émouvant que l'éveil de ce grand enfant. On peut rire de ses maladresses, s'esclaffer devant ses faux pas. Je sais tout ce qu'on peut, ici encore, faire de réserves sur la valeur des connaissances qu'acquierrent en quelques mois tous ces écoliers arriérés, tout ce qui manque à ce corps d'instituteurs improvisés, à ces écoles écloses en serre chaude, où livres, crayons mêmes et jusqu'au papier manquent souvent.

Mais j'ai vu, assis à leurs petites tables, de grands diables de soldats s'essayer à faire des bâtons. J'ai vu des vieux et des vieilles ânonner le BA, BA. Si l'on a le droit de douter de certaines affirmations, si l'on a le droit de n'accepter les statistiques que sous bénéfice d'inventaire, des spectacles comme ceux-là, des spectacles de ferveur et de foi comme ceux-là, vous remuent jusqu'au fond de l'âme.

Lunatcharski a été l'animateur de ce mouvement grandiose que rien désormais ne saurait arrêter. Avec ses lieutenants, Aleinikov, Kroupskaïa, Lilina et bien d'autres, il a traduit en actes l'unanime volonté des communistes de sortir la Russie du néant.

130 millions d'êtres naissent là-bas. Ils le doivent à la Révolution. Saluons-la ! Elle n'a pas seulement rendu le moujik citoyen libre. Elle le transforme peu à peu en homme en lui apprenant la dignité.

Les Arts et les Sciences. [1]
Le vandalisme révolutionnaire.

Les scrupules d'un barbare.

Que deviennent, depuis la Révolution, les lettres et les sciences? Que deviennent l'art et les artistes?

Le bolchevisme n'a-t-il pas détruit ou laissé disperser les trésors que renfermaient les musées et les palais nationaux?

Son règne n'est-il pas celui du plus grossier matérialisme? En admettant même que les communistes éprouvent quelques préoccupations d'ordre intellectuel, n'est-on pas fondé à croire que, constamment préoccupés de parer aux nécessités les plus urgentes, ils ont négligé ce qui devait leur apparaître secondaire?

Voilà des questions que, depuis mon retour, je me suis entendu poser bien souvent.

On a tant bourré le crâne aux Français!

Leurs journaux leur ont fourni de si jolies histoires sur les bottes que se taillaient les Cosaques dans les Rembrandt de l'Ermitage, ou sur la vieille femme qui essuie ses casseroles avec une toile de Watteau!

Les débris parisiens de ce qu'on nommait à Petrograd « L'Intelligence », les Andreiev, les Merejkowski, les Hippius, n'ont-ils pas farci les cerveaux occidentaux de leurs appels « S. O. S. » en faveur de la Russie en détresse et de leurs imprécations contre « L'Antechrist »?

Comment s'étonner si les mensonges rétribués

---

[1] Jacques Mesnil a publié, dans *l'Humanité* et le *Bulletin Communiste*, à la fin de 1921, plusieurs études fort intéressantes sur l'Art et la Révolution russe.

des uns et les jérémiades d'émigrés des autres ont fini par donner corps, en l'absence de renseignements certains, à la légende de la barbarie bolcheviste? Y a-t-il si longtemps que le « vandalisme » de la Révolution française a cessé, en France même, de passer pour un article de foi?

Ce que j'ai rapporté des efforts accomplis pour dissiper l'ignorance des moujiks montre assez cependant que la préoccupation de la culture nationale ne se laisse dominer par aucune autre dans l'esprit des dirigeants de la Russie.

Je consignerai ici quelques faits précis de nature à dissiper les doutes.

Il ne s'agit pas de démontrer, évidemment, comme certains enfants qui se prennent pour des novateurs ont quelquefois prétendu le faire, que le communisme a substitué à l'art « bourgeois » un art « révolutionnaire ».

Les bustes de Garibaldi, de Blanqui, d'Henri Heine ou les toiles cubistes qu'il nous a été donné de contempler, n'offrent d'ailleurs rien de spécialement russe. On en peut voir d'analogues en tous pays, comme on peut entendre partout certains essais de poésie futuriste.

La Révolution laisse libre cours à toutes les fantaisies, voire à toutes les extravagances, en considérant avec Charles X que le souverain, au théâtre, ne dispose que de sa place au parterre. Mais elle ne les prend pas à son compte, et Lunatcharski l'a écrit :

« Le futurisme est la continuation de l'art bourgeois avec certaines attitudes révolutionnaires. Le prolétariat continuera aussi l'art du passé, mais en partant de la saine culture et peut-être directement de la Renaissance, et il le portera en avant, plus loin et plus haut que tous les futuristes et dans une direction tout à fait différente. »

La Révolution russe, en cette matière, n'a rien innové. Ce n'est pas son affaire. Il ne faut pas demander à un pays en pleine fermentation de découvrir des formules d'art. S'il doit en élaborer, ce sera après le calme établi et non au milieu du tumulte. Tant que la tourmente dure, le devoir des dirigeants se limite à préserver le patrimoine dont leur régime hérite, et à faire profiter dans la mesure du possible les masses des richesses dont ce patrimoine se compose.

Les bolcheviks, à ce double point de vue, ont rempli toutes leurs obligations.

Huit jours ne s'étaient pas encore écoulés depuis que Lunatcharski avait pris ses fonctions en même temps que ses collègues, lorsque le bruit parvint à Petrograd que les églises du Kremlin et la cathédrale Saint Basile avaient été bombardées et détruites par les révolutionnaires moscovites.

Lunatcharski, dans une lettre pathétique, protesta et donna sa démission. « Je ne puis supporter cela — écrivit-il — ma mesure est comble. Je suis dans l'impossibilité d'arrêter ces horreurs. Il est impossible de travailler sous l'impression de pensées qui rendent fou. Je connais tout le poids de ma décision. Mais je n'en puis plus. »

Les rumeurs étaient, comme toujours, excessives. Il avait bien fallu tirer sur le Kremlin, puisque les blancs s'y étaient retranchés. Mais les dommages se limitaient à peu de chose et Saint Basile, sur la Place Rouge, n'avait pas été touchée.

Lunatcharski retira sa démission, mais il adressa aux ouvriers, paysans et soldats, un appel magnifique :

« Le peuple des travailleurs est maintenant le maître absolu du pays. Outre les richesses naturelles, il a hérité d'énormes richesses culturelles : des édifices d'une grande beauté, des musées, des bibliothèques. Tout cela maintenant est le bien du peuple.

« Tout cela aidera le pauvre et ses enfants à devenir des hommes nouveaux.

« Vous criez : Honte au voleur qui s'approprie le bien d'autrui ! et vous le menacez des pires châtiments. Mais il est cent fois plus honteux d'être le voleur du peuple... Oui, vous êtes le jeune maître du pays et, quoique vous ayez maintenant beaucoup à penser et à travailler, vous saurez défendre vos richesses artistiques et scientifiques...

« Il est particulièrement terrible, en ces jours de lutte violente, de guerre destructive, d'être Commissaire de l'Instruction publique. Seul l'espoir de la victoire du socialisme, source d'une nouvelle culture supérieure, nous apporte un réconfort. Sur moi pèse la responsabilité de la protection des richesses artistiques du peuple...

« Je vous en supplie, camarades, donnez-moi votre soutien, aidez-moi. Conservez pour vous et vos descendants la beauté de notre terre.

« Bientôt même les plus ignorants, qui ont été tenus si longtemps dans l'ignorance, se réveilleront et comprendront combien l'art est une source de joie, de force et de sagesse... (1) »

Un peuple aussi sensible, aussi instinctivement amoureux du beau que le peuple russe, ne pouvait pas ne pas répondre à un langage comme celui-là.

La Révolution n'a rien détruit que quelques horreurs officielles. Les statues d'Alexandre II et d'Alexandre III, qui s'élevaient, l'une sur l'esplanade du Kremlin, l'autre devant l'église du Rédempteur à Moscou, sont tombées. Mais on a respecté même les effigies tsaristes lorsqu'elles offraient un caractère artistique. Le Pierre le Grand de Falconet et le Nicolas Ier qui ornent à Petrograd les deux places entre lesquelles s'élève la cathédrale Saint Isaac, sont intacts.

Bien mieux ! On a, pour certaines images, éprouvé des scrupules. Des controverses se sont élevées, paraît-il, sur le point de savoir si elles valaient ou non d'être conservées. Alors, pour ne pas créer d'irréparable, on a réservé le jugement.

____

(1) Le texte intégral de cet appel, comme celui de la lettre de démission de Lunatcharski, se trouve dans *La Russie bolcheviste*, d'Antonelli (Paris, 1919, pages 50 et suiv.).

Tel est le cas de l'Alexandre III du prince Trubetzkoï, érigé à Petrograd devant la gare Nicolas. Une palissade l'entoure depuis la Révolution d'octobre et il attend en boîte qu'on prononce sur ses mérites.

Le procédé peut paraître naïf. Il témoigne en tous cas de la conscience qu'apporte en son effort révolutionnaire le peuple qu'on veut à toute force nous représenter comme un peuple de sauvages affolés par l'instinct de la destruction.

Les éditions soviétiques.

Répandre dans la masse la connaissance et le goût des littératures russe et étrangère a été dès le premier jour l'une des préoccupations du Commissariat de l'Instruction publique.

La tâche offrait de grandes difficultés, car il fallait dans bien des cas publier tout à nouveau. A quel point la censure tsariste, plus exclusive et plus ridicule encore que toutes ses émules, avait passé au caviar des œuvres comme « Résurrection », de Tolstoï, il est facile de l'imaginer. Ce qui n'était pas supprimé était généralement transformé, et l'on m'a cité par exemple certain poème de Nekrassov où la phrase : « il était pendu » avait cédé la place à celle-ci : « il était assis ».

Une commission littéraire formée des hommes de lettres disposés à collaborer avec le pouvoir, comme Brussov, Veressaïev et le poète Blok — mort récemment — reçut la mission de rétablir les textes exacts, ou de choisir au moins, parmi les vieux clichés dont on disposait, ceux qui se rapprochaient le plus de l'exactitude.

On décida de réimprimer d'abord une quinzaine de classiques : Pouchkine, Lermontov, Gogol, Tolstoï, Tourguénev, Dostoievski, Gontcharov, Grigorovitch, Ostrovski, Ryleiev, etc. Au cours des années 1918 et 19, leurs œuvres tirées de 25 à 100.000, ont paru.

Ont paru également des traductions d'Anatole France, de Zola, de Romain Rolland, de Mérimée, de Walter Scott etc.

Le roman n'a d'ailleurs pas seul eu sa part. On a publié des ouvrages d'art, choisis par une commission dont faisaient partie entre autres les historiens d'art Grabar et Benoit, des ouvrages de vulgarisation scientifique désignés par les professeurs Timiriazev, Walden, Blachkov, Wolf et Berg. Dans les travaux de toutes sortes répandus par les soins du Commissariat, on m'a cité au hasard des livres de Plekhanov, de Marx et d'Engels, de Bebel et Kautsky, de Louis Blanc, de Pokrovski, de Jaurès, d'Aulard.

À côté du Commissariat de l'Instruction, le Comité Central Exécutif et le Comité Central du Parti ont, eux aussi, énormément publié, surtout pour la propagande. Mais au printemps de 1919, tout a été réuni dans l' « Édition d'État ».

D'après son rapport de janvier 1921, celle-ci avait livré à la curiosité publique 1.107 ouvrages à Petrograd et à peu près autant à Moscou. Ces livres, tirés à un nombre d'exemplaires très variable, atteignant jusqu'à un million et demi — c'est le tirage de *L'A.B.C. du Communisme* de Bukharine et Préobrajenski — traitent des sujets les plus divers, depuis l'idéalisme transcendental jusqu'à l'élevage du cochon.

Quels que soient les efforts accomplis en cette matière, il demeure au reste impossible de satisfaire aux besoins, car la soif de savoir du peuple russe semble aujourd'hui inapaisable.

La crise du papier ajoute encore aux difficultés. Dans l'état présent de la production industrielle, elle atteint à des hauteurs dont la librairie française, si embarrassée depuis la guerre, n'a jamais pu rêver. J'ai rapporté un exemplaire du journal corporatif *Moriak* — Le Marin — tiré sur le verso de feuilles de la régie dont le recto porte, imprimées, les bandes destinées à entourer les paquets de cigarettes. Ce simple exemple montre à quels expédients on a dû recourir à certaines heures. La plus grande partie du papier dont dispose le Gouvernement aujourd'hui provient de la mise au pilon de vieux livres. Qu'il aie pu, dans ces conditions, réussir en une certaine mesure dans sa tâche d'éditeur, c'est une preuve de plus de sa volonté de fournir à la masse populaire le matériel d'instruction qu'elle réclame et dont elle a tant besoin.

Théâtres et Proletcult.

Le théâtre, en Russie, a toujours joui d'une faveur spéciale. Une nation de grands enfants passionnés comme celle-là est facilement accessible aux émotions de la scène. La tâche des bolcheviks a moins consisté à innover en une matière où le pays n'avait pas de retard à rattraper sur les autres — au contraire — qu'à démocratiser un plaisir réservé jadis aux privilégiés.

Les spectacles, lorsque nous étions à Moscou, étaient gratuits. On paie, je crois, maintenant pour y assister. Mais à ce moment encore, les billets étaient répartis par les syndicats.

D'ailleurs, lors de notre arrivée, tous les grands théâtres fermaient comme ils ferment chaque été, et nous n'avons pu assister à aucune de ces représentations dont la splendeur et la valeur artistique semblent, de l'avis général, s'être maintenues au niveau d'autrefois.

Quelques soirées passées en de petits théâtres qui ne chôment pas même dans la saison torride, nous ont permis d'entendre *L'Oiseau de feu*, de Stravinski, *La Kovantchina*, de Moussorgski, *La Puissance des Ténèbres*, de Tolstoï et l'opéra que Tchaïkovski a tiré de l'*Eugène Onieguine*, de Pouchkine.

Les concerts du Conservatoire de Moscou, un festival de Petrograd, où Glazounov lui-même dirigeait l'exécution de plusieurs de ses œuvres, nous ont montré que la tradition classique ne risquait point de se perdre sous le règne du bolchevisme.

En écoutant Chaliapine là-bas, devant des auditoires ouvriers, nous avons pu comprendre ce qu'on ne pouvait soupçonner lorsqu'on l'entendait à Paris : l'émotion « russe » que ce gavroche de génie reflète, émotion qu'on sent si profonde lorsqu'on le voit chanter avec la foule de vieux airs populaires, communier avec elle, l'animer de son souffle, la faire vibrer à son rythme.

Ah ! quel artiste que ce cabot, et quel peuple musical que ce peuple ! Nous leur devons, mes compagnons et moi, des impressions ineffaçables, mais ce ne sont point celles que j'entends consigner ici. Dans ces notes objectives, je ne veux pas m'étendre sur un sujet où ma documentation trop fragmentaire ne me permet d'apporter nulle précision.

Je dirai seulement quelques mots du Proletcult, que nous avons été à même d'observer de plus près.

Le Proletcult — Comité de culture prolétarienne — est une création de la Révolution. Petrograd, dès 1917, en a possédé le premier exemplaire, mais avec une rapidité étonnante chaque gouvernement, chaque grande ville, chaque quartier et souvent chaque usine a constitué le sien.

Aujourd'hui, le Proletcult est une institution nationale qui fédère tous les petits Proletcults locaux, qui tient son Congrès annuel et que dirige un Comité central élu par celui-ci. On compte actuellement plus de 300 groupements.

La plupart sont des « studios » dramatiques, dont le répertoire éclectique ne comprend pas seulement des pièces russes, mais des œuvres de Verhaeren, de Jack London ou de Claudel.

Mais le Proletcult ne s'occupe pas que de théâtre. Il a ses cercles d'art décoratif, de peinture, de musique, ses sections d'édition, de conférences. Dans le studio central de Moscou, auquel se rattachent dans les divers quartiers 25 filiales, 160 des ouvriers inscrits s'adonnent au théâtre, 80 à la musique chorale, 60 à la musique d'orchestre, 80 aux arts plastiques, 40 à la littérature.

On se tromperait en considérant ces groupes comme des réunions de gamins très pressés de monter sur les planches et de se produire en public. Lorsqu'on nous a invités, peu après notre arrivée, à aller entendre au petit théâtre de l'Ermitage un concert donné par le Proletcult de Smolensk, nous nous y sommes rendus par politesse, avec l'empressement relatif de gens menacés d'ouïr quelques chansonnettes comiques du goût le plus fâcheux.

C'était mal connaître le sens artistique inné du peuple russe. Les trente ouvriers qui composaient l'orchestre, et dont plusieurs n'avaient pas quinze ans, ont joué avec une sûreté impeccable l'ouverture des *Noces de Figaro*, la *Symphonie Inachevée* de Schubert, du Glinka et cet admirable chœur des *Hâleurs de la Volga* que Doyen et les musiciens de nos *Fêtes du Peuple* ont si heureusement popularisé à Paris.

Souvent nous sommes retournés aux auditions du Proletcult, et chaque fois nous en sommes sortis remplis d'admiration et de joie; d'admiration, parce que si chez ces débutants dont l'éducation artistique remonte au maximum à quatre ans, nous avons relevé parfois quelque inexpérience, nous n'avons jamais constaté une faute de goût; de joie parce que la tentative qu'ils poursuivent semble bien devoir confirmer ce que nous avons toujours affirmé : que la réalisation du socialisme permettra l'éclosion de tous les jeunes talents aujourd'hui étouffés.

A l'heure actuelle, en Russie bolcheviste, quiconque croit posséder des aptitudes artistiques peut soumettre ses essais au Proletcult local, demander à être examiné par lui.

Le Proletcult, s'il reconnaît en lui des capacités, a le droit de dispenser un ouvrier d'une partie de son travail, afin de lui laisser le temps de se cultiver. Le syndicat fixe les heures de loisir. L'ouvrier peut, après certaines épreuves, quitter complètement l'usine et se consacrer entièrement à l'art aux frais de la collectivité.

Que donnera dans l'application l'expérience commencée? Il est beaucoup trop tôt pour qu'on puisse répondre. Mais les promesses paraissent dès maintenant suffisantes pour qu'on fasse confiance à l'avenir.

Les Musées nationaux.

De toutes les besognes nombreuses autant que compliquées que le Commissariat de l'Instruction publique a eu à remplir, la plus facile était celle qui concernait les musées.

Ici, rien à improviser, pas de tâtonnements ni d'essais, puisqu'il ne s'agissait que de conserver. C'est, au cours d'une Révolution, assez difficile déjà. On l'a fait avec un succès complet. De toutes les légendes qui courent sur la Russie bolcheviste, la plus sotte est sans doute celle qui concerne la dispersion des collections des musées.

Elle s'est accréditée cependant chez nous, comme les autres. Quelques semaines après mon retour, j'ai stupéfait un de nos inspecteurs des beaux-arts, homme fort distingué pourtant, en lui racontant ce que je savais à cet égard. Il croyait, comme tout le monde, sur la foi des ragots répandus par une presse aux gages de tous les drôles, que les toiles et les statues avaient été volées, vendues, dispersées aux quatre vents.

Loin de diminuer de nombre, les musées se sont multipliés. Chaque ville prétend avoir le sien. Il en existait 31, il en existe plus d'une centaine. Partout, on a centralisé ce que contenaient de précieux les hôtels des bourgeois, les palais de la noblesse. « Les camarades — me disait un jour Lunatcharski — ont si peur de laisser se perdre quelque chose qu'ils conservent tout, sans aucune critique. Ah ! nous aurons un joli tri à faire ! »

Tant mieux ! Il sera toujours temps d'enlever, là où il s'en trouvera, les tiares de Saïtaphernès et le zèle des Soviets locaux ne saurait être trop encouragé.

Je n'ai visité que les musées des deux capitales.

A Moscou, Tretyakov, la vieille collection de peinture « moderne » russe, garde tous ses Verestchaguine, ses Ryepin, tous ses peintres d'histoire académiques. La foule les visite si pieusement qu'on a toutes les peines du monde, le dimanche, à circuler à travers les salles.

Deux galeries admirables ont été ouvertes au public, que d'intelligents millionnaires, Morosov et Shtchukin, avaient patiemment meublées. Ils avaient accumulé là, outre quelques très beaux portraits de Korovine et de Golovine, quantité de tableaux de peintres français contemporains et cela n'a pas été pour nous une médiocre surprise que de découvrir, à trois mille kilomètres de Paris, des chefs-d'œuvre qui, pour avoir parfois figuré aux « Salons », n'en sont pas moins généralement insoupçonnés.

Sept Claude Monet, huit Renoir et autant de Sisley, vingt-cinq des toiles de Tahiti de Gauguin, les plus belles productions de Van Gogh — parmi lesquelles sa fameuse « Promenade des Prisonniers » — treize Marquet, quelques douzaines de Picasso d'avant et aussi hélas ! d'après le cubisme, trente-sept Matisse, des Cézanne, des Van Donghen, des Guérin, des Cottet, des Signac et jusqu'à des Henri Rousseau, des Rodin, des Bourdelle, un salon tapissé des panneaux où Maurice Denis a conté le mythe d'Eros et de Psyché dans le décor du lac Majeur, voilà quelques-uns des trésors qu'on peut contempler à Moscou.

Le bolchevisme n'a rien changé dans la disposition qu'avaient adoptée leurs propriétaires. Il a laissé à ceux-ci, à titre de conservateurs, la garde de leurs galeries nationalisées, tout en remettant au peuple la jouissance des merveilles réservées jadis au plaisir de quelques privilégiés.

Les églises du Kremlin — qu'on restaure actuellement, comme celles de Iaroslav — possèdent comme par le passé les richesses somptueuses de leurs iconostases. On ne les visite qu'accompagné, comme on visite, dans une aile du Palais, les collections d'objets historiques de l'Oruzhéinaya Palata. Des précautions évidemment sont nécessaires quand on songe à la valeur matérielle de ce qui y est déposé.

On ne montre même pas d'ordinaire la salle où s'alignent les trônes et les couronnes des tsars et ce n'est que par faveur spéciale que nous avons été admis à regarder à quelques-uns, sous la conduite d'un gardien dont les vêtements en loques paraissaient plus lamentablement touchants en cet endroit, un entassement de diamants qui fait évoquer les fabuleux trésors de Golconde.

A Petrograd, le musée de peinture russe Alexandre III est demeuré en son état ancien. L'Ermitage, lui, est en pleine réorganisation, car on avait dû, lors de l'avance de Iudénitch, évacuer son contenu sur Moscou. Les toiles ont aujourd'hui repris leur place et l'on réinstalle peu à peu les collections gréco-romaines et égyptiennes et les fameuses salles meublées du produit des fouilles de Kertch.

L'Ermitage s'est agrandi dans des proportions considérables et il doit s'étendre dans la partie du Palais d'Hiver que laissera libre le nouveau « Musée de la Révolution ». Les collections se sont augmentées en effet de quantité d'objets trouvés dans les hôtels particuliers, d'autres que leurs anciens propriétaires ont volontairement déposés.

Elles se sont accrues surtout des richesses perdues pour le public qui meublaient les palais impériaux. Leur récupération, leur concentration représentaient un travail délicat que Nathalie Trotski a tenu à honneur de diriger elle-même. Il a produit d'importants résultats. L'aimable directeur de l'Ermitage, M. Trointski, nous a montré par exemple, avec une satisfaction manifeste, une « Madone » de Watteau probablement unique dans l'œuvre du peintre de « L'Embarquement pour Cythère », qui pendait, autrefois, ignorée de tous, dans une chambre de bonne de Gatchina, résidence de l'impératrice douairière (1).

La masse populaire, qui ne fréquentait guère les musées avant 1917, profite de tout cela.

Plus de dix mille personnes par mois visitent, nous a-t-on dit, les salles de l'Ermitage. Nous y avons vu nous-mêmes des caravanes d'écoliers, écoutant les explications de leurs maîtres. Sur ce point comme sur les autres, l'effort éducateur s'accomplit.

Les Sciences.

J'en ai dit assez, je pense, pour qu'on soit fixé sur la « barbarie asiatique » dont le bolchevisme, paraît-il, donne au monde l'exemple honteux.

Les plaisanteries abominables, les mensonges payés que des journaux serviles ont répandus par tous pays, apparaissent sous leur véritable jour lorsqu'on sait exactement ce qui se passe en Russie.

On a bluffé, égaré, trompé l'opinion publique. Quand par hasard un rayon de lumière parvenait à traverser les nuées savamment amassées, on l'a intercepté et ceux-là mêmes qu'on devait croire le plus pénétrés d'un souci d'impartialité, n'ont pas trouvé le courage nécessaire pour accueillir la vérité qu'on leur apportait.

L'Académie des Sciences, en juillet 1920, par exemple, a enterré la note que M. Victor Henri, chargé de mission en Russie, lui avait communiquée sur l'activité scientifique russe.

« Les savants de ce pays — disait Henri — non seulement ont poursuivi leurs travaux, mais ont même considérablement accru leur activité et ont réussi à organiser toute une série d'instituts scien-

---

(1) Voir, pour plus de détails, l'article que mon compagnon André Julien a publié sous ce titre : *Une visite récente aux musées de Moscou et de Pétrograd*, dans l'*Illustration* du 27 août 1921.

tifiques nouveaux : instituts de chimie-physique (directeur : M. Kournakov), du platine (M. Tchougaïov), des matériaux de construction (MM. Levinsen et Droujinine), du radium (M. Kolovrat), des rayons Rœntgen (M. Joffé), d'optique (M. Samoilov), de cristallographie (M. Wolf). d'hydrologie (MM. Androussov Karpinki et Glouchkov), etc... Il y aurait pour la France un grand intérêt à collaborer moralement avec les savants russes et à soutenir leur activité. »

Les savants français ont étouffé la voix qui parlait juste, comme auraient fait de simples politiciens.

Pourtant, de ces instituts si mal outillés, des travaux importants sont sortis déjà, si j'en crois une note de l'historien Pokrovski, que Lunatcharski a chargé de la direction de l'enseignement supérieur.

Pokrovski cite comme ayant un intérêt de premier ordre une étude de Rojdestvenski sur l'analyse spectrale et la structure des atomes, une autre d'un de ses collègues sur la dispersion des rayons X dans les cristaux, les recherches de Lazariev en biochimie et en biophysique, les découvertes astronomiques de Bilopolski.

Je n'ai aucune qualité pour émettre une appréciation quelconque en ces matières, mais j'ai entendu à Moscou des hommes, qui semblaient compétents, parler avec faveur des expériences de téléphonie sans fil que le gouvernement russe a poussées très loin.

Au milieu des plus violents bouleversements sociaux, des savants ont pu poursuivre leurs tâches dans une sérénité relative.

La Révolution, dans la mesure où elle le pouvait elle-même, les a encouragés, aidés et Gorki a installé à Petrograd une maison où de nombreux professeurs jouissent au moins d'une certaine tranquillité matérielle.

N'est-ce pas là un fait de nature à rassurer et à consoler les pessimistes les plus inquiets? N'y doivent-ils pas trouver l'indice que les jugements qu'on leur a apportés sur la barbarie soviétique ont besoin d'être réformés?

Un agrégé de notre Université, ancien professeur à l'Institut français de Petrograd, André Pierre, qui toujours a combattu le bolchevisme, mais qui se refuse à le combattre par le mensonge et par le faux, rappelait dans une conférence donnée à Paris dans l'été de 1920, le message que, le 17 février précédent, lançait aux intellectuels de tous les pays « L'Union des travailleurs intellectuels » de Russie.

L'Union, qui compte parmi ses membres les académiciens Bekhlerer et Oldenbourg, Gorki, Voronov, d'anciens industriels, avocats et banquiers, disait dès ce moment :

« Il est indispensable que nos compatriotes émigrés de Russie depuis deux ans révisent leurs opinions et leurs convictions qui ne correspondent ni aux besoins actuels du pays, ni à la mentalité et aux convictions des masses populaires et, en particulier, des nombreux groupes d'intellectuels dont l'opinion s'est modifiée sensiblement au cours de ces derniers mois durant lesquels les jours et les heures ont semblé des années... »

En regard de ces mots d'une modération pleine de sagesse, Pierre plaçait cet exact jugement du professeur Timiriazev sur l'œuvre éducatrice entreprise par le bolchevisme :

« Ajoutez à la plus tragique situation où se soit jamais trouvé un peuple, le souci constant de l'instruction publique, la création d'innombrables écoles, de bibliothèques, de salles de conférences, les demandes de livres pour le peuple que les institutions soviétistes réussissent à satisfaire, les rapides progrès de l'éducation esthétique du peuple grâce aux théâtres, aux concerts, à l'enseignement devenu, pour la première fois, vraiment accessible à tous. Faites le bilan de tout ceci et vous apprécierez comme elle le mérite la calomnie du vandalisme bolchevik répandue dans tous les pays par une presse vénale. »

Puis, ayant reproduit ces citations, André Pierre concluait pour son propre compte :

« Je crois que l'histoire impartiale jugera le Gouvernement des Soviets comme elle a jugé la Convention.

« Quand la Convention disparut, ses ennemis eux-mêmes sentirent, selon l'expression d'un témoin, qu'il s'en allait quelque chose de grand et que la scène allait paraître vide.

« Personne ne peut prédire à coup sûr quand disparaîtra la République des Soviets. Mais il est permis de penser que le jour où elle disparaîtra, il s'en ira quelque chose de grand et que la scène russe paraîtra vide. »

Qu'ajouter à ce jugement d'un homme qui, par ailleurs, condamne le bolchevisme, mais qui se refuse à méconnaître ce que son action comporte d'incontestablement beau ?

VII

L'Ukraine. — Racovski.

L'odyssée d'un « citoyen du monde ».

Depuis notre arrivée à Moscou, je le demandais à tous les échos, ce Racovski que depuis vingt ans j'ai rencontré à Paris et dans nos Congrès internationaux et ailleurs; Raco, comme nous l'appelions tous, nous ses vieux camarades, qui le considérons autant comme un Français que comme un Roumain, un Bulgare ou un Russe...

A quel pays appartient-il? On ne sait trop. Venu au jour dans la Dobroudja, il est né Bulgare, annexé Roumain. Mais sa qualité de révolutionnaire l'a fait renier par ses deux patries. La Roumanie l'a trouvé bon pour lui faire accomplir son service militaire, puis elle l'a expulsé comme étranger, bien qu'il fût, si je ne me trompe, quelque chose comme conseiller général.

Plus tard, elle a voulu le fusiller parce qu'il organisait les paysans, parce qu'il avait recueilli les marins russes révoltés du *Kniaz Potemkin*, parce qu'il avait envoyé à l'*Humanité* des informations passionnantes sur la première tentative de soulèvement des matelots. Et je me rappelle l'émotion qui nous étreignait alors et les dépêches indignées qu'envoyait Jaurès pour « réclamer » notre correspondant.

En France, en Allemagne, en Italie, en Angleterre, en Russie, il a vécu partout, apprenant toutes les langues, s'assimilant toutes les civilisations. De quel pays est-il, cet internationaliste-né? Bien mieux qu'Anacharsis Clotz, il peut se proclamer citoyen du monde.

Je l'ai retrouvé le premier jour du Congrès, dans

une des salles voisines de la grande salle du trône, où se tenaient nos assemblées. Sous ce tableau de Schvertschkov qui représente le second des Romanov, Alexis, entrant au Kremlin, il causait avec Bukharine. Combien changé, notre Raco ! Blouse et bottes naturellement. La face entièrement rasée, au lieu de ce poil effroyable qui montait jusque dans les yeux. Mais toujours le même bon sourire et la même accolade fraternelle.

« Ah ! te voilà toi ! Tu es resté avec nous, après la scission de Tours. C'est bien ça ! — Parbleu ! — Et un tel, et tel autre, et tel autre ?... » Pendant longtemps, les questions se succèdent et j'essaie vainement d'apprendre de mon côté quelque chose de ce que je voudrais savoir. Ce Racovski connaît tous les socialistes de France ! D'ailleurs, on est dérangé sans cesse ici. Ne pourrait-on gagner un endroit plus tranquille ?

« Mais si. Il est cinq heures. Nous allons aller dîner chez Trotski, qui me loge ».

Quelques minutes plus tard, dans une des quatre modestes pièces qu'habitent Trotski et sa famille, près du palais, nous étions attablés, Racovski et son aimable femme, son fidèle lieutenant Manouilski et moi-même, devant un repas monté du restaurant des Commissaires du Peuple, qui me permettait de juger qu'en dépit des légendes, les ministres de la Russie soviétique ne se nourrissent pas mieux que le commun des mortels. Et je pouvais enfin satisfaire ma curiosité.

« Alors, te voilà hetman de l'Ukraine ?

— Pas tout à fait. Je suis président du collège des Commissaires, comme Lénine l'est ici, et Commissaire aux Affaires extérieures. Tu sais combien le gouvernement de ma douce Roumanie me chérissait. Il m'avait coffré avant même que d'entrer en guerre et je suis resté en prison, à Jassy, jusqu'au 1er mai 1917.

« Ce jour-là, les soldats russes qui occupaient le front moldave ont forcé ma geôle et leur chef m'a dit : « Au nom de la Révolution russe, camarade, nous te libérons ! » J'ai tenu avec eux, sur la Grande Place, un meeting auquel assistaient bien 20.000 personnes. Puis, dans un train spécial, on m'a emmené à Odessa.

« Nous y avons préparé la Révolution d'octobre, mais les fonctionnaires de Kerenski nous pourchassaient. J'ai dû partir en septembre à Stockholm, d'où je suis revenu en décembre en Russie avec le *Roumtcherod*, c'est-à-dire le Comité des ouvriers et soldats du front roumain.

« En janvier 18, après avoir assisté au Congrès des Soviets, à Petrograd, je suis parti pour Sébastopol, puis pour Odessa, avec une expédition de matelots. Mais à ce moment, ce sont les Allemands qui nous ont chassés !

« La République des Soviets m'a envoyé — ironie des choses ! — négocier un traité avec la Roumanie pour l'évacuation de la Bessarabie. Je l'ai signé, le 9 mars, avec mon ancien chef hiérarchique, le général Averescu. Elle m'a expédié près de Skoropadski, l'hetman allié de l'Allemagne, et, de mai à octobre, j'ai causé avec lui, sans succès. Entre temps, je m'étais rendu avec Joffé, ambassadeur officiel des Soviets, à Berlin, où nous n'avons rien obtenu non plus que de nous faire expulser.

— C'est pourquoi l'on vous traite en France de « pro-boches ? »

— Probablement...

— Voyant qu'aucune conciliation n'était possible, un décret du collège des Commissaires avait créé le « Collège supérieur autonome pour l'organisation de la Révolution en Ukraine ». On m'avait mis à sa tête. Voilà comment, Skoropadski renversé, en janvier 19, j'ai pris la direction du gouvernement. J'avais encore, en novembre, fait partie d'une nouvelle mission en Allemagne, avec Joffé, Radek et Bukharine, pour me faire arrêter à Kovno et expulser de nouveau.

— Au moins, depuis janvier 19, tes aventures ont été finies ?

— Tu ne voudrais pas ! Et Dénikine?

— C'est juste !

— En août, six mois après notre installation, nous avons dû partir, chassés par les blancs soudoyés par l'Entente. Nous avons quitté Kiev en bateau sous le bombardement, Sadoul, Manouilski et moi, et notre gouvernement s'est installé à Tchernigov, puis à Moscou. Il n'y avait plus d'Ukraine.

« Alors, pendant quatre mois, j'ai présidé la Direction politique du Conseil révolutionnaire de guerre, qui organisait l'armée sous l'autorité de Trotski. Ce n'est qu'en janvier 20 que, Dénikine abattu comme les autres, nous avons pu revenir en Ukraine, et que notre gouvernement s'est installé à Kharkov au lieu de Kiev, pour pouvoir travailler plus tranquillement, plus loin du front de Pologne, plus près du bassin du Donetz, qu'il s'agit de remettre en état.

— Cela, mon vieux, c'est une autre histoire : celle du rétablissement de l'Ukraine. Maintenant que tes aventures sont finies...

— Finies? Heu, heu... Il y a eu Vrangel !

— Oui ! Enfin... mettons à peu près achevées... Je compte bien que tu me la raconteras aussi. »

La reconstitution des Régions libérées.

Ils me l'ont racontée en effet, lui et Manouilski, Commissaire du Peuple à l'Agriculture dans le pays de la « Terre Noire », un autre vieux Parisien celui-là, ex-habitué, comme Tchitcherine, comme Kamenev, de notre XIV⁰ section.

Nous comptions faire mieux. Notre délégation espérait bien visiter l'Ukraine et le Donetz, comme l'avaient fait l'an dernier Vergeat, Lepetit et Lefebvre, si tragiquement disparus à leur retour dans la Mer Glaciale. Nous espérions voir de nos propres yeux le centre agricole et le centre industriel le plus important de la République des Soviets et déjà notre voyage était tracé par Kharkov, Kiev, Odessa, Ekaterinoslav, Rostov.

Hélas ! Quinze jours nous ont manqué. Le retard du Congrès, ouvert trois semaines après la date fixée, nous a chambardé nos plans.

Les renseignements que je consigne ici, je ne les ai donc pas recueillis sur place. Je les sors de mes notes, prises au cours de mes longues conversations avec nos deux camarades, et d'un mémoire que Manouilski a bien voulu rédiger lui-même à Moscou à mon intention.

La production du bassin du Donetz représentait en 1914 les trois quarts de la production métallurgique russe. On extrayait alors des mines 300 millions de pouds de fer (1 poud = 16 kilos, 38). Le programme de 1921 prévoit l'extraction de 25 millions de pouds. On en obtiendra probablement 20.

Deux hauts-fourneaux, sur 65, sont en activité.

Le Donetz fournissait avant la guerre un milliard et demi de pouds de charbon, qui représentaient 60 à 65 % de la consommation totale de l'empire. Il a donné 260 millions l'année dernière et donnera 400 à 450 millions cette année.

Des 197 sucreries ukrainiennes sortaient en 1914 86 millions de pouds de sucre, c'est-à-dire 90 % de la production nationale. Il en sort actuellement environ 5 millions.

Tel est, résumé en quelques chiffres, l'état lamentable de l'industrie.

Celui de l'agriculture est moins fâcheux. Les 17 millions de déciatines cultivées en 1914 (1 déciatine = 1 hectare 09) produisaient 1 milliard de pouds de céréales, le quart de la récolte russe. 16 millions sont aujourd'hui en culture, dont on retirera cette année, malgré la sécheresse qui a sévi surtout dans le sud-est, 800 millions de pouds environ.

On n'accusera pas, je pense, nos camarades, de dissimuler la situation de leur pays. Ils m'ont prié de reproduire ces chiffres dans toute leur brutalité en indiquant simplement en regard — ce que nos adversaires s'abstiennent toujours de faire — les causes de la ruine provisoire de la plus riche partie de la Russie.

L'Ukraine a subi le sort de la région la plus éprouvée du front français.

Les Allemands en 1918 sous le gouvernement de Skoropadski, Dénikine en 1919, les Polonais et Vrangel en 1920, les bandes de Petliura à diverses reprises en ont fait le théâtre de leurs exploits (1). Certaines de ses provinces ont changé vingt fois de maîtres. Telle de ses villes, comme Berdiansk, a éprouvé vingt-deux bombardements, dont plusieurs de la flotte française.

Les invasions ont naturellement amené leur sinistre cortège de dévastations. Si les bolcheviks se sont abstenus d'opérer, même lorsqu'elles étaient militairement utiles, des destructions dans leur pays, Dénikine a pour sa seule part démoli 220 ponts sur la rive gauche du Dniepr, tandis que les Polonais — commandés par des officiers français — en faisaient sauter autant sur la rive droite.

Certaines usines comme la grande fabrique Gretter, à Kiev, ont été déménagées par les héros de

---

(1) Les cinémas parisiens ont donné, en octobre 1921, un film intitulé : *La Russie rouge*, qui représentait divers Commissaires du Peuple : Lénine, Trotski, Racovski, etc., ainsi qu'une manifestation de soldats et l'enlèvement de cadavres en putréfaction. La première partie, intéressante malgré son évidente ancienneté, a été coupée dans un film bolchevik. La seconde, qu'on offrait au public sous le titre : « Atrocités bolchevistes », reproduisait un cortège de soldats de Dénikine à Nicolaïev et l'enterrement des 62 communistes que le général blanc Slastchev fit fusiller sur la place des Cosaques de Nicolaïev, où leurs corps restèrent exposés une semaine. Ce faux caractérisé est, je crois bien, le seul exemple de « documentation » par l'image qui ait été tenté en France sur la Révolution russe.

Pilsudski comme nos usines du Nord l'ont été par les agents de Rathenau. Celles qui ont conservé leur outillage sont arrêtées par force, faute de charbon ou de minerai, parce que les soudards de Dénikine ont systématiquement inondé ou saboté les mines du Donetz, comme l'ont fait les Allemands dans notre bassin flamand.

Ce n'est pas tout. Dans les pays occidentaux, la guerre finie, si le travail reprend plus ou moins bien, l'ordre en tout cas se rétablit. Là-bas, dans l'immensité d'un pays où les liens sociaux ont été toujours faibles, il ne s'établit pas. Nombre d'individus que des guerres incompréhensibles pour eux, des successions d'enrôlements forcés dans des armées opposées, ont habitués à la violence sans qu'aucun idéal ne tempère leurs instincts, ont trouvé très simple de continuer à vivre de pillage.

Des criminels de droit commun, comme Makhno, comme Antonov, pour ne citer que les plus connus, ont recruté des bandes dont le nombre a dépassé la cinquantaine et les effectifs totaux atteint jusqu'à 40.000 hommes. Vivant dans les bois et tenant la campagne, ils assaillaient les villages, attaquaient les trains, volaient, tuaient, incendiaient.

Allez donc vous étonner après cela de l'état de la production ukrainienne ! Si quelque chose doit surprendre, c'est qu'elle ne soit pas descendue tout à fait à zéro.

Une œuvre de patiente reconstitution a été entreprise depuis que les armées étrangères et les aventuriers blancs ont disparu.

Plus de 200 ponts ont été reconstruits. Les communications s'améliorent. Les écoles se rouvrent et le bolchevisme « russificateur » y enseigne maintenant l'ukrainien, selon le vœu des habitants.

Le typhus exanthémateux accomplissait d'effroyables ravages. Cent mille cas avaient été enregistrés sous Petliura dans les hôpitaux des villes, sans compter ceux des campagnes où nulle constatation ne se pouvait faire. A Nicopol, dans la province d'Ekaterinoslav, les chiens en 1919 et 1920 dévoraient dans les rues des cadavres. Des commissions sanitaires, coordonnant les efforts des autorités civiles et militaires, ont organisé des hôpitaux, des bains, des étuves dans les gares. L'hiver dernier, quelques milliers de cas ont été signalés. Une menace de choléra, venue de Rostov, a été arrêtée net. L'état sanitaire est devenu meilleur qu'il ne l'était sous le tsarisme.

Le brigandage disparaît peu à peu. L' « armée verte », comme l'appelle la presse soviétique, subsiste encore. Elle continue ses méfaits d'abord sur la frontière polonaise, où des bandes formées en territoire étranger se livrent à de continuelles incursions en territoire russe. Ceci durera tant que le gouvernement de Varsovie donnera asile aux états-majors de Savinkov et de Petliura. Et puis, au cœur du pays même, elle persiste et persistera longtemps encore peut-être, en dehors de toute politique. Le banditisme, né de la guerre, a poussé des racines profondes, qu'on n'extirpera pas de sitôt. Seulement, il diminuera constamment d'importance.

Makhno, qui commandait en 1919 une troupe considérable, qui s'alliait tantôt à l'un, tantôt à l'autre — il se soumit aux bolcheviks après les avoir combattus, puis « gagna le bois » de nouveau lorsqu'on voulut l'expédier de sa région d'Ekaterinoslav sur le front polonais — Makhno qui disposait encore de plusieurs milliers de sabres au début de 1921, a été écrasé en juillet par les troupes de Frunzé, le vainqueur de Vrangel, aujourd'hui gouverneur militaire d'Ukraine. Ses deux atamans, Zabutchko et Kurlenko, ont été tués et ses hommes dispersés (1).

Toutes les bandes à gros contingents se dissolvent ou se rendent. Le brigandage prend la forme sporadique sous laquelle il devient plus difficilement

---

(1) Les journaux français ont annoncé, au mois d'octobre, qu'il venait de se réfugier lui-même en Roumanie.

atteignable et sous laquelle il existe encore dans certaines contrées d'occident.

La force du pouvoir central augmente.

En 1919, le gouvernement bolcheviste possédait de vives sympathies dans la masse paysanne, et cela se comprend : aux 20 millions de déciatines qui constituait sa propriété, il en avait ajouté 10, qui formaient les domaines seigneuriaux, 5 que détenaient l'Église ou l'Etat, doublant presque ainsi l'avoir des producteurs.

Il avait distribué le bétail, les chevaux des domaines seigneuriaux aux agriculteurs, dont 45 %, dépourvus de bêtes de trait, se trouvaient dans l'impossibilité matérielle de labourer.

Cela ne l'empêchait pas de jouir d'un crédit assez mince, puisqu'au lieu des 100 millions de pouds de blé dont il avait besoin, il n'en recueillait cette année là que 7.

Ce qui, mieux que tous les discours, prouve que son autorité grandit, c'est qu'en 1920 il a obtenu de la population 35 millions de pouds et qu'en août 1921, pour l'année courante, il en avait déjà, grâce à l'établissement du nouvel impôt alimentaire, rassemblé près de 70 millions.

La confiance est venue aux paysans à la suite d'une série de mesures décidées au printemps de 1920 par le IV° Congrès des Soviets de l'Ukraine et réalisées depuis la libération du pays.

Dans le sud de la Russie, où le régime soviétique est assis depuis moins longtemps que dans le reste du pays, une certaine inégalité demeurait entre les paysans. L'élimination des *pomeschiki* — les grands propriétaires — avait fait des *koulaks* — les paysans riches — l'élément dominant du pays.

Une sorte d'aristocratie paysanne avait remplacé l'autre et cette aristocratie travaillée par Petliura, par Dénikine, ne manifestait au gouvernement bolchevik qu'une amitié très relative. Elle s'inquiétait en particulier de le voir conserver des domaines soviétiques taillés dans les exploitations seigneuriales les mieux outillées : 400.000 déciatines qu'il faisait cultiver comme fermes modèles, pour servir d'exemple, 700.000 qu'il avait consacrées à la culture de la betterave, afin de pouvoir remettre en marche les sucreries. Le pouvoir central, en gardant par devers lui certaines des meilleures terres, préludait, d'après les *koulaks*, à la reprise de toutes celles que les circonstances l'avaient contraint de distribuer.

La loi du 15 mai 1920 a constitué les « comités de paysans pauvres », qui groupent tous ceux qui sont exempts de l'impôt alimentaire, c'est-à-dire les ménages qui possèdent moins de 3 déciatines, les familles nombreuses qui en possèdent moins de 5, les paysans qui n'ont ni chevaux, ni bétail, ni instruments.

Ces comités ont reçu le droit de reprendre aux *koulaks* une partie de leurs animaux et de leurs machines. Ils sont devenus rapidement une sorte de rouage administratif qui s'est substitué au soviet de village lorsqu'il n'a pu s'en emparer.

Des décrets postérieurs ont accru leur importance en leur réservant une part du produit de l'impôt alimentaire qui varie suivant les lieux de 10 à 25 %, part dans laquelle les membres du comité ont le droit de prélever les semences dont ils manquent.

L'ensemble de ces mesures, en réalisant comme une seconde révolution agraire, a donné au gouvernement des Soviets de l'Ukraine une base populaire geaucoup plus large et lui a naturellement amené une popularité qui explique ses succès.

Il a d'ailleurs solennellement déclaré, dès la réoccupation du pays par l'armée rouge, que l'idéal communiste ne serait jamais imposé par la force et, pour couper court aux bruits répandus sur la reprise des terres, sur le rétablissement d'un esclavage nouveau sous le masque communiste, il a proclamé le 7 février 1920 que « nul n'est forcé d'entrer dans une commune agricole » et que « les communes agricoles ne seront organisées que dans les villages dont les habitants exprimeront leur désir de travailler en commun ».

Les comités de paysans pauvres acceptent naturellement beaucoup mieux que les *koulaks* le principe du collectivisme et, dans un grand nombre de leurs congrès locaux, à Kiev, à Odessa, à Poltava par exemple, des motions ont été adoptées où l'on décide d'aider par tous les moyens au succès des communes agricoles.

Ces communes, néanmoins, sont très peu nombreuses jusqu'ici, parce que les circonstances économiques ne favorisent guère leur existence. Il faudrait qu'elles puissent prouver à la masse, par la supériorité de leurs moyens techniques, les avantages matériels du travail collectif. Or, dans l'état actuel de l'industrie russe, les moyens techniques manquent à l'agriculture. Le communisme ne peut triompher à la campagne tant que l'industrie n'aura pas à la ville repris un essor brillant.

Aussi est-ce plutôt vers une autre forme d'organisation du travail que se tournent les paysans. Ils constituent de plus en plus des *artels*, suivant une pratique d'ailleurs très ancienne en Russie.

L'*artel* a pour objet l'accomplissement d'une besogne déterminée. Cette besogne effectuée, les associés se répartissent les produits d'après les heures de travail accomplies par chacun d'eux.

Dans les provinces dévastées par la guerre surtout, en Volhynie par exemple, nombre d'*artels* ont été formés par les paysans pauvres pour le labourage des champs en commun. L'un n'a pas de cheval, l'autre pas de charrue. Chacun fournit ce qu'il possède.

Les communistes encouragent bien entendu ces associations. Pour combattre l'individualisme des paysans, ils emploient toutes sortes de moyens de propagande.

Les usines d'où sortent les machines agricoles étant nationalisées, l'Etat est le seul propriétaire de machines neuves. Un décret a suspendu la distribution aux agriculteurs et réservé toute la production aux dépôts communaux. Il existe dès maintenant 2.000 de ces dépôts dans les chefs-lieux de volost et c'est là seulement que les paysans peuvent emprunter les instruments dont ils ont besoin.

Dans les centres urbains, des « maisons du paysan » ont été créées pour recevoir les villageois lorsqu'ils vont à la ville. Ils y trouvent logement et nourriture, bibliothèque, théâtre populaire, souvent un petit musée agricole dont le conservateur peut leur fournir les renseignements qui leur font défaut. Une centaine de ces maisons sont ouvertes aujourd'hui.

Le «Parti des communistes bolcheviks d'Ukraine» — tel est le titre officiel de la fraction ukrainienne du parti bolcheviste — montre une fierté légitime de l'œuvre de reconstruction commencée et de l'élan donné au mouvement par ses dirigeants et ses propagandistes.

« On ne nous discute plus sérieusement — me disait Racovski —. Qui s'opposerait à nous du reste? Tous les anciens partis se sont décomposés. La Rada était formée de socialistes-révolutionnaires que dirigeait son président Gruchevski et de social-démocrates qui marchaient derrière Petliura.

« Les premiers se sont divisés sous l'occupation allemande. Une partie d'entre eux nous a rejoints et a fusionné avec nous en 1920; l'autre admet maintenant officiellement le pouvoir des Soviets et m'a envoyé récemment l'ancien ministre de la guerre Jukovski pour demander sa légalisation, c'est-à-dire le droit pour ses membres de rentrer au pays en se soumettant à ses lois.

« Quant aux seconds, la minorité de leur groupe, les indépendants comme ils s'intitulaient, avait pris les armes contre nous. Dénikine chassé, elle a demandé l'armistice en reconnaissant les Soviets. La majorité avait émigré avec Petliura et tenté, avec l'appui de la Pologne, de constituer une « République populaire ». Aujourd'hui, elle renie Petliura et son organe officiel, qui paraît à Lemberg, publie des articles intitulés : La liquidation du Gouvernement de la République populaire.

« La même évolution s'est accomplie chez nous que dans le reste de la Russie : les meilleurs de nos adversaires se sont ralliés à nous; le reste ne compte plus.

« Qu'on nous laisse seulement travailler en paix. Et, surtout si nous arrivons à nous procurer rapidement de quoi remplacer l'outillage détruit par les guerres, il ne nous faudra pas beaucoup d'années pour restaurer l'Ukraine sous la bannière de notre Parti ».

VIII

La Famine.

¡*Comment vint la famine. — Suiderski.*

Lorsque nous sommes arrivés en Russie, le 1er juin, il n'était aucunement question de famine. La situation alimentaire n'était pas brillante sans doute, mais rien d'extraordinaire ne semblait devoir l'aggraver.

Je sais bien que le caractère russe est imprévoyant par essence et qu'on ne songe là-bas au péril qu'à l'instant même où il se présente menaçant. Que ne m'a-t-on pas raconté, par exemple, sur l'incurie qui préside à la constitution des stocks de combustibles, dont on ne s'occupe jamais sérieusement qu'à l'entrée de l'hiver?

Ce que je puis affirmer en tout cas, comme tous mes compagnons de voyage, c'est que pendant le premier mois de notre séjour, nous n'avons jamais entendu personne parler d'une famine imminente. La question, certainement, ne se posait pas.

Le printemps avait été sec (1), comme dans toute l'Europe et, dès le mois d'avril, la Russie avait connu les chaleurs d'un ordinaire juillet. Mais ce pays étonnant a tellement l'habitude des températures extrêmes, il est si accoutumé à subir, après un

---

(1) Nansen a dit à Genève, dans une conférence donnée à la salle de la Réformation le 25 janvier 1922. que la quantité d'eau tombée en 1921 n'avait pas atteint 8 millimètres, alors que la moyenne des pluies est de 100 millimètres et qu'elle avait atteint 34 millimètres même en 1891, l'année de la dernière grande famine.

rigoureux hiver, un été sénégalien, que personne ne s'émotionnait.

La moisson s'annonçait belle. En de nombreux endroits, les paysans avaient ensemencé, après la suppression des réquisitions et l'instauration de l'impôt en nature, une surface pour la première fois égale à celle qu'ils ensemençaient en 1916, l'année qui précéda la Révolution de Kerenski.

Pour que la récolte disparaisse brusquement, s'évanouisse totalement sur l'étendue de dix provinces, il a fallu les chaleurs folles de juin, ces chaleurs effarantes que nous ne supportions à Moscou, mes camarades et moi, qu'en usant des tolé rances vestimentaires très libérales des Russes, en réduisant notre costume à l'indispensable pantalon de toile et à la chemise sans col, largement échancrée.

La vague étouffante a desséché, brûlé les céréales jusqu'à n'en rien laisser, ouvert dans la terre des crevasses de 70 à 80 centimètres de largeur. Et ses méfaits, accomplis en quinze jours ou trois semaines tout au plus, ont commencé à occuper l'attention de la capitale dans les premiers jours de juillet.

Alors, nous avons entendu parler, tout d'abord légèrement, comme on parle en Russie, de l'état fâcheux des récoltes dans deux ou trois provinces de la Volga. Puis, subitement, en moins d'une semaine, les gouvernements atteints se sont ajoutés les uns aux autres et la gravité des destructions s'est révélée.

Un beau matin, au congrès, Racovski, mon vieux camarade, et son lieutenant Manouilski, Commissaire du Peuple à l'agriculture en Ukraine, dont j'ai parlé dans un chapitre précédent, m'annoncèrent, le front soucieux, leur brusque départ pour Kharkov, où les événements les rappelaient.

Alors, à la pensée que l'Ukraine est le grenier naturel du pays, la Beauce russe, j'ai eu l'intuition du désastre dont on ne connaît que trop aujourd'hui l'étendue.

Les *Izviestia*, d'ailleurs, multipliaient déjà les appels. Le 6 juillet, Gorki expédiait à l'Université Columbia et à Upton Sinclair, à Herbert Rait, Anatole France, Gerhardt Hauptmann, Blasco Ibañez, Massarik et Nansen l'adresse émouvante que voici :

« Les plaines fertiles du sud-est de la Russie ont été frappées par la mauvaise récolte provenant d'une sécheresse inouïe. Cette calamité menace de mort par la famine des millions d'habitants. Je rappellerai que le peuple russe est déjà fortement épuisé par les suites de la guerre et de la révolution et que son degré de résistance à la maladie et son endurance physique sont sensiblement affaiblis. Pour le pays de Léon Tolstoï et de Dostoievski, de Moussorgski, de Glinka et de nombre d'autres grands hommes universellement estimés, des jours menaçants sont venus et j'ose croire que les hommes cultivés d'Europe et d'Amérique, comprenant le tragique de la situation dans laquelle se trouve le peuple russe, lui enverront sans retard des secours en blé et en médicaments.

« Si les idées et les sentiments humanitaires dont le crédit social a été si profondément ébranlé par la guerre maudite et par la conduite impitoyable des vainqueurs envers les vaincus, si, dis-je, la foi dans la puissance créatrice de ces idées et de ces sentiments doit et peut être restaurée, le malheur qui frappe la Russie est pour les humanitaires une admirable occasion de montrer la vitalité de leur doctrine.

« Je pense que doivent prendre part avec une particulière ardeur à cette œuvre de secours au peuple russe ces gens qui pendant la guerre honteuse ont excité les hommes les uns contre les autres, ruinant par cette propagande l'influence éducatrice des belles idées élaborées par l'humanité avec tant de mal et si facilement tuées par la sottise et l'avidité. Les hommes qui sentent les convulsions douloureuses de la souffrance du monde me pardonneront l'amertume involontaire de ces paroles.

« Je prie tous les honnêtes gens d'Europe et d'Amérique de venir immédiatement en aide au peuple russe.

« Donnez du pain et des médicaments. »

M. GORKI.

Quelques jours plus tard, le 10, le patriarche Tikhon télégraphiait à son tour aux archevêques de New-York et de Canterbury :

Monseigneur,

La famine règne en Russie. Une énorme partie de la population de ce pays est condamnée à mourir de faim. Dans de nombreuses provinces qui étaient jadis le grenier de la Russie les blés ont été brûlés par la sécheresse. La famine a été accompagnée d'épidémies. Il faut immédiatement les plus larges secours. Toutes considérations d'un autre ordre doivent être laissées de côté. Un peuple meurt, perd son avenir, car la population abandonne ses demeures, ses champs, ses terres et se retire vers l'Est, en criant : « Du pain » ! Un retard menace de calamités inouïes jusqu'à ce jour. Envoyez immédiatement du blé et des médicaments. Priez pour que la colère de Dieu se calme, qui s'avance sur nous.

TIKHON.
patriarche de Moscou et de toute la Russie.

Que se passait-il au juste? Qu'était-ce exactement que cette catastrophe brusquement révélée?

Notre ami Marchand, sur notre demande, nous emmena un matin, à quelques-uns, chercher des renseignements exacts au Commissariat du Ravitaillement, qui siège sur la Place Rouge, dans ces Galeries du Commerce dont j'ai déjà eu l'occasion de parler. Nous trouvâmes là Suiderski, l'un des membres du Collège, qui ne nous dissimula rien de la gravité des événements.

Dix provinces en état de disette : Astrakan, Tsaritzyne, Saratov, Commune allemande, Samara, Simbirsk, République tatare, Territoire tchouvache, Oufa, Viatka. Une vingtaine de millions d'habitants atteints.

« D'après nos calculs — nous dit-il — il nous faut d'abord 16 millions de quintaux de semences pour assurer les semailles d'automne dans les régions où il n'existe plus rien. Sinon, la famine n'y aura pas de terme. Il nous faut ensuite 28 millions de quintaux pour nourrir les habitants jusqu'à la prochaine récolte.

« C'est une quantité impossible à trouver. Nous allons hâter le recouvrement de l'impôt en nature. En Sibérie, dans le centre de la Russie, dans les gouvernements de l'ouest, du nord-ouest et du nord, la récolte dépasse la moyenne ordinaire, mais les provinces dévastées sont les plus riches. L'impôt pourrait rapporter 40 à 42 millions de quintaux, mais s'il donne 70%, c'est-à-dire une trentaine de millions, le résultat sera déjà beau. Il y a donc un déficit énorme.

« Dès maintenant, la campagne de solidarité est commencée. Les Soviets de village, de volosts ramassent les dons en nature et en argent. Des unités de l'armée, des fabriques, les employés des administrations décident tous les jours de prélever une part sur leurs rations. Les usines qui ne peuvent rien donner votent des heures supplémentaires pour renforcer l'échange avec les paysans. Le mouvement est lancé. Il s'annonce magnifique.

« Les régions atteintes nous envoient chaque jour des délégués. Les paysans déclarent qu'ils souffriront tout si on leur fournit des semences, et de quoi nourrir les bestiaux. Nous les avons exemptés tout de suite, bien entendu, de la restitution des semences qui leur avaient été avancées pour les dernières semailles — 5 millions de pouds — et nous allons leur en procurer d'autres.

« Pour soulager leur misère, le Commissariat des Transports organise l'exode de ceux qui ne sont pas obligés de rester au travail des champs. Il va en diriger sur certaines usines qui ne fonctionnaient plus, sur la Sibérie, sur le Turkestan où de vastes travaux d'irrigation, arrêtés depuis la guerre, pourront être repris. On en occupera à la pêche, à la préparation du combustible dans divers endroits.

« C'est une organisation énorme à mettre sur pied. Et dès maintenant, nous savons qu'il nous sera absolument impossible de subvenir à tous les besoins par nos propres moyens. Il nous faudra du secours sur une très vaste échelle. Nous accepterons l'aide de tous et nous la solliciterons même.

« Hier, par exemple, un avocat dont le père et le frère ont été députés à la Douma, Akhtiamov Ibrahim, est venu nous offrir l'appui du Comité national musulman. Il y a de nombreux mulsumans parmi les éprouvés, des Bashkirs, des Kirghizes, des Tatars. L'aristocratie musulmane se déclare prête à agir à l'étranger si nous admettons le concours de ses organisations. Nous avons oublié que l'ambassadeur est menchevik et accepté ses propositions.

« Le Gouvernement ira bien plus loin. Que voulez-vous? C'est une question de vie ou de mort pour des millions d'hommes. L'aide de l'Europe est indispensable et nous donnerons pour l'obtenir toutes les garanties qu'on nous demandera pour contrôler les approvisionnements fournis.

« Nous venons de constituer un Comité contre la famine dont la composition, d'ailleurs, est de nature à satisfaire les plus difficiles, car on y trouve jusqu'à des représentants de nos adversaires les plus déterminés. Skobelev, Niekrassov. Prokopovitch et Kouskova, quatre anciens ministres de Kerenski, y entrent avec Kutler et Pokrovski, deux anciens ministres du tsar. Que peut-on nous demander de plus? Le cadet Kischkine en fait partie également avec le prince Kougouchev, un ex-grand propriétaire du Gouvernement d'Oufa qui a joué un rôle dans le mouvement des zemstvos.

« A côté de ces Messieurs, nous avons mis Alexandra Tolstoï, fille de Tolstoï, l'écrivain Korolenko (1), un gros industriel nommé Burichkine, Gorki et nos propres représentants : Kamenev, Rykov, Theodorovitch, Siemachko, Lunatcharski, Smidovitch et moi-même.

« Le Comité agira à l'étranger surtout. Gorki en sera l'âme. Nous avons déjà reçu des offres des pays scandinaves et nous avons bon espoir d'en recevoir de partout ».

Ces déclarations, tombant d'une bouche aussi autorisée que celle de Suiderski, satisfaisaient notre désir de savoir sans doute, mais elles n'étaient guère de nature à apaiser nos inquiétudes. Au contraire.

« En un mot — demandai-je à Marchand — c'est un désastre? » Il répondit : « Je crois que c'est pis : une catastrophe ».

« Dans quelle mesure y pourra-t-on parer? » repris-je. Il posa la question à Suiderski, qui expliqua que lors de la dernière famine, sous le tsarisme, en 1911, il avait participé à l'organisation des secours à Samara, où il était alors journaliste et que, sur cinq millions d'éprouvés, le Gouvernement était arrivé à en nourrir un million et demi.

« Que sont devenus les autres? » dis-je. Un geste me fit comprendre qu'ils étaient morts probablement.

« Cette fois ci — exposa Suiderski — la tâche du pouvoir est infiniment plus lourde, d'abord parce que les affamés sont beaucoup plus nombreux, aussi nombreux au moins qu'en 1891 où l'on en comptait environ 20 millions, et puis parce que le commerce libre étant supprimé, le Gouvernement doit sub-

____

(1) Korolenko est mort en décembre 1921.

venir à tous les besoins. Mais nous avons d'autres méthodes que le tsarisme, nous avons surtout une volonté d'agir qu'il ne possédait pas, et nous pouvons assurer que nous arriverons à nourrir au moins la moitié des malheureux éprouvés ».

Je n'osai pas demander : Que deviendra le reste? La réponse tragique s'imposait trop nécessairement.

J'emportai de cet entretien l'impression que j'avais eu souvent déjà : que les dirigeants accomplissaient tout ce qu'ils pouvaient accomplir, mais que les événements étaient terriblement plus forts que leur bonne volonté et que leur pouvoir.

Une fois de plus il m'apparut que l'énormité des phénomènes en Russie dépasse les possibilités humaines et qu'il fallait décidément s'abstenir de comparer avec ce que nous sommes habitués à rencontrer.

La Santé publique et les Épidémies.
Siemachko.

Quelques jours plus tard, Siemachko, Commissaire du Peuple à l'Hygiène, présentait dans une institution soviétique un de ces films comme la République en a tourné des quantités, où l'on montre tout bêtement, mais si utilement, les avantages de la propreté et les dangers de la crasse.

Je m'y rendis, moins pour voir défiler sur l'écran les différents insectes dont l'individu malpropre est la proie que pour pouvoir causer avec le conférencier.

Siemachko compte en effet parmi les délégués du Parti Communiste au Comité de la Famine dont m'avait parlé Suiderski. De plus, ses fonctions font de lui le préposé à la lutte contre les épidémies et j'entendais, hélas! des prédictions sinistres sur le choléra qui, chaque année, apparaît sur la Volga, et qui, dans une population affamée, doit trouver un terrain tout préparé pour ses ravages.

Son exposé fini, je pus le prendre à part. Je lui racontai tout le bien que j'avais entendu dire de l'œuvre du Commissariat de l'Hygiène et lui fis part de la seule constatation que nous avions été à même de faire, mes compagnons et moi, à savoir que dans cette Russie où, d'après tous les voyageurs, on était jadis dévoré, même dans les hôtels les plus chic, nous avions vécu depuis six semaines presque constamment indemnes.

Ce témoignage spontané l'amusa. « Nous avons — dit-il modestement — fait ce que nous pouvions. Mais nos moyens sont bien pauvres. » Et il m'indiqua *grosso modo* ce que ses camarades et lui avaient essayé de réaliser.

« Nous avons reçu du tsarisme un pays où l'on ignorait tout des mesures préventives. Aussi l'état sanitaire de la masse y était-il effrayant. Plus d'un quart des nouveaux-nés mouraient régulièrement avant leurs douze premiers mois. Un million et demi à deux millions de cadavres d'enfants chaque année, c'est un chiffre que ne connaissent nulle part les statistiques de mortalité infantile. C'était le chiffre ordinaire de ce régime merveilleux.

« L'organisation curative existait embryonnairement dans les villes, qui possédaient quelques hôpitaux, chers d'ailleurs lorsqu'ils étaient par hasard bons. Les paysans, eux, devaient s'estimer heureux lorsqu'ils trouvaient à leur portée un officier de santé ou une sage-femme à peu près ignares.

« Nous avons, nous, mis au premier plan les mesures préventives. Le Commissariat et les Sections sanitaires qui le représentent près des Soviets locaux se sont efforcés de les développer.

« La protection du travail, qu'assurent partout les sections de protection dirigées par les syndicats, appartient plutôt au domaine de mon camarade Schmidt, Commissaire du Peuple au Travail. Mais j'ai dans mon ressort les institutions créées pour la protection de la maternité et de l'enfance.

« Cela représente, jusqu'ici, tant en crèches, gouttes de lait, maisons d'accouchement, consultations maternelles, etc. 1.400 établissements qui abritent 140.000 enfants et 14.000 mères. Il faut y ajouter une centaine de colonies pour les petits anormaux et les retardataires, autant d'écoles pour les sourds-muets et les aveugles et les écoles forestières pour les malingres, que nous multiplions autant que nous pouvons.

« En ce qui concerne les enfants, nous avons le droit de dire que nul pays au monde n'a fait pour leur bien-être autant que notre République ruinée.

« Quant aux adultes, nous nous sommes attachés à desservir avant tout la population pauvre. Les visites gratuites à domicile ont été organisées partout dans la mesure du possible. Les cliniques privées sont nationalisées et nous possédons aujourd'hui un demi-million de lits, sans compter ceux des hôpitaux militaires qui se montaient à 400.000 au début de cette année, en augmentation d'un tiers sur 1914.

« Nous nous efforçons de créer des stations sanitaires dans nos villes d'eau du Caucase et de Sibérie, d'utiliser au profit des travailleurs les magnifiques villas que possédait l'ancienne aristocratie en Crimée ou sur les plages de la mer Noire, et dès maintenant vous pourriez voir dans les endroits où s'amusaient autrefois les inutiles des soldats, des invalides, des mineurs du Donetz, pansant les blessures reçues sur le front de guerre ou le front du travail.

« Tout cela est bien peu de chose encore. Nous n'avons exécuté qu'une très faible partie de notre plan. Nous n'avons pas satisfait la centième partie des besoins en ce qui concerne, par exemple, la protection de la mère et de l'enfant ou la construction des hôpitaux dans les campagnes. Nous espérons faire passer cette année 250.000 malades dans les villes d'eaux. Pour une population épuisée par la faim, le froid, la guerre et le blocus, il faudrait au moins quintupler le chiffre.

« La démobilisation nous rend évidemment quelques ressources. Nous avions, au prix de lourds efforts, doté l'armée rouge d'un service de santé supérieur à celui qu'avait connu l'armée tsariste. Matériel et personnel — 40 % des médecins ont été mobilisés — tout retourne maintenant à la population.

« Mais que c'est médiocre ! Que c'est insuffisant au regard des besoins du pays !... »

Et Siemachko en vint à me parler du sujet qui m'avait amené : de l'épidémie de choléra et de typhus. Il me conta qu'en ces années dernières la République des Soviets a triomphé dans plusieurs crises sanitaires très graves malgré la modestie de ses moyens.

Vers la fin de 1919 surtout, elle a eu à combattre la plus forte épidémie de typhus exanthémateux qu'ait connue la Russie. En Sibérie, en Ukraine et dans le Donetz, les blancs, en se retirant, laissaient derrière eux des centaines de milliers de contagieux. Denikine, Koltchak et Iudenitch maintenaient le peuple dans la même saleté et la même ignorance que le tsar. Pas un des villages repris sur eux qui ne fut un foyer d'infection (1).

Le Gouvernement est venu à bout de la terrible maladie en installant des hôpitaux de fortune, en répartissant les médecins et les médicaments dont il disposait, en mobilisant toutes les bonnes volontés actives.

Commissions extraordinaires d'hygiène, semaines d'assainissement, compagnies de vaccination, on a employé tous les moyens en appliquant sous les formes les plus diverses la devise que le Commissariat de l'Hygiène a adoptée : La santé des travailleurs doit être l'œuvre des travailleurs eux-mêmes.

L'effort collectif a produit de tels fruits que, pour la première fois en Russie, l'épidémie annu-

---

(1) Voir, sur cette épidémie, le chapitre sur l'Ukraine.

elle de choléra a été prévenue en 1920. On pouvait espérer que le fléau qui, chaque été, arrive du Turkestan en remontant la Volga, était définitivement enrayé par les précautions prises. La famine qui sévit dans l'Orient russe remet tout en question.

A Voronèje, à Rostov, un peu de tous côtés, choléra et typhus reparaissent. On en aura raison dans les villes. Dans les campagnes, c'est plus compliqué. Quarante trains sanitaires de l'armée, des cuisines militaires en masse sont déjà sur les lieux. Mais comment atteindre les troupes énormes de fuyards qui se répandent en tous sens, affolés? On installe des crèches, des refuges pour enfants. L'expérience a prouvé que partout où l'aide extérieure se fait sentir, la population retrouve aussitôt son calme. Mais les territoires dévastés offrent une étendue formidable.

Et puis, le point délicat surtout, c'est le manque de médicaments. Siemachko ne m'en parlait guère, par un sentiment de délicatesse fort généreux. On a beau être dans son pays un homme au couteau dans les dents et ne posséder quelque accointance gouvernementale que ce soit, on n'en est pas moins, dans une certaine mesure, solidaire de ses compatriotes. Et l'absence de médicaments en Russie, c'est le résultat du blocus, la faute inexpiable et le crime de l'Entente.

Les produits pharmaceutiques, là-bas, sont toujours venus de l'Europe. S'il n'en existe plus, c'est qu'elle n'envoie plus rien depuis longtemps.

Bien des fois, en parcourant les rues, nous nous étions, mes camarades et moi, posé cette question angoissante : comment se fait-il qu'ici, après sept ans de guerre, on ne rencontre aucun mutilé? Faut-il en conclure que tous les blessés sont morts, faute de soins?

Cela ne paraît, hélas! que trop vrai. La politique égoïste du capitalisme anglo-français a voué à la tombe tous les malades de Russie. Elle continue à les condamner. Dans les derniers jours de mon séjour à Moscou, j'ai appris que le dernier hôpital pour les vénériens venait de fermer parce qu'il ne disposait plus d'aucun médicament. S'ils sont capables de réfléchir à quelque chose, nos petits rentiers, hypnotisés par leurs coupons russes impayés, feraient bien de méditer ce simple fait.

Siemachko, à ma prière, m'a remis une liste des produits pharmaceutiques dont son pays aurait surtout besoin : aspirine, atropine, bismuth, camphre, quinine, codéine, caféine, digitale, iode, morphine, bromure, néosalvarsan, ipecacuanha, pilocarpine.

Ce ne sont point là des raretés, il me semble, et l'Europe n'éprouverait pas grande difficulté à les fournir à la Russie.

Il m'a avoué ce que son pays possédait en juillet de quinine : cent cinquante kilos ! De quoi soigner quelques douzaines de fiévreux...,

Ce chiffre, il me l'a donné en confidence en me priant de ne pas le publier. Je crois qu'il ressentait, à l'énoncer, quelque honte. La honte n'est pas pour lui, cependant, ni pour ses compatriotes. La quinine vient des tropiques et les coupables sont ceux-là seuls qui ne la laissent pas passer.

Je ne me sens pas le droit de garder par devers moi semblable aveu. L'Europe doit connaître ses responsabilités et savoir que les malades qui tombent là-bas, chaque jour, meurent assassinés par elle.

La Famine au temps des tsars.

Lorsque le souper, vers onze heures, nous ramenait la nuit à l'hôtel Lux, nous nous retrouvions, mes camarades et moi, avec les délégués des autres pays qui habitaient là, comme nous, pour la plupart. Nous nous retrouvions aussi avec nos amis « les Français de Moscou », qui prenaient leurs repas à l'hôtel.

Et l'on parlait, naturellement, de la famine.

Les renseignements de Suiderski, de Siemachko,

émurent tout notre petit cercle. Pascal, Serge, Marchand et leurs compagnons, plus « russifiés » que nous, envisageaient la situation avec un calme qui nous surprenait un peu. « Ce sera comme les autres fois — nous disaient-ils —. Un peu plus dur peutêtre... On a tellement l'habitude de souffrir ici... »

Nous leur posâmes des questions sur les famines passées et cet universitaire de Pascal, homme de scrupuleuse méthode scientifique, nous apporta le livre qui devait nous documenter.

Je le connaissais, ce livre; j'en connaissais, du moins la couverture, car je le possédais sans l'avoir jamais lu. Est-ce qu'on lit des livres sur la Russie?

Au Pays russe, par Jules Legras, professeur à la Faculté des Lettres de Dijon; Colin, éditeur.

Le soir où il me fut remis, je l'ai dévoré d'une traite. Et je l'ai relu, depuis mon retour, plusieurs fois.

« Ce livre ne contient pas une ligne d'appréciation politique », déclare l'auteur en sa préface. Il exprime simplement, avec une sincérité évidente, la tendresse infinie qu'un jeune étudiant, lâché à travers le monde slave, a ressentie pour la grande plaine mélancolique et pour ses habitants : « peuple inachevé, indécis encore, enthousiaste et changeant, impatient et résigné, infatigable dans le dévouement comme parfois sans mesure dans l'égoïsme ».

Au Pays russe n'a pas seulement pour mérite d'être impartial et honnête. Il vaut surtout, à l'heure actuelle, parce qu'il a été écrit en 1892, l'année qui suivit la dernière grande famine et parce qu'il a enregistré, toutes fraîches, les impressions qu'un voyageur avait collectionnées en 1891, en se promenant, pendant la crise même, par les champs de la Volga, alors comme maintenant dévastés.

M. Legras a vécu plusieurs semaines dans la province de Nijni-Novgorod et voici ce qu'il a constaté : « La terre seule est coupable, cette bonne terre noire si patiente d'ordinaire, si prompte à rendre les semences qu'on lui a confiées et qui brusquement s'y refuse, par un caprice de mauvaise mère...

« Partout la misère, la souffrance, la mort... Les typhiques gisent sur des peaux, devant leur porte, dans l'ombre tiède... Sans la farine qu'on leur distribue, ils n'ont rien à manger ; ni lait, ni choux, ni pommes de terre ; pas une racine, pas une herbe ».

Mais il existe un service de secours, sans doute? Le Gouvernement, la noblesse, ont organisé des hôpitaux? Ecoutez !

« Dans cet *ouiezde* (département), qui compte 180.000 habitants répartis sur plusieurs centaines de villages, il n'y avait en tout, jusqu'à ces derniers mois, que deux médecins. Il faudrait que les paysans fassent 100 ou 150 kilomètres... Ils souffrent, voilà tout et, fréquemment, la mort les délivre ».

A O..... pourtant, M. Legras a rencontré un troisième médecin, un étudiant en médecine du moins. On l'avait exilé de Pétersbourg après une manifestation politique. Alors il était venu, comme volontaire, de lui-même, pour se rendre utile. Et la présence de cet homme qui, probablement, est aujourd'hui bolchevik, c'est la seule aide que le département ait reçue.

Voilà pour le typhus. Et pour la famine, voici :

Le Gouvernement, dans les dix-sept provinces atteintes, a fourni des semences — comme aujourd'hui. Il distribue du grain, de la farine — comme aujourd'hui. Des quêtes ont lieu en Russie — comme aujourd'hui — et en Europe — peut-on dire comme aujourd'hui? Hélas...

Comment la répartition s'opère-t-elle?

Par les soins des popes, probablement? demande M. Legras. « Nous avons voulu les employer — lui répond-on — Il a fallu y renoncer, car tout allait aux riches... » Les popes, n'est-ce pas, vivent d'aumônes. Et qui donne les aumônes? Les riches. Par conséquent...

« La noblesse d'ici trouve, en général, qu'on s'occupe trop des paysans. En leur témoignant une bienveillance si marquée, on risque, dit-elle, de faire naître en eux d'insupportables prétentions. Les paysans, habitués à leur dure existence, ne souffrent pas autant que le croient les habitants des villes. Si vous subvenez à tous leurs besoins, ils cesseront de travailler et deviendront de plus en plus exigeants; familliers d'abord, bientôt arrogants. »

Tel est le doux esprit des hautes classes, dépeint par M. Legras. Se renferment-elles au moins dans leur indifférence égoïste? Non pas. Elles vont jusqu'à l'hostilité marquée pour les victimes.

A Loukoyanov, chef-lieu de district, les propriétaires nobles « estimèrent qu'il ne convenait pas de venir en aide aux paysans, d'installer des fourneaux pour les affamés et des ambulances pour les malades. Ils firent tous leurs efforts pour entraver l'organisation des secours ». Aux comités de secours, ils opposèrent un « Comité de résistance aux secours ».

L'opinion publique s'émut à l'appel de quelques hommes de cœur, parmi lesquels le grand romancier Korolenko. Une commission d'enquête fut envoyée. Elle découvrit que certains propriétaires nobles, chefs de districts, « refusaient en principe toute autorisation aux gens désireux d'ouvrir un fourneau pour les vieillards et les enfants. Vous ne pouvez les nourrir tous, répétaient-ils. Il vaut mieux n'en nourrir aucun... Presque partout la commission se heurtait au mauvais vouloir des gens influents, parfois même à leur manque d'honnêteté. Plusieurs fonctionnaires furent contraints de donner leur démission... »

Voilà dans quels termes M. Legras, dont l'impartialité n'est pas soupçonnable, retrace l'action des classes soi-disant éclairées dans la dernière grande famine.

Il faut lire et relire ce tableau, dont je ne reproduis que quelques touches. Chaque fois que je m'y suis reporté depuis mon retour, je me suis demandé si je rêvais. Ah! si l'un de nous osait écrire semblables choses, personne ne voudrait le croire. Et pourtant...

Comme on comprend que nos bons bourgeois se montrent aussi durs pour les bolcheviks, et que notre brave et honnête presse condamne avec une telle énergie ceux qui multiplient les efforts pour soulager les misères des paysans de la Volga !

On est fort, évidemment, pour donner des leçons au régime de la « barbarie asiatique » lorsqu'on peut lui opposer de tels exemples, empruntés à l'histoire du régime « civilisé » qui le précédait.

Le témoignage de M. Legras, d'ailleurs, n'est pas unique. Je l'ai cité d'abord, comme il le méritait. Mais on en pourrait citer d'autres.

Reportez-vous à la collection de *l'Illustration* de 1911. Vous y trouverez, sur la famine de cette année là, des photographies qui ne le cèdent pas en horreur à celles que la même *Illustration* publie sur la famine d'aujourd'hui.

Consultez *Les Lectures pour tous*, publication qui ne passe pas plus pour révolutionnaire que la précédente. Elle a, elle aussi, publié dans son numéro du 15 mai 1913 des photographies terribles qu'accompagnait le commentaire suivant :

« Depuis quelques semaines, des navrantes nouvelles arrivent de Russie : une terrible famine s'est abattue sur toute la région sud-est de l'Empire, depuis le Don jusqu'à l'Oural, dans ces énormes régions de steppes que la neige, durant le long et rude hiver moscovite, ensevelit sous son linceul. D'après les statistiques officielles, par suite du manque de blé, trente-deux millions de paysans souffrent actuellement des tortures de la faim. Planant sur tous les villages, un silence de mort; personne hors des « isbas ». Les paysans qui disposent d'à peine 125 grammes de blé par tête et par jour sont claustrés à l'intérieur des chaumières. Les animaux privés de fourrage, jonchent de leurs cadavres amaigris les alentours des « isbas » : chairs corrompues dont se nourrissent les malheureux affamés.

« Un fléau en appelle un autre, et les plus redoutables maladies font un cortège sinistre à la famine, qui débilite les organismes et les met à la merci de la contagion. Ici, c'est le scorbut qui, dans un seul village, celui de Stariatloch (Gouvernement de Samara), fait 208 victimes, et dans un autre (Staraia-Belogorka), frappe le quart des enfants devenus d'un aspect navrant avec leurs petits visages enflés et livides. Là, c'est la typhoïde; dans le district de Belebeier (Gouvernement d'Oufa), 163 villages sont décimés, et dans leur délire les fiévreux réclament du pain avec des hurlements d'agonie ».

Mais est-il nécessaire même d'aller tant rechercher dans l'hisoire du tsarisme? N'avons-nous pas tout près de nous, chez nous, un exemple d'hier qui devrait, en bonne justice, contraindre ceux des Français qui prétendent accabler les Russes à la modestie, sinon au silence?

L'Algérie a souffert, en 1920, d'une famine effrayante. On en a, en France, parlé fort discrètement. Certaines révélations se sont produites tout de même, à la tribune de la Chambre d'abord, puis dans quelques publications.

A l'époque où j'étais en Russie, précisément, un universitaire — encore! oui, comme M. Legras — M. Gautier, professeur à Alger, qui n'est point communiste, que je sache, mais qui fait autorité dans les choses de l'Afrique du Nord, écrivait un article sur ce sujet (1).

« Pire qu'en 1868 », dit-il, pire que sous l'empire! Et il raconte qu'il a vu des cadavres le long des routes, qu'il a rencontré, par troupes, des « meskines », comme on les nomme d'un mot *sabir* dérivé du mot mesquin, « momies ambulantes... une tête de mort avec des yeux... on les renverse avec un doigt. »

____

(1) *Revue de Paris*, 1er juin 1921.

« Dans le cercle de D....., sur une population de 87.000 habitants, 5.000 meskines ont été secourues. Il est vraisemblable, malheureusement, que beaucoup sont mortes, ou traînent entre vie et trépas... Le chiffre de 10 à 12.000 meskines serait un maximum. C'est le huitième de la population. Et quand on envisage cette proportion, assez faible après tout, on peut la trouver rassurante. Mais qu'il y ait dans une seule circonscription 10 à 12.000 individus morts ou menacés de mourir de faim, cela est simplement épouvantable ».

Epouvantable? Oui sans doute. D'autant que tout n'est pas fini. La récolte de 1921 est belle, mais les champs des meskines sont restés sans culture et leurs bestiaux ont disparu. « Si on ne les aide pas, les meskines semblent n'avoir devant eux qu'une perspective, qui est d'achever de mourir. »

Ceci se passe dans un département français.

Ah, nous avons vraiment le droit de juger avec sévérité les Russes !

Chez Gorki.

La famine et l'avenir de la Russie.

Je ne songeais guère, en débarquant à Réval, que je serais amené à voir Gorki. Tant de problèmes en Russie, s'offraient à nos études ! Qu'était-ce, dans l'ensemble prodigieux de la Révolution soviétique, qu'un homme de lettres, même génial?

J'avais compté sans la famine. Du jour où l'événement nous obligea à nous en préoccuper, la visite à Gorki s'imposa bien vite.

Suiderski, lors de notre entrevue, me dit : Voyez donc Gorki ! Siemachko, à son tour, conclut : Gorki vous dirait bien des choses ! Et de tous les côtés des amis nous répétaient : Allez chez Gorki, allez chez Gorki !

Gorki ! Gorki ! Cette insistance avait de quoi surprendre. Les communistes russes, qui vivent la Révolution, ne montrent naturellement pas grande tendresse pour qui ne combat pas dans leurs rangs. Et Gorki, s'il est de cœur avec eux — l'admiration qu'il m'a témoignée pour Lénine le prouve — n'en vit pas moins en marge du Parti, dans une indépendance qui se manifeste parfois bruyamment.

Je ne l'ai saisi qu'ensuite : Gorki est au-dessus de la loi rouge et, même chez les plus sectaires des communistes, il y a pour lui des grâces d'état.

Depuis la mort de Tolstoï, il a recueilli la magistrature morale qu'exerçait, sous le tsarisme, le grand solitaire d'Yasnaïa-Poliana. Peut-être son prestige a-t-il même des sources plus profondes, car loin de sortir de la haute aristocratie, il appartient, lui, au peuple jusqu'aux moëlles. Vagabond, peintre des vagabonds, il demeure sous son auréole littéraire, le trimardeur qui parcourut la steppe ou le débardeur qui collina sur les quais de Kazan.

C'est, me disait Victor Serge, qui voulut bien m'accompagner chez lui et me servir d'interprète, c'est « le Témoin » de notre époque. Le Témoin, oui, c'est cela. Ou, comme on eut dit chez les Hébreux : le Juge !

Nous nous sommes rendus chez lui par une de ces soirées de juillet où la nuit ne descend plus sur Petrograd. Sur la rive droite de la Néva, dans les jardins de la Perspective Kronverski, que dominent d'un côté les minarets bleus de la mosquée, de l'autre les murs de la forteresse Pierre-et-Paul et l'aiguille aiguë, toute dorée de sa cathédrale, il habite un appartement d'une grande maison moderne, aux fenêtres curieusement triangulaires.

Un bureau, très petit, qu'encombrent des casiers à bouquins parallèles, et bien entendu l'immense poêle en faïence laiteuse. Aux murs des assiettes russes aux couleurs lourdes, aux plans accumulés, des soies chinoises à grands personnages, un bouddha d'ivoire devant lequel un portrait de Tolstoï repose entre les griffes de deux dragons chinois en argent.

Près de la fenêtre, devant la table surchargée de papiers, sous une plante verte, Gorki, très simple, nous sourit. Il est venu nous accueillir sur la porte, avec la politesse charmante de sa race. Grand, mince dans sa blouse de flanelle, le crâne rasé — sa tenue d'été, me dit-on — il m'apparaît très différent de ses photographies. Ses yeux gris, qui animent d'une lueur pâle sa figure osseuse, expriment toute la douceur de son accueil.

Il sait ce qui nous amène. Sans paroles inutiles, tout de suite, à voix basse, avec de petits gestes courts, il entame ses explications :

« La situation est catastrophique. 30 à 35 millions d'individus sont ou seront atteints. Ce sera plus grave qu'en 01. Le Kouban, où je travaillais chez un meunier, était alors indemne. Cette fois-ci, l'Ukraine même est touchée. La zone de la famine est plus vaste qu'elle ne fut jamais et le choléra, que nous connaissons toujours un peu chaque année, prendra des proportions énormes.

— 35 millions d'individus? dis-je. N'êtes-vous pas un peu pessimiste? On compte à Moscou 20 à 25 millions d'affamés. »

Un geste me laisse entendre qu'on ne peut se livrer qu'à des estimations bien vagues et je demande des renseignements sur le Comité constitué.

Je cite les noms que je connais. Gorki confirme. Et nettement, il déclare :

« C'est moi qui ai pris toute l'initiative, en dehors du Gouvernement. Vous avez vu mon appel et celui du patriarche Tikhon. Il craignait une inconduite et j'ai obtenu de lui qu'il le lançât. J'agis de mon propre chef, non pas que je veuille gêner ceux qui ont la charge du pays; je sais qu'ils font et qu'ils feront tout le possible, mais je connais l'état de l'Europe et je veux réussir.

« Pour les aliments, pour les médicaments, il nous faut le concours de tous. Nansen m'a promis l'aide scandinave. Je sais qu'on peut compter sur sa promesse. D'Amérique, Hoover m'annonce que son comité se charge d'un million d'enfants. J'espère en Carnegie, dans les Russes riches du dehors.

« Il faudra un effort immense. »

J'interroge :

« Bien entendu, pour mener cette campagne, vous viendrez en Europe vous-même?

— Je ne sais — répond Gorki — je n'aime pas m'en aller quand les choses vont mal. Le Comité enverra ses délégués. En tous cas — ajoute-t-il — si je pars, ce sera sans mandat de personne. J'irai de moi-même, seul. »

Un moment la conversation cesse. J'explique à mon excellent guide que, puisque nous sommes chez Gorki, je voudrais bien en profiter pour connaître son opinion sur l'avenir de la Russie, sur les possibilités de reconstruction du pays.

Serge traduit et je vois notre interlocuteur tortiller nerveusement son papyros.

« Alexis Maximovitch répond — me dit mon interprète — qu'il lui est très pénible d'aborder ce sujet. Il le fera cependant, mais il tient à ce que vous déclariez, si vous publiez ses paroles, qu'il vous donne une opinion tout à fait personnelle. »

Je m'incline.

« La voici : L'avenir de la Russie, c'est le régime des Soviets. On n'en peut imaginer d'autre. Il correspond à l'esprit démocratique des Russes, il garantit la terre à nos cent millions de paysans. Toute tentative contre lui les dressera comme cela s'est produit depuis trois ans. Chaque fois que se manifestera un péril extérieur, leurs fils rejoindront l'armée rouge, comme ils l'ont fait dans le passé.

« Mais que sera ce régime soviétique? Il constitue par lui-même une forme, un cadre, dont le contenu peut varier. Jusqu'ici, les ouvriers dirigent, mais ils ne sont qu'une minorité infime dans notre pays; ils représentent à peine quelques millions. Les paysans au contraire sont légion. De la lutte qui, depuis le début de la Révolution, se déroule entre les uns et les autres, les seconds ont toutes les chances de sortir victorieux (1).

« Voilà longtemps que je prévois l'issue. Un miracle peut se produire, mais les miracles sont improbables. Le prolétariat des villes diminue sans cesse depuis quatre ans. Les communistes ont constamment donné l'exemple aux armées. Beaucoup d'entre eux ont été tués. Les difficultés de l'existence urbaine en ont amené d'autres à gagner la campagne.

« L'immense marée paysanne finira par tout submerger.

« De la simple pression jusqu'à la jacquerie, la victoire des ruraux prendra toutes les formes. Voyez ce qui se passe avec la famine. Des milliers et des milliers de moujiks émigrent de la Volga vers l'Est. Sur leurs chevaux, sur leurs chariots, ils partent. Ils s'abattent sur les villes comme une nuée de sauterelles. Derrière eux, il ne reste rien. Tcheliabinsk a été ravagée; Orenbourg, cernée, partagera son sort (2). A Moscou, j'ai rencontré une bande de paysans polonais qui arrivait sur des charrettes. Ils étaient comme endormis par une sorte de maladie du sommeil que provoque la faim.

---

(1) D'après le recensement du 20 août 1921, la population totale de la R. S. F. S. R. (Caucase, Turkestan et Ukraine compris) est de 130.707.600 habitants. La population urbaine entre dans ce chiffre pour 21.252.600, soit 16 % et la population rurale pour 109.455.000, soit 83 %.

Le nombre des ouvriers s'élève à 4.765.000, soit 3,9 %, dont 2.250.000 appartiennent à l'industrie, 1.215.000 aux transports, 315.000 aux transports par eau, 517.400 à la petite industrie, le reste à l'agriculture.

(2) Les nouvelles tragiques qu'annonçait ce jour-là Gorki étaient heureusement inexactes.

« Le moujik deviendra le maître de la Russie, puisqu'il est le nombre. Et ce sera terrible pour notre avenir.

« D'abord, avant d'installer sa domination, il égorgera pas mal de monde. Vous savez qu'il aime peu l'ouvrier, qui représente pour lui le Gouvernement, la contrainte. A Tambov, les bandes paysannes d'Antonov ont crucifié des communistes; elles les clouaient aux arbres par un bras et une jambe. En Sibérie, d'autres les attachaient aux poteaux télégraphiques, leur incisaient le ventre et leur chatouillaient les intestins pour les faire mourir dans un rire spasmodique.

« Nous reverrons des scènes semblables avant que la masse ne soit dégrossie.

« Mais le plus grave, c'est qu'en s'installant, la démocratie paysanne risque d'installer la médiocrité générale. Lorsqu'elle aura assis sa domination au cri que vous connaissez : Vivent les Soviets, à bas les communistes ! que fera-t-elle de l'industrie? Que fera-t-elle de la culture scientifique et de l'art?

« L'industrie n'intéresse pas le moujik. Il lui faut des marchés pour se procurer les produits manufacturés, mais peu lui importe l'origine de ces produits. Il ne peut se passer de l'échange, mais il ne se soucie pas de la fabrication.

« Quant aux besoins de l'esprit, il est loin, hélas! de comprendre leur nécessité. »

Tandis qu'on me répète ces mots, Gorki rêve, tout en fumant. Dans ses yeux gris, presque incolores, je lis son inquiétude du futur. Certains développements de Wells, qui a surtout vu la Russie à travers Gorki, me reviennent en mémoire et je demande à savoir à mon tour ce que notre hôte pense de la politique de Lénine.

« Lénine, je le respecte et l'admire — répond-il — Lorsqu'il vivait à l'étranger, on pouvait lui reprocher d'être trop anglais, trop allemand ou trop français. On pourrait aujourd'hui trouver de même qu'il est trop russe. C'est un homme qui voit par grandes masses, qui fait de vaste algèbre. Il s'est trompé lorsqu'il a cru à la Révolution mondiale. Maintenant, il croit aux techniciens, aux hommes d'affaires. Mais avons-nous des hommes d'affaires? Voilà !

« Il y a dans nos administrations beaucoup de malveillance intelligente, beaucoup de sabotage prémédité et je me rappelle avec crainte que les gens de Thermidor siégeaient à la Convention.

« J'ai peur aussi qu'il ne subisse lui-même la déformation paysanne du mouvement communiste. Pourvu qu'il ne se perde pas dans le grand marécage paysan !

« Voyez-vous — ajoute-t-il avec un accent convaincu — il faut avoir la grande admiration que m'inspire Lénine pour lui témoigner pleine confiance. Au Congrès d'où vous venez, il est arrivé à faire une scission morale avec lui-même. C'est beau. »

Neuf heures viennent de sonner. Derrière la haute silhouette de Gorki, le soleil brille toujours sur la flèche d'or de Pierre-et-Paul et j'admire le contraste qui s'étale sous mes yeux : la Russie de l'avenir devant la Russie du passé.

Comme s'il craignait de m'avoir donné des impressions trop sombres, Gorki se lève et, la main sur mon épaule, le regard droit : « Ayons confiance — dit-il. — Quoiqu'il doive arriver, ici nous aurons donné un grand exemple au monde. » Et, comme pour excuser ses prédictions, il ajoute : « Le moujik est plus attachant qu'on ne saurait croire, mais c'est une créature décevante... »

***

Gorki m'a remis deux manifestes, adressés, l'un « Aux ouvriers Français », l'autre « Aux Français ». Le premier a paru dans l'*Humanité* du

6 août, le second dans les journaux parisiens du 14.
Ils sont ainsi conçus :

Travailleurs Français.

Par l'inflexible volonté de l'histoire, les travailleurs russes accomplissent, en ce moment, une expérience sociale dont les enseignements seront extrêmement féconds pour la classe ouvrière du monde
entier.

La Famine — conséquence d'une sécheresse sans
précédent — menace d'interrompre cette grande
expérience; la Famine risque d'anéantir les meilleures énergies du pays, incarnées dans sa classe
ouvrière et dans ses hommes de science; la Famine
y tuera des milliers et des centaines de milliers
d'enfants.

« Vous, les représentants de la nation qui, la
première, tenta d'accomplir la grande œuvre de
justice sociale, vous, les descendants des hommes de
1848, vous comprendrez la nécessité de venir, en ces
jours redoutables, à l'aide du peuple russe.

Aidez-le !

Maxime Gorki.

Petrograd, 26 juillet 1921.

Aux Français.

On m'a demandé :

— Comptez-vous adresser aussi à la France un
appel en faveur des affamés de Russie?

— Mais certainement !

— A cette France qui...?

Je ne m'adresse pas à cette France qui fait elle-
même le mal, mais à la France qui sait oublier le
mal qu'on lui a fait.

Citoyens français! Une famine sans précédent
sévit en Russie. Votre aide est nécessaire au peuple
russe.

Je suis convaincu qu'il suffit de ces simples

paroles pour émouvoir profondément le cœur de tout honnête citoyen français.

Je crois aussi que, malgré l'impitoyable lutte des classes, les hommes gardent encore assez de folie sacrée pour ne point permettre d'anéantir complètement la grande idée — née du génie de la France — de la fraternité des peuples.

Aussi n'évoquerai-je pas les horreurs de la famine, et ne parlerai-je pas des souffrances du peuple russe. Quand on appelle au secours, on ne profère qu'un cri.

Et j'appelle au secours !

MAXIME GORKI.

Petrograd, 25 juillet 1921.

L'Europe condamne les affamés.

Lorsque je suis rentré en France, l'opinion européenne était déjà au courant de la catastrophe qui s'abattait sur la Russie.

Elle était saisie depuis un mois par le manifeste de Gorki et par celui du patriarche. Elle l'était par Tchitchérine, qui venait précisément de remercier dans un radio officiel ceux qui, de tous les points du monde, témoignaient que les appels lancés étaient entendus. Ce radio se terminait ainsi :

« Les nouvelles reçues chaque jour et provenant de multiples organisations étrangères, nouvelles exprimant le désir de secourir la population affamée de Russie, correspondent aux vœux du peuple et du Gouvernement russes, ainsi qu'à l'urgent besoin de recevoir une aide de l'étranger.

« Le Gouvernement russe, s'adressant à ce sujet à tous les Gouvernements, se permet d'exprimer l'espoir que ces derniers n'entraveront en rien les organisations sociales et les particuliers de leurs pays

qui voudront secourir les citoyens affamés de
Russie.

« Le Gouvernement russe accueillera toute aide
de quelque source qu'elle vienne et fera abstrac-
tion de toutes les relations politiques existantes.
Exprimant, au nom de tout le peuple de Russie, sa
chaleureuse reconnaissance aux organisations et aux
particuliers étrangers qui manifestent un si vif désir
d'aider les citoyens russes souffrant de la faim, le
Gouvernement russe estime qu'il est en droit d'attendre que les Gouvernements des autres pays ne
mettent aux désirs de leurs ressortissants aucun
obstacle ni aucune barrière. »

Dans les semaines qui suivirent, des précisions
sur l'étendue de la famine arrivèrent peu à peu.
Suiderski m'avait dit que le Gouvernement russe
ne dissimulerait rien, qu'il ferait tenir à l'Europe
tous les renseignements nécessaires dès qu'il les
aurait lui-même recueillis.

Fidèle à ses engagements, il fit connaître dans
le courant d'août que 21 gouvernements — toute la
moyenne Volga, partie de la Volga supérieure et
inférieure, Oural, Russie centrale, Ukraine méri-
dionale, Crimée et Caucase du Nord — ne pouvaient
suffire à leur subsistance; qu'une demi-douzaine —
Viatka, Tambov, Kursk, Voronèje, Kouban —
avaient de quoi subvenir à leur consommation, mais
non aux ensemencements; que seuls les autres —
Tcheliabinsk, Stavropol, Tsaritsyne, région du Don
— possédaient un excédent qui ne dépasserait pas
30 millions de pouds.

La zone dévastée représentait, d'après ses consta-
tations, une population de 33 millions d'habitants.
Les deux zones à pourvoir de semences s'étendaient
sur 22 millions de déciatines.

Des diverses évaluations provisoires qui nous
avaient été fournies en juillet, c'étaient donc les
plus pessimistes qui se trouvaient exactes.

Le nombre des affamés atteignait presque celui de
la population totale de la France.

A mesure que se précisaient ces nouvelles, l'opinion européenne s'inquiétait. La Commission internationale des Croix-Rouges, qui se réunit à Genève au milieu d'août, exprima l'état d'âme moyen d'une bourgeoisie conservatrice mais accessible à la pitié en invitant les délégués de chaque pays à « faire tout ce qui est en leur pouvoir en vue d'encourager les diverses organisations charitables dans leurs pays respectifs aux fins de réunir les fonds et les produits nécessaires à la population russe atteinte par la famine. »

C'était compter sans les Gouvernements de l'Entente et spécialement sans le Gouvernement du Bloc National français.

Une Commission internationale de secours, désignée par les Alliés, s'assembla fin août. La France y était représentée par MM. Noulens, Paul Giraud et le général Pau. M. Noulens fut élu président.

Ces choix étaient significatifs. Le général Pau, qui commanda la mission militaire française jusqu'en 1916, a dû être remplacé par son collègue Janin, au vu et au su de tout Petrograd, pour raison de sénilité. M. Giraud, ancien président de la Chambre de Commerce française de Petrograd, est connu en Russie, a écrit Pierre Pascal, « comme le plus rapace exploiteur des travailleurs russes, l'homme qui se vantait devant moi d'avoir régulièrement contrevenu aux lois sur l'hygiène ouvrière en corrompant la police tsariste ».

Désigner ces deux personnages, c'était déjà avertir les affamés qu'on ne ferait rien pour eux. Mais leur donner pour chef M. Noulens, l'investir de la présidence de la Conférence, c'était aggraver l'indifférence à la souffrance d'un défi à l'adresse de Moscou.

M. Noulens, ambassadeur à Petrograd, ou plutôt à Helsingfors et à Vologda, où il s'était enfui, a assisté aux débuts de la Révolution sans y rien comprendre. Avec la sottise étroite d'un politicien de sous-préfecture, il a cru, comme bien d'autres en France, que les « bolcheviks étaient une poignée d'agitateurs audacieux à la solde du grand état-major allemand, que leur coup de force était un acte de brigandage contre le peuple russe et que, par conséquent, il était sans lendemain ». Par sa faute, aux yeux de ceux qui l'écoutaient chez nous, « un mouvement tumultueux, né de l'histoire et de la guerre, profond comme la mer et irrésistible comme elle, a été réduit à l'échelle d'une simple conspiration de quelques terroristes et d'une entreprise de débauchage de soldats » (1).

La responsabilité de M. Noulens dans la criminelle politique du fil de fer barbelé est de tout premier plan. Les Russes le savent mieux que personne. Ils lui conservent en outre une reconnaissance particulière pour divers forfaits dont il fut personnellement l'instigateur.

En 1918, il a préparé et déclanché la révolte blanche de Iaroslav, point de jonction de la ligne d'Arkangel avec le réseau russe, qu'il était nécessaire de tenir pour envahir la Russie par le nord.

A la même époque, lorsque les Tchéco-Slovaques cantonnés sur la Volga, qui ne demandaient qu'à s'entendre avec les Soviets pour leur rapatriement, en sont venus à mener contre la République une guerre fratricide (2), ce sont les intrigues de M. Noulens, du consul anglais Lockart et de leurs sous-ordres, le lieutenant de Vertamont et M. Raylay, qui les ont égarés.

Agents français, agents anglais, sur l'ordre de leurs chefs, rivalisèrent alors dans l'organisation d'attentats que n'expliquaient même pas la nécessité militaire, mais qui n'avaient pour but que de désorganiser le pays.

René Marchand qui, pas plus que Pascal, ne comptait avant la Révolution parmi les nôtres, Mar-

---

(1) *M. Noulens était le politicien le moins qualifié pour présider la Commission de secours aux Russes*, par Raoul Labry, agrégé de l'Université, ancien membre de l'Institut français de Petrograd, dans *le Progrès Civique* du 8 octobre 1921.

(1) Voir le chapitre : « Quatre années de guerres civiles »

chand, neveu de Calmette, correspondant du *Figaro*, antibolchevik décidé, se convertit au communisme dans le sursaut de sa conscience provoqué par ces agissements. Dans sa « Lettre à M. Raymond Poincaré » du 4 septembre 1918, il a raconté comment il les apprit, au cours d'une réunion confidentielle tenue le 24 août au consulat général des Etats-Unis.

« Un agent anglais préparait la destruction du pont de chemin de fer sur la rivière Volkhov, non loin de Zvanka. Cette destruction équivalait à la condamnation de Petrograd à *une famine complète;* la ville se trouverait ainsi coupée de toutes communications du côté est, c'est-à-dire du côté d'où nous vient le blé, déjà insuffisant... Un agent français a ajouté qu'il avait déjà tenté de faire sauter le pont de Tcherepovetz, ce qui aurait pour le ravitaillement de Petrograd des conséquences aussi funestes... Il a été question ensuite de destructions de rails sur diverses lignes de chemins de fer. »

Certains des malfaiteurs aux ordres de M. Noulens, pris sur le fait, condamnés, n'ont dû leur salut qu'aux pressantes interventions de Sadoul. Eux-mêmes l'ont déclaré à leur retour en France. Leurs tristes exploits ne sauraient être niés (1).

Choisir, après cela, M. Noulens comme plénipotentiaire pour conduire avec la Russie des négocia-

-----

(1) L'inconscience de leur chef, leur propre inconscience, semblent n'avoir trouvé d'égale que l'inconscience de ceux qui les recrutaient ici pour de tels travaux. Trotski m'a raconté sa stupéfaction lorsqu'il apprit un jour de cette époque que le même commissaire qui l'avait expulsé de France, M. Faupas-Bidet, venait d'arriver en Russie officiellement accrédité.

« Celui-là à Moscou ? Celui-là ! C'était pour se payer ma tête. Je le fis venir et lui demandai s'il n'était pas fou. Mais il me témoigna tant de cynisme tranquille que je me sentis désarmé. Ainsi, finis-je par lui dire, Malvy a signé ma mise à la porte et le voilà en exil ? Vous, vous avez exécuté sa sentence et vous voilà sous ma patte ? — C'est la marche des événements! me répondit-il en riant. » Et Trotski ajoutait : « Il m'a tant dégoûté que je l'ai laissé aller. »

tions, c'était fermer la porte d'avance à quelque arrangement que ce soit.

Les hommes du quai d'Orsay, qui sont incapables de toute vue intelligente, s'entendent à merveille aux pratiques de l'hypocrisie diplomatique.

En refusant brutalement de s'intéresser aux misères des moujiks, ils auraient soulevé une réprobation universelle. En chargeant de s'en occuper un intermédiaire impossible, ils conservaient le bénéfice du geste.

Le peuple français, l'Europe, qui ignorent le rôle joué par M. Noulens à Vologda comme ils ont ignoré tout de ce qui s'est passé en Russie depuis quatre ans, qui ne savent même pas aujourd'hui que M. Noulens est devenu, depuis son retour, président grassement appointé d'une banque franco-polonaise et président de la Commission des intérêts français en Russie, c'est-à-dire chef du consortium des financiers et des industriels intéressés dans le Donetz, le peuple français et l'Europe ont été, comme d'habitude, trompés, bernés, bafoués par leurs dirigeants.

Les bolcheviks, eux, ne pouvaient pas l'être en la circonstance. Ils ont réagi comme ils ne pouvaient pas ne pas réagir, comme on comptait bien qu'ils réagiraient.

Ils ont répondu comme répondrait l'Allemagne si M. Barrès devenait ambassadeur à Berlin, comme aurait répondu le pape si l'on avait accrédité près de lui M. Combes.

Un message indigné de Tchitchérine protesta contre la désignation de M. Noulens et rejeta les propositions télégraphiées par celui-ci le 2 septembre au nom de la Commission.

Ces propositions avaient d'ailleurs été soigneusement rédigées pour supprimer la dernière chance d'accord au cas où il en aurait subsisté quelqu'une.

La Commission demandait à envoyer une trentaine de délégués en Russie pour y mener une enquête sur l'étendue de la famine et du choléra, les possibilités d'ensemencement, les pertes en bétail et les disponibilités de fourrage, sur l'état des transports, sur les mesures prises et les mesures à prendre pour l'organisation des secours, sur les ressources de la Russie, etc...

A un peuple en train de mourir et de crier au secours, on offrait une expédition de tourisme — ou d'espionnage — dont le prétexte le plus avouable était l'accomplissement d'un travail d'ores et déjà terminé.

La Commission éprouva-t-elle quelque honte de ses décisions? Ou plus simplement craignit-elle d'avoir trop montré le bout de l'oreille réactionnaire?

Elle résolut le 15 septembre de s'élargir et de convoquer pour le 6 octobre, à Bruxelles, une Conférence à laquelle toutes les nations étrangères à l'Entente seraient appelées à participer. Notre bonne presse s'était hâtée d'annoncer que la Commission avait décidé de se dissoudre, faute de but à atteindre. Quelques journaux étrangers remirent les choses au point en expliquant que la motion votée sur la proposition des délégués anglais et italiens devait être interprétée, au contraire, comme un moyen de poursuivre les négociations tout en sauvant la face de la délégation française.

Trois semaines de plus s'écoulèrent donc.

Les feuilles françaises en profitèrent pour exploiter savamment la dissolution du Comité russe de secours contre la famine dont Suiderski m'avait indiqué en juillet la composition; dissolution à laquelle le Gouvernement des Soviets avait dû procéder après la découverte d'intrigues douteuses menées par certains de ses membres. Elles en profitèrent également pour répandre, suivant leur habitude, diverses fausses nouvelles, comme l'annonce du pillage à Iamburg du premier train de secours expédié par le comité Hoover; annonce que M. Hoover démentit au plus vite, sans que ses démentis fussent d'ailleurs reproduits.

La campagne abominable continuait sur les res-

ponsabilités des bolcheviks. On ne parlait point
des responsabilités du tsarisme, qui n'a jamais
essayé d'apprendre aux paysans à cultiver; pas
davantage de la guerre et des pertes en hommes et
en chevaux qu'elle a causées; du blocus, qui a réduit
la Russie à la misère; de la guerre civile qui, sous
les espèces tchéco-slovaque et koltchakienne, a
ruiné les moyens de transport dans tout l'orient du
pays; encore moins de l'effroyable sécheresse.

Qui veut noyer son chien l'accuse de la rage.
Tous les jours, une presse aux gages de la finance
internationale racontait aux lecteurs des deux
mondes que Lénine et Trotski, par leurs folles expériences, ont affamé leurs malheureux compatriotes.

Ceux-ci cependant continuaient à tomber par centaines de mille, dans les circonstances les plus dramatiques.

La Commission américaine de secours télégraphiait de Samara à M. Hoover :

« La condition actuelle dans le bassin de la Volga
n'est pas encore aussi mauvaise qu'en Arménie,
mais il est incontestable qu'elle le sera avant l'hiver,
et ceci sur une échelle infiniment plus vaste, à moins
que des secours ne soient immédiatement envoyés.
15.500 réfugiés, sans asile, attendent maintenant à
Samara des moyens de transport pour se rendre ailleurs. Toutes les routes conduisant à la ville sont
encombrées par de longues files de charrettes portant des familles fugitives. Dans les villages que
nous avons parcourus, il nous a été donné de constater que 40 % de la population a déjà émigré.
Cette proportion implique que la province de Samara
donnerait à elle seule 5 millions de réfugiés.
50.000 enfants se trouvent actuellement dans des
institutions de Samara, dépendant uniquement du
gouvernement pour les moyens d'existence. 588.000
adultes se trouvent dans une situation analogue,
mais leur nombre, dans un mois, dépassera le million.

« Dans toute l'étendue des provinces de Samara

et de Simbirsk, les paysans mangent actuellement un mélange appelé pain composé de graines de tournesol, de glands, de faînes de bouleaux mêlés à de la paille de blé. Ce mélange, qui n'a presque aucune valeur nutritive, est vendu 1.600 roubles la livre. Les paysans commencent à l'abhorrer et sont décidés à confier au sol ce qui leur reste de grains, c'est-à-dire environ 22.000 tonnes, restant de la sorte dépourvus devant l'hiver. Samara seule nécessite 400.000 tonnes de grains jusqu'à la moisson prochaine.

« Le Gouvernement fait des efforts désespérés pour obtenir des grains de Sibérie et du Turkestan. Mais il faut tenir compte que ce qui pourra venir de Sibérie arrivera trop tard et les réfugiés du Turkestan nous ont affirmé que dans leur région la récolte est déficitaire.

« Les dangers possibles de la situation sont épouvantables. La Russie devient rapidement une seconde et vaste Arménie, avec des populations affamées et désespérées qui errent de place en place, où il est impossible de les atteindre avec des secours à moins que l'aide de l'extérieur ne soit organisée de façon à pouvoir distribuer des grains en quantités suffisantes pour nourrir la population jusqu'à la prochaine moisson. »

Ransome, un des rares journalistes auxquels on puisse faire confiance, expédiait de son côté au *Manchester Guardian*, des dépêches comme celle-ci :

« A la station de Samara, les enfants se pressaient en foule autour du train, exhalant une longue plainte aussi rythmée et régulière que les cris des chats-huants dans les bois, chaque enfant parlant pour lui-même, individuellement : « Un petit morceau de pain, un petit morceau de pain, Oncle, petit Oncle, pour l'amour de Dieu, un petit morceau de pain. » Les pieds des enfants étaient noirs, marqués de grandes taches pourpres et bleues avec des parties claires où la lumière frappait des os saillants pareils à des plaques de lèpre. Leurs figures ressemblaient à celles d'animaux blessés, à des masques blancs illuminés, à tout ce que vous voudrez sinon à des figures d'enfant. Des gens leur passaient de petits bouts de nourriture par les fenêtres du train. Chaque brin entrait droit dans leur bouche, et toujours ces pauvres petites mains suppliantes continuaient à se tendre, demandant davantage. Les mères étaient là, à côté, pleurant faiblement, n'ayant plus la force de mendier. L'une d'elles me dit qu'elle allait à pied d'Orenbourg à Minsk, c'est-à-dire d'un bout à l'autre de la Russie d'Europe. Ils étaient partis avec des chariots et des bêtes. Huit membres de la famille étaient morts, ainsi que tous les animaux. Elle avait dans les bras un petit squelette qui se remuait à peine et deux autres petits faméliques étaient pendus à ses jupes. Un petit garçon, les pieds en sang, cherchait dans la poussière des pelures de graines de soleil et lorsqu'il en trouvait par-ci par-là, une qui n'avait été mâchée qu'incomplètement, il la suçait avidement. »

A ces descriptions effroyables, Ransome donnait cette juste conclusion :

« Avec ces visions dans l'esprit, on comprendra que je ne puisse m'empêcher d'être pris d'un sentiment de colère contre ceux qui retardent les secours ou qui les offrent sous une forme qui ne doit et ne peut être que refusée, de peur de voir de nouveaux conflits intérieurs naître en Russie. Je voudrais que M. Noulens, par la bonne volonté duquel les Tchéco-Slovaques purent prendre la ville de Samara et commencer par là la guerre civile de Koltchak, qui fit du district le théâtre de constants mouvements d'armées, puisse être amené pendant quelque temps dans la gare de Samara et rester pendant trois ou quatre semaines parmi ces enfants affamés, soumis au même régime qu'eux. On verrait alors s'il préférerait que les Alliés, au lieu d'envoyer des secours immédiats, nomment une commission chargée d'examiner sur les lieux, par des méthodes scientifiques, quel est le degré exact de sa faim. »

Hélas ! Les hommes de bonne volonté pouvaient écrire ! Ils pouvaient, lorsque leur personnalité leur permettait par hasard de se faire entendre, multiplier d'inutiles adjurations !

Nansen, dont la gloire scientifique pâlit aujourd'hui près de l'impérissable gloire qu'il accumule au service des affamés de la Russie, pouvait, avec sa haute autorité morale, placer la bourgeoisie internationale en face de sa terrible responsabilité !

L'Assemblée de la Société des Nations, réunie le 30 septembre à Genève, invitée par lui à faire une démarche auprès des Gouvernements pour qu'ils accordent les crédits nécessaires à l'organisation des secours, avait déclaré qu'elle se lavait les mains de cette affaire qui regardait la Conférence des Etats.

Il lui exposa le texte des accords passés par lui le 27 août avec le Gouvernement des Soviets, et montra que ces accords donnaient toutes garanties aux plus difficiles : liberté entière d'entrée, de circulation, de sortie pour le personnel étranger du service des secours; aide pour le recrutement en Russie; fourniture gratuite de locaux; usage libre et gratuit des postes, télégraphes et téléphones.

Que voulez-vous de plus? dit-il. Tout le monde maintenant devrait nous aider. Mais non !

« Notre campagne de charité est gênée par la campagne de presse qui s'organise aujourd'hui dans le monde, par cette campagne de mensonges, de toutes sortes qu'on répand et qui font le plus grand tort au succès de notre œuvre.

« Il est évident qu'il y a quelque part, je ne sais où, un centre d'où ces mensonges sont répandus dans un but déterminé. Il existe quelqu'un qui ne veut pas qu'on sauve la Russie.

« La pensée qui dirige cette campagne est certainement que notre action charitable aidera le Gouvernement des Soviets à se maintenir. Je ne crois pas que ce soit intervenir en faveur du maintien du Gouvernement des Soviets que de lui montrer qu'il y a en Europe des cœurs charitables qui savent s'élever au-dessus des considérations politiques.

Mais alors même qu'on favoriserait ainsi son maintien, ce ne serait pas une raison suffisante pour condamner à mort 20 millions d'innocents !...

« Au Canada, cette année, la moisson a été si belle que ce pays peut exporter trois fois plus qu'il n'en faut pour sauver la Russie de la famine; aux États-Unis, la récolte pourrit dans les greniers et en Argentine on a tellement de maïs qu'on s'en sert pour chauffer les locomotives. Entre l'Amérique et l'Europe, des bateaux sont là, vides et inemployés dans les ports, pendant qu'à l'Est 20 à 30 millions d'hommes et de femmes sont en train de mourir de faim. Jugez vous-même de cette situation !...

« Voyons les faits : vos Gouvernements ne peuvent pas, paraît-il, donner les cent millions de francs suisses immédiatement nécessaires, c'est-à-dire la moitié du prix d'un dreadnought... Eh bien ! qu'ils le disent donc carrément ! Ne continuons pas à convoquer des conférences, à instituer de nouvelles discussions, à rédiger des rapports, pendant que l'on meurt de faim en Russie !

« La Conférence de Genève m'a donné pour mandat de faire appel aux Gouvernements et aux peuples du monde entier pour collaborer à cette grande œuvre. Il faut réussir. Hâtons-nous. La course est tragique. Le froid de l'hiver descend du Nord vers les plaines du Sud. Déjà les principaux fleuves du Nord sont pris par les glaces. Permettrons-nous à l'hiver de descendre de jour en jour et quand il se sera étendu sur la région de famine, d'étouffer pour toujours ces millions de voix humaines ?... Imaginez ce que sera la misère de ces populations dans ces plaines glacées : hommes, femmes, enfants, épuisés par la faim, agonisant sur les routes couvertes de neige. Représentez-vous la faim et le froid forçant les portes de vos foyers et décimant vos propres familles et vous ne pourrez plus résister à l'appel que je vous adresse.

« Au nom de tout ce qu'il y a de plus sacré, à vous hommes et femmes d'Europe, je vous demande de songer à vos propres familles, à vos propres enfants : pourriez-vous les voir mourir dans vos bras? Du haut de cette tribune, j'adresse encore un appel aux Gouvernements et aux peuples. Je les supplie de secourir la Russie affamée avant qu'il soit trop tard, pour qu'ils n'aient pas à se repentir ! »

Cet appel émouvant, qui aurait dû, semble-t-il, entraîner toutes les adhésions, est resté à peu près ignoré de l'opinion publique. En France, les journaux, fidèles à leur consigne de silence, l'ont soigneusement étouffé (1).

Mais les Gouvernements, eux, étaient saisis. Ils ne pouvaient se dispenser de répondre. Leur décision fut prise le 6 octobre à Bruxelles, à la Conférence Internationale que composaient les délégués de vingt-trois Etats.

La Conférence n'osa pas prendre à son compte, sans doute, la thèse sauvage du délégué yougo-slave à Genève, M. Spalaïkovitch, qui, parlant après Nansen, avait déclaré qu'en secourant les affamés, on soutiendrait le Gouvernement des Soviets et qu'entre les deux fléaux du bolchevisme et de la famine, le principal était le premier.

Elle n'osa pas endosser non plus la plaisanterie sinistre de la Commission d'enquête inquisitoriale lancée par la Commission Noulens.

Mais elle témoigna à son tour, par ses revendications impérieuses à propos de la reconnaissance des dettes tsaristes, que la question d'humanité n'était pas primordiale à ses yeux.

Il était depuis longtemps évident, il devint alors officiel, qu'il ne fallait compter sur aucun secours sérieux des Gouvernements d'Occident ou de leurs clients.

Les misérables subsides que les Parlements votèrent de-ci de-là, ne pouvaient donner le change. Les Chambres françaises décidèrent le 25 octobre une aumône de 6 millions qui n'était pas encore versée

____

(1) *La Vie Ouvrière* en a reproduit le texte complet d'après *La Coopération de Bâle*, numéro du 20 octobre.

trois mois plus tard, parce qu'on ignorait, paraît-il, à quel nom elle pouvait être ordonnancée.

L'hypocrisie du geste ne trompa personne.

La Conférence des Etats, comme l'empereur romain aux jeux du cirque, avait fait le geste du pouce qui commande d'achever les blessés.

Les Gouvernements d'Occident condamnaient les affamés de la Russie rouge.

Le « J'accuse » de Nansen.

La République des Soviets, heureusement, n'avait pas attendu l'aide de ses adversaires. Elle savait qu'elle ne pouvait compter vraiment que sur elle-même et sur l'appui que lui apporteraient de tous les pays les organisations ouvrières et la charité privée.

La magnifique campagne commencée dès les premières nouvelles de la famine, en juillet, s'est poursuivie là-bas sans relâche.

Pour combattre les épidémies, le Commissariat de l'Hygiène a multiplié les postes de secours et de vaccination, établi des quarantaines sévères. Le choléra, qui s'était répandu d'abord avec rapidité — 2 à 300 cas par jour à Rostov — se voyait presque enrayé dès la fin de 1921. Le typhus, la dysenterie et le scorbut continuent malheureusement des ravages qui ne cesseront qu'avec la disette.

Pour porter secours aux provinces dévastées, les semences et les vivres, rassemblés dans les régions de l'Ouest, partent continuellement vers l'Est, qui d'ordinaire approvisionnait le reste du pays.

Le 1er septembre, 12 millions de pouds de céréales avaient été expédiés, dont 11 ont été employés aux semailles d'automne. 3 millions et demi de déciatines sont de ce fait en culture et les trois quarts de la surface précédemment ensemencée produiront une récolte.

D'après le plan que le Gouvernement s'était tracé, 2 millions de pouds de denrées devaient être envoyés chaque mois. Il en a été envoyé 2.400.000 en octobre et 1 million et demi dans les dix premiers jours de novembre. C'est de quoi nourrir 10 % de la population adulte et 17 % des enfants en leur donnant des rations équivalentes au tiers des rations normales !

Dès le 15 septembre, les chemins de fer délabrés de la République avaient évacué 475.000 personnes des pays dévastés. 27 trains sanitaires, auxquels 13 ont été ajoutés en octobre, étaient spécialement affectés à l'exode des enfants.

J'emprunte ces chiffres au rapport présenté par Kalinine au IX° Congrès des Soviets, qui s'est réuni à la fin de décembre. Kalinine estime que l'aide apportée par le Gouvernement aux affamés, calculée en or, représenterait un milliard de francs français : « somme tout à fait insuffisante — dit-il — mais somme énorme pour notre République ruinée ! »

Tous ceux qui ont pu voir les bolcheviks à l'œuvre leur rendent au reste l'hommage qui leur est dû.

Nansen, le 13 novembre, a déclaré à Genève à l'Office International du travail :

« Je dois ajouter pour être équitable que l'action du pouvoir des Soviets a dépassé de loin tout ce qu'il s'était promis par rapport à ses forces. Je n'ai pas besoin de rappeler qu'aucun motif politique ne me détermine à lui rendre cet hommage qui lui revient de droit. Les représentants, assez nombreux à cette heure, des organisations travaillant en Russie au secours des affamés, sont unanimes à reconnaître que l'énergie et la fermeté des membres du Gouvernement russe dans la lutte contre la famine ont dépassé de beaucoup tous les espoirs et toutes les attentes. »

A la Conférence Internationale des Comités de secours, tenue à Berlin le 4 décembre, M. Corterell, délégué de l'Union des Quakers anglais, qui revenait de la Volga, a dit :

« Les autorités soviétistes font tout ce qui est en leur pouvoir et même plus qu'elles ne peuvent humainement. »

Le 25 janvier 1922, à Genève, l'un des lieutenants de Nansen, M. Frick, a protesté avec indignation contre les assertions calomnieuses d'un délégué de l'ancienne Croix-Rouge tsariste, qui affirmait contre toute exactitude que des trains de secours avaient été pillés.

« Je ne comprends pas — a ajouté Nansen — comment il est possible que des hommes osent employer des moyens pareils, au risque d'avoir sur leurs consciences les responsabilités de millions de morts par le tort qu'ils font ainsi à l'humanité ! »

Est-il nécessaire de défendre d'ailleurs des gens qui paient tous les jours, non seulement de leur dévouement, mais de leur existence même? L'un des représentants du Commissariat de l'hygiène, Lazarov, n'est-il pas mort du typhus, après bien d'autres, en organisant les secours sur la Volga?

Si le Gouvernement russe accomplit son devoir dans toute sa rigueur, les organisations ouvrières du monde entier, partis politiques, syndicats, coopératives, ont rempli le leur également.

Souscriptions, prélèvements sur les salaires, subventions des municipalités, tous les moyens ont été mis en œuvre pour recueillir de l'argent.

Le Comité de secours prolétarien international, dont le siège est à Berlin, avait centralisé au début de 1922 150 millions de marks, dont 20 millions venaient de France. Ces fonds ont permis d'expédier 18 vapeurs chargés de vivres.

Des collectes de vêtements, de chaussures, de denrées ont en outre été organisées partout. La France a, pour sa part, fait partir de Metz plusieurs trains complets.

Tout cela, sans doute, est appréciable, et la classe

ouvrière, elle, aura témoigné sa solidarité fraternelle aux misérables qui meurent dans les steppes de Russie. Mais tout cela est d'une effroyable insuffisance au regard du cataclysme dont les échos parviennent de loin en loin jusqu'à nous.

Le 4 décembre, une Conférence a réuni à Berlin les délégués des comités d'assistance. M^{mo} Magdeleine Marx y a recueilli des témoignages desquels il ressort que les horreurs décrites quelques mois plus tôt par Ransome n'étaient rien auprès de celles qu'on a dû constater depuis.

« Je reviens de Samara — lui a dit M. Spasski, délégué de la Croix-Rouge russe. — Raconter? Décrire? Il n'y a pas de paroles pour dire ce que j'ai vu. Horreur? Cauchemar? Ces mots sont bien trop faibles! Je suis arrivé à midi dans la campagne Semelkino. Le village était à moitié vide, les paysans étaient partis. Où? N'importe où, à l'aventure. Je suis entré dans la première maison venue et j'ai parlé à la maîtresse de la maison. « Regardez mon enfant », me dit-elle. Je regardai : c'était horrible à voir! Horrible? Ah! il devrait y avoir un autre mot, mais le langage humain n'en a pas de semblable. Le ventre était énorme, les pieds étaient deux coussinets, et dans la toute petite figure, ridée, bleue, déjà morte, deux petits yeux enflés, bordés de rouge, coulaient, coulaient... Il paraissait n'avoir pas de poitrine, n'être qu'un ventre monstrueux. Trois ans et demi. Je le pris dans mes bras : Il ne pesait certainement pas dix livres.

« Les deux aînés sont morts, dit tranquillement la paysanne. Et celui-ci... Je ne sais pas ce qu'il faut en faire : Il ne meurt pas! Il faudra peut-être que je le tue...

« Jamais, jamais, je n'oublierai comment ces paroles furent prononcées. Elles furent dites avec une simplicité et une tranquillité extraordinaires.

« Dans une isba voisine, une femme avait coupé la tête de son enfant à coups de hache. « On l'a enterré hier », me dit, du même ton tranquille, une vieille femme, et, comme je semblais ne pas comprendre : « Mais que voulez-vous donc que nous en fassions, de nos enfants? De toute façon, nous savons qu'ils mourront. *Nous le savons.* Il n'y a pas longtemps, il y avait le choléra. Au moins, avec le choléra, cela va vite, on ne les voit pas souffrir pendant des semaines... Mais à présent, on dit qu'il n'y a plus de choléra!... » Elle abattit ses bras d'un grand geste impuissant.

M. Corterell, délégué des organisations des Quakers, a raconté sa visite dans la région de Buzuluk :

« Ici, c'est un petit village de 40 familles. 400 habitants en tout. Lorsque je suis parti, 320 étaient morts. A l'heure qu'il est, le village doit être vide. Cinquante-cinq verstes plus loin se trouve un bourg de 9.000 habitants. 150 sont morts en septembre, 1.000 en octobre, 1.500 en novembre et presque autant depuis le début de décembre. Combien sont-ils à l'heure qu'il est?

« Tout autour de Buzuluk, les morts de froid, les morts de faim sont étendus par terre. On peut marcher dessus. Ils sont dépouillés de leurs vêtements, car les vivants s'en sont couverts. De temps en temps passe une charrette qui les ramasse pour les déverser pêle-mêle dans un énorme trou creusé au milieu du cimetière.

« Dans la crèche de la bourgade, où 700 enfants se trouvent entassés, 35 meurent par jour. Les vivants et les morts restent pendant des jours et des nuits dans le même lit, jusqu'à ce que la gardienne vienne faire son tour, tâtant les petits corps, enlevant les cadavres, laissant derrière elle les pauvres petits autres, attendre docilement la mort. »

Mme Marx résume ainsi ce qu'elle a entendu :

« Tous les témoins — et aucun n'est suspect de sympathie communiste — s'accordent à reconnaître le formidable effort fourni par le Gouvernement soviétique dans la lutte contre la famine. Aucun Gouvernement n'eût pu faire plus, déclarent-ils tous; certains ajoutent même : aucun Gouvernement n'aurait pu faire autant.

« Les descriptions qu'ils font de la situation des enfants, eux qui ont *vu*, il est impossible de les rendre. *Cinq millions* de petits qui s'en vont lentement, innocemment, vers une mort épouvantable. Dans les rues des villes dépeuplées, sur les routes, dans les forêts, par centaines de milliers, de misérables gosses abandonnés par leurs parents, à peine vêtus, marchant pieds nus, à la recherche de bouts d'orties, de bouts d'écorce et de brins d'herbe, et se cachant à la vue des grandes personnes comme de petits animaux sauvages. Les asiles tellement pleins que les enfants doivent s'y relayer pour dormir et qu'on est obligé de les réveiller après 3 ou 4 heures de sommeil afin qu'ils fassent place à d'autres. Pas de savon et pas de linge pour les laver, de petits corps dévorés par la vermine. Des asiles où la mortalité atteint 100 %, où elle est telle que les directeurs n'ont ni la possibilité, ni le temps d'inscrire les noms de ceux qui entrent et meurent au bout de quelques jours. Des régions entières (celles des Tchouvaches et des Kirghizes) où les mères, en masse, *noient leurs enfants* pour ne pas les voir souffrir trop longtemps et abréger leur agonie (1). »

A quoi bon d'ailleurs multiplier ces tableaux effroyables? Tout le monde n'a-t-il pas lu dans les dépêches de presse les récits répétés de scènes d'anthropophagie qui prouvent que dans l'Orient russe, la population réduite par la nécessité au cannibalisme retourne aux mœurs sauvages d'une humanité primitive?

Je cherche moins à émouvoir les nerfs de mes lecteurs qu'à persuader leur cerveau. Et les chiffres qu'apporte Nansen sont pour cela supérieurs à tout.

Le grand Norvégien est revenu en Occident à la

---

(1) *Clarté*, numéro du 4 janvier 1922.

fin de janvier 1922. Un Congrès a réuni le 25, à Genève, des délégués des Croix-Rouges de tous les pays, à l'exception d'une seule, qui manquait comme dans toutes les Conférences précédentes : la Croix-Rouge française (1).

A la première séance, Nansen a rendu compte de son activité.

Nous nourrissons aujourd'hui, a-t-il dit, 3 millions 300.000 individus. Mais ceux qui souffrent de la faim sont au nombre de 32 à 33 millions, ceux qui sont menacés de mort au nombre de 19 millions.

Pour en sauver le plus possible, que faire?

Les fleuves sont bloqués maintenant et le seront jusqu'en avril. La population, trop affaiblie, ne peut plus déblayer les routes couvertes de neige et les chevaux d'ailleurs sont morts. Deux lignes de chemins de fer peuvent transporter ensemble 150.000 tonnes de blé par mois, soit 600.000 tonnes jusqu'en mai (2).

Ces 600.000 tonnes sauveraient 6 à 7 millions d'hommes. Le reste est perdu, irrémédiablement. Mais, de ces 600.000 tonnes mêmes, 400.000 sont nécessaires pour les semailles de printemps. Ou nous les emploierons à nourrir les individus et la

---

(1) M. Ferdinand Buisson a posé, le 16 février, à la Chambre, une question à M. Poincaré, président du Conseil, sur l'utilisation des 6 millions votés par le Parlement et remis par le Gouvernement au comité Noulens. Et il a pu dire que le Comité international des Croix-Rouges avait, à trois reprises, en août, octobre et décembre, invité la Croix-Rouge française à se joindre à lui, sans recevoir d'autre réponse que ces mots stupéfiants : « La Croix-Rouge française déclare qu'elle n'est que mandataire de son gouvernement et ne peut qu'attendre des ordres officiels au sujet d'une action en Russie. » (*J. off.*, 17 février 1922).

(2) 8 millions de pouds de céréales de l'Altaï auraient pu être amenés de Sibérie si le transsibérien n'avait pas été, en grande partie, détruit sur l'ordre des missions française, anglaise et américaine près de Koltchak. 167 ponts, dont trois très importants sur l'Irtich, le Tobol et l'Ichim, 67 châteaux d'eau, quantité de stations ont été démolis. (Rapport de Kalinine au IX⁰ Congrès.)

famine continuera un autre hiver, ou nous les donnerons à la terre pour que le cataclysme finisse.

De toutes façons, une dizaine de millions d'hommes mourront de faim.

Tous, a catégoriquement affirmé Nansen, tous auraient pu être sauvés, si les Gouvernements l'avaient voulu. Ils l'auraient été jusqu'au dernier, si l'on nous avait entendus en septembre, si l'on nous avait alors donné les cinq millions de livres que je réclamais. Les fleuves n'étaient pas gelés, les transports étaient possibles. Maintenant, il est trop tard. On ne peut plus qu'atténuer faiblement le désastre.

Il faut réunir tout ce qu'on peut transporter de blé et pour réunir une quantité pareille, il faut de l'argent, beaucoup d'argent.

Toutes les souscriptions sont utiles. Avec une tonne de blé, on préserve douze existences. Avec 80 kilos, on assure la vie d'un homme pendant cinq mois. Une tonne valant 33 dollars, une existence est sauvée chaque fois que nous recueillons 24 francs.

Mais les dons individuels ne sauraient suffire. 3 millions de livres sterling sont nécessaires immédiatement. Les Gouvernements seuls peuvent les assurer.

Puisqu'ils n'ont pas compris, puisqu'ils ne comprennent pas encore leur devoir, c'est aux peuples à leur imposer leurs volontés.

Nansen, au début de février, est allé tenir ce langage dans plusieurs grandes villes d'Angleterre. Il est venu le tenir à Paris. Il est parti de là pour le tenir à La Haye, à Copenhague, à Stockholm.

Une foule serrée l'a entendu chez nous au Trocadéro. Elle a vu passer sur l'écran des films angoissants et les cris d'épouvante montaient dans l'ombre de la salle devant cet effroyable acte d'accusation.

Les Gouvernements d'Europe entendront-ils? Les hommes, les femmes, les enfants continuent à mourir, là-bas...

Conclusion

Le IXᵉ Congrès panrusse des Soviets.

(Décembre 1921)

Tandis que j'écrivais les chapitres de ce livre, classant mes notes, étudiant mes documents, rédigeant avec une ferveur joyeuse que je ne crois pas avoir jamais apportée au même degré à un autre travail, le IXᵉ Congrès panrusse des Soviets s'est réuni.

Selon la tradition établie depuis que l'existence extérieure de la République est devenue plus calme, il s'est assemblé dans les derniers jours de l'année (1).

J'attendais avec une certaine émotion le compte rendu de ses séances. Six mois ont passé depuis mon retour de Russie. L'évolution aux débuts de laquelle j'ai assisté s'est poursuivie là-bas, sans que beaucoup de renseignements précis nous parviennent. Mon étude allait-elle se trouver d'accord

----

(1) Iᵉʳ Congrès : 13-24 juillet 1917 (La guerre et l'attitude à observer vis-à-vis du Gouvernement provisoire).

IIᵉ Congrès : 26-27 octobre (Prise du pouvoir. La paix. Socialisation des terres).

IIIᵉ Congrès : 10 janvier 1918 (Dissolution de la Constituante).

IVᵉ Congrès : 14 mars (Ratification du traité de Brest-Litovsk).

Vᵉ Congrès : 4-10 juillet (Insurrections socialistes révolutionnaires. Organisation de l'armée. Constitution).

VIᵉ Congrès : 6-9 novembre (Proposition de paix à l'Entente. Création des Comités de paysans pauvres).

VIIᵉ Congrès : 5-10 décembre 1919 (Victoire sur tous les fronts).

VIIIᵉ Congrès : 22-29 décembre 1920 (Démobilisation. Acheminement vers la « politique nouvelle »).

IXᵉ Congrès : 24-28 décembre 1921.

avec les conclusions du Congrès? Serait-elle en quelque point contredite par telle ou telle de ses résolutions?

Les nouvelles de Moscou devaient être pour moi comme une épreuve et me permettre de me rendre compte si j'avais bien compris ce qu'il m'a été donné de voir, si j'avais fidèlement reproduit ce qu'il m'a été donné d'écouter.

Après les avoir lues, je n'ai pas constaté qu'il y eût rien à modifier dans mon texte. Il me paraît que j'ai rempli la seule tâche que j'avais ambitionné d'accomplir : celle d'un observateur scrupuleux.

Le IX° Congrès a examiné le bilan de la « Politique Nouvelle ». Et, l'ayant attentivement détaillé, il a unanimement décidé qu'il y avait lieu de persévérer dans l'orientation prise depuis le mois de mars 1921.

Lénine, Kalinine, Kamenev, Racovski ont défini les bases nouvelles de la vie économique telles que je les ai définies d'après leurs propres déclarations. Et je pourrais placer leurs discours comme une conclusion logique au bout de chacun des chapitres où j'ai rapporté leurs propos.

Pour restaurer l'agriculture, inspirons confiance aux paysans! Confirmons l'impôt en nature, donnons toutes facilités pour le payer. Encourageons les coopératives agricoles, créons une banque spéciale qui fournira des avances. Autorisons les déplacements d'une commune à l'autre, organisons l'enseignement technique. Développons le petit commerce et la petite industrie.

Pour restaurer l'industrie, inspirons confiance à l'étranger! Renouons les rapports internationaux au plus vite, faisons revenir les spécialistes, attirons les capitaux, réalisons le plan d'électrification.

Tels ont été les thèmes incessamment repris par tous les dirigeants de la République, thèmes que, dans les pages de ce livre, on les a vus l'un après l'autre exposer.

Ils ne se sont pas bornés à préciser les directives

de la politique nouvelle. Certains ont insisté sur les réformes récemment réalisées dans leur département.

Krestinski, Commissaire du Peuple aux Finances (1), a retracé les efforts accomplis en ces derniers mois pour assainir la situation financière : établissement d'un budget en roubles or, qui se monte en dépenses pour les dix premiers mois de 1922 — l'année budgétaire ira du 1er octobre au 1er octobre — à 1.877.117.837 roubles or et ne présente plus qu'un déficit de 300 millions de roubles or qu'on devra couvrir encore par une émission de papier.

Il a montré que la rentrée régulière des impôts, les économies effectuées sur les dépenses des Commissariats, les bénéfices des services publics dont la gratuité a cessé, le fonctionnement satisfaisant de la nouvelle Banque d'Etat, permettent d'escompter un retour à l'équilibre financier sans lequel la reprise des rapports internationaux serait bien difficile.

Trotski a fait, sur la démobilisation, des déclarations très nettes qui indiquent le chemin parcouru depuis l'époque où il me parlait du licenciement graduel de l'armée rouge.

« L'armée rouge, — a-t-il dit, — comptait 5.300.000 hommes pendant la guerre. Elle est maintenant de 1.300.000 hommes.

« Pourquoi ne pouvons-nous pas pousser plus loin la démobilisation ? Parce qu'il se trouve encore, sur les bords de la mer Noire, de nouveaux « sauveurs » de la Russie qui, avec le concours du capital des rois du naphte anglais et des industriels du manganèse italien, veulent organiser la classe paysanne de la Russie du Sud pour une nouvelle

------

(1) Depuis quelque temps, représentant de la République des Soviets en Allemagne.

lutte contre la Russie des Soviets. Parce qu’en Extrême-Orient, le Japon s’arme et attaque la République d’Extrême-Orient. Parce que le 6 octobre, le gouvernement des Soviets recevait une nouvelle de son représentant Karakhan annonçant que le gouvernement polonais voulait conserver la paix avec la Russie, mais que le 26 du même mois, nous recevions la nouvelle qu’une attaque importante avait eu lieu à la frontière polonaise. Parce que nos négociations avec la Roumanie ont été rompues, la Roumanie voulant se réserver au cas d’une attaque quelconque contre nous. »

Ayant examiné longuement les dangers qui restent de toutes parts menaçants, Trotski a conclu en ces termes catégoriques :

« Il est inutile de dire que nous ne voulons annexer aucun territoire. Il faut posséder la dose de stupidité des journaux européens et des ministres pour prétendre que nous voulons attaquer quelqu’un. Ces affirmations sont des mensonges et des calomnies. Nous entretenons une armée de 1.300.000 hommes qui, si l’on considère notre territoire, est dix-huit fois plus petite que l’armée française. »

« Notre seule force est notre volonté unanime. Personne de nous ne veut la guerre, nous voulons tous la paix, mais on ne nous donne pas cette paix. Le danger n’est pas exclu et il vaut mieux le regarder en face et le voir plus grand qu’il n’est en réalité. »

Enfin, au-dessus de tous les discours, au-dessus de toutes les déclarations, un acte décisif a été accompli : la suppression de la Tché-ka.

Lénine, comprenant, comme il l’a dit lui-même au Congrès, que « toute l’organisation du pays doit être adaptée aux besoins de la nouvelle politique économique », avait proposé la limitation des pouvoirs des Commissions Extraordinaires et fait adopter la résolution que voici :

« Le IX° Congrès panrusse des Soviets se rend

compte du travail héroïque accompli par la Commission Extraordinaire panrusse dans les périodes les plus critiques de la guerre civile; il reconnaît également que cette Commission a rendu de grands services à la consolidation des conquêtes de la Révolution d'octobre.

« Estimant qu'à l'heure actuelle la stabilité acquise par le pouvoir soviétique, aussi bien à l'intérieur du pays que dans le domaine international, permet de limiter le champ d'action de la Commission Extraordinaire, en ne lui confiant que la surveillance sur l'exécution des lois de la République des Soviets, le IX° Congrès panrusse des Soviets charge le bureau du Comité exécutif Central de réviser, dans le plus bref délai, tous les décrets relatifs à la Commission Extraordinaire et de procéder à la réorganisation de cet organe dans le sens d'une limitation de ses fonctions et de sa compétence. »

Le Comité Central exécutif a dépassé la décision du congrès. Il n'a pas réorganisé, il a supprimé l'institution dont l'existence a fait couler tant d'encre.

Le 10 février, il a promulgué un décret dont une dépêche de l'agence soviétique *Rosta* nous a transmis l'essentiel sous cette forme :

« Le Comité Central exécutif panrusse a ordonné à la Commission Extraordinaire panrusse de dissoudre ses organes locaux, et de transmettre au Commissariat du Peuple à l'Intérieur les affaires concernant la répression des conspirations contre-révolutionnaires et du banditisme. En outre, le Commissariat du Peuple à l'Intérieur se chargera des affaires suivantes : lutte contre l'espionnage, protection des voies de communication, protection des frontières de la R. S. F. S. R. Il devra constituer une Direction politique centrale qui sera présidée soit par le Commissaire du Peuple à l'Intérieur, soit par un fonctionnaire nommé par le Conseil des Commissaires du Peuple. En province, on constituera des sections politiques auprès des comités exécutifs. »

La Tché-ka, la fameuse Tché-ka dont l'Internationale conservatrice a tant exploité les actes, dont les bonnes langues disaient à Moscou même qu'elle était au-dessus du gouvernement et plus forte que lui, la Tché-ka a vécu. Et la Russie ne possède plus comme police politique que ce que possèdent tous les autres états.

S'il faut en croire des dépêches publiées par l'agence *L'Information*, le décret d'abolition aurait établi en même temps pour la liberté individuelle des garanties légales dont les citoyens français sont encore dépourvus :

« Aucune personne arrêtée sur territoire russe ne peut être détenue en prison plus de deux semaines sans que la raison pour laquelle elle a été arrêtée lui soit communiquée et sans qu'une acusation définie lui soit présentée.

« Aucune personne ne peut être détenue en prison plus de deux mois, sauf sur arrêt d'un tribunal. »

De plus le IV° Congrès panrusse des juristes aurait décidé la rédaction d'un nouveau Code pénal et d'un nouveau Code civil pour protéger l'existence et assurer les droits des Russes et des étrangers.

Que demeure-t-il, après cela, de la « Terreur Rouge »? Que reste-t-il du monstre horrible sous lequel on s'est acharné à nous représenter la République des Soviets?

Le processus d' « adaptation », pour reprendre le mot qu'employait Lénine au Congrès de mars 1921, n'est sans doute pas achevé. Où commencent, où finisent les évolutions des régimes? Il se poursuit et se poursuivra longtemps encore peut-être, mais il s'est développé avec une rapidité et avec une ampleur qui dépassent les prévisions des plus audacieux.

La « politique nouvelle », inaugurée depuis un an, aboutit déjà à une étape marquée. La Russie bolcheviste va entrer dans le concert des Etats, obtenir sa reconnaissance officielle.

Sera-ce demain ou après-demain? A Gênes ou bien ailleurs? Il n'importe.

Que le parti des émigrés s'agite pour retarder l'instant, qu'il trouve chez tel ou tel gouvernement, français ou autre, des associés pour tergiverser, ergoter, retarder de quelques semaines ou de quelques mois l'heure de la rencontre, cela n'empêchera rien.

Le 8 janvier 1922, la Conférence de Cannes a invité la Russie soviétique à envoyer ses représentants causer avec ceux des puissances capitalistes. Tout est là.

Depuis ce jour, Tchitchérine a gain de cause. Depuis ce jour, son but est atteint.

Il y tendait par principe, sans grande chance de succès, depuis son arrivée au pouvoir. Il y a tendu depuis son message de juillet avec l'effort de l'homme qui peut et qui veut aboutir.

Aujourd'hui, la victoire lui appartient. La République Socialiste Fédérative des Soviets de Russie se voit reconnue par l'Europe, reconnue virtuellement, bientôt effectivement.

J'arrête à ce tournant décisif mon étude. Un chapitre est clos de l'histoire de la Révolution russe. Un autre va commencer.

Le jugement de Lénine sur la Révolution.

Je ne puis cependant tirer le trait final au bas de mon livre sans ajouter, en manière de conclusion, quelques pages où, selon la coutume de nos pères, la « philosophie » du sujet que j'ai traité sera esquissée.

Et pour demeurer jusqu'au bout aussi objectif que possible, j'emprunterai d'abord au chef de la Révolution lui-même son propre jugement sur la Révolution qu'il a dirigée.

L'autorité de Lénine est plus incontestée que jamais. Le Comité Central Exécutif issu du IX° Congrès l'a confirmé dans ses fonctions ainsi que les autres Commissaires du Peuple. La presque unanimité de son bureau, que continue à présider Kalinine, se compose d'hommes acquis aux principes nouveaux (1).

Or Lénine, le 17 octobre 1921, jour anniversaire de la Révolution, a prononcé à Moscou, au Congrès des comités d'éducation politique, un discours où il a cherché à synthétiser l'œuvre accomplie par ses camarades et lui depuis quatre ans.

Ce discours est parvenu jusqu'en France dans son texte intégral. Puisons-y pour y trouver la pensée « officielle ». Elle s'y exprime, comme d'ordinaire,

---

(1) Kalinine, Kamenev, Racovski, Staline, Tomski, Rikov, Smidovitch, Ienukidze, Rudzutak, Tsurupa, Petrovski, Kurski, Kutuzov, Zalutski et Iokovenko. Tous étaient membres du bureau précédent, à l'exception de Racovski, de Tsurupa, Commissaire du Peuple au Ravitaillement et de Iakovenko, paysan sans parti de la province de Ienissei.

avec une franchise rude, sans le moindre souci de rien dissimuler.

La première partie résume avec allégresse l'œuvre de libération politique accomplie par la Révolution :

« La tâche la plus impérieuse de la Révolution fut en Russie de nature bourgeoise et démocratique. Ce fut de détruire dans le pays les survivances du Moyen-Age, d'en écarter inlassablement la honte, la barbarie, l'entrave à toute culture et à tout progrès. Et nous avons le droit de nous enorgueillir d'y avoir réussi auprès des masses de façon beaucoup plus décisive, plus effective et plus profonde que la Révolution Française, grâce à l'emploi de moyens beaucoup plus énergiques que ceux dont elle disposait.

« Les anarchistes et les démocrates petits-bourgeois — dont le type social est représenté en Russie par les mencheviks et les socialistes-révolutionnaires — n'ont pas cessé d'épiloguer sur les rapports de la révolution démocratique avec la révolution sociale prolétarienne. Mais quatre années de lutte ont prouvé la justesse de notre conception marxiste et de notre appréciation des révolutions antérieures. Nous avons poussé la révolution bourgeoise et démocratique jusqu'au bout.

« Inflexibles et conscients, nous allons vers la révolution sociale, sachant bien que nulle muraille infranchissable ne la sépare de la révolution bourgeoise démocratique. L'ampleur de nos progrès dépend de nos efforts : la lutte déterminera demain lesquelles de nos conquêtes demeureront à jamais assurées. »

Considérons quelques exemples :

« Quelles étaient en 1917 les survivances les plus importantes du servage féodal? L'autocratie, la noblesse, la propriété foncière, l'exploitation du paysan, l'infériorité sociale de la femme, l'orthodoxie, l'oppression des nationalités. Tandis que dans tous les états civilisés, les révolutions d'il y a plus d'un siècle et la Révolution anglaise de 1649 n'ont aboli toutes ces survivances médiévales que de façon très incomplète, nous avons, en Russie, nettoyé à fond nos écuries d'Augias. En dix semaines, du 7 novembre 1917 à la dissolution de la Constituante, nous avons fait mille fois plus en cette matière que les démocrates bourgeois et petits-bourgeois cadets, mencheviks et socialistes-révolutionnaires pendant les trois mois de leur gouvernement.

« Bavards et couards, ces faux Hamlets et ces Narcisses épris d'eux-mêmes brandissaient un glaive de carton, mais n'osaient pas abolir la monarchie. Nous avons balayé, nous, toutes les ordures monarchiques et ce avec un succès sans égal. L'édifice séculaire du vieil ordre social, nous l'avons démoli on ne peut plus complètement. Tandis qu'en Allemagne, en France et en Angleterre, pays de haute culture, des vestiges du plus lointain passé subsistent, rien ne reste en Russie de la féodalité et du servage.

« On peut douter — nous laissons aux lettrés mencheviks et socialistes-révolutionnaires de l'étranger le soin d'étudier la question — des résultats de la réforme agraire de la Révolution d'Octobre. Nous ne perdrons pas notre temps à épiloguer sur des problèmes qui se résolvent par l'action. Ce qui demeure incontestable, c'est que les démocrates petits-bourgeois avaient négocié pendant huit mois avec les propriétaires fonciers et que c'est nous qui avons chassé de Russie les hobereaux, les propriétaires fonciers et leurs traditions.

« Passons à la religion, à l'asservissement de la femme et des nationalités allogènes. Là aussi la révolution démocratique aurait dû apporter ses solutions. Sur ces sujets aussi les imbéciles de la démocratie petite-bourgeoise avaient pendant huit mois palabré à loisir. Au sens démocratique et bourgeois du mot, aucun des pays civilisés du monde n'a encore résolu ces problèmes dans leur totalité. Nous l'avons fait.

«Nous combattons la religion. A toutes les nationalités allogènes nous avons accordé l'autonomie ou l'indépendance. La Russie n'est plus déshonorée par le déni des droits de la femme ou par son infériorité légale, ignominieuse survivance du Moyen-Age et du servage que maintient encore dans tous les pays du monde une bourgeoisie avide et une petite bourgeoisie faible et stupide.

« Depuis 150 ou 250 ans les promoteurs de la révolution bourgeoise et démocratique, dont toutes les expériences ne furent que des variétés nationales d'un type unique et commun, promettaient de débarrasser l'humanité des privilèges, de la suprématie d'un culte sur les autres ou de la religion en général, de l'asservissement de la femme et des nationalités. Ces promesses, ils ne pouvaient pas les tenir, car leur respect superstitieux de la propriété privée les en empêchait. Par bonheur, notre révolution prolétarienne ignora tout de ce respect. »

Ces tâches de la révolution démocratique, constate Lénine, nous les avons accomplies *incidemment,* « comme des tâches secondaires découlant de notre tâche principale, qui était avant tout prolétarienne et socialiste. »

Notre révolution propre, nous l'avons faite en même temps que la première, dont elle est la continuation naturelle.

D'abord, nous avons créé un nouveau type d'état en créant le régime soviétique.

« Il servira de modèle à la démocratie des ouvriers et des paysans. Il signifie à la fois la rupture avec la démocratie bourgeoise et la naissance d'un type de démocratie sans précédent, dans l'histoire mondiale : la démocratie prolétarienne, formée par la dictature du prolétariat.

« Les chiens et les pourceaux de la bourgeoisie

moribonde et de la démocratie petite-bourgeoise qui végète encore peuvent nous insulter et se rire de nos erreurs et de nos insuccès dans notre œuvre de création du régime des Soviets. Certes, nous avons commis des erreurs et subi des échecs, et beaucoup même. Mais pouvait-on, sans fautes et sans échecs, réaliser dans l'histoire un nouveau type d'état? Nous ne cesserons pas de corriger nos fautes et de poursuivre une meilleure application des principes soviétistes à la réalité. Nous sommes encore loin de la perfection. Mais nous sommes légitimement fiers d'avoir fondé l'état soviétisté et ouvert ainsi une ère nouvelle dans l'histoire, celle de la domination de la classe jusqu'alors partout opprimée. »

Ensuite, en libérant ainsi les travailleurs, nous avons aboli la guerre pour la partie du monde qui dépend de nous.

« Les mencheviks et les socialistes-révolutionnaires, la petite-bourgeoisie à prétentions socialistes, en réalité à la dévotion de la bourgeoisie, ont pauvrement ironisé sur notre mot d'ordre : transformation de la guerre impérialiste en guerre civile. C'était pourtant là la seule chose réelle, d'une réalité cruelle, âpre, douloureuse, mais d'une réalité incontestable parmi les nuées, aujourd'hui dissipées, du chauvinisme et du pacifisme.

« On sait ce que fut la paix de Brest-Litovsk. Chaque jour nous révèle l'essence d'une paix pire encore, celle de Versailles. Et des millions d'hommes, désireux de comprendre les causes de la guerre d'hier et de celle de demain, entrevoient déjà cette vérité évidente et inexorable. On ne pourra éviter le déchaînement infernal d'une nouvelle guerre impérialiste, on ne pourra détruire l'impérialisme que par la révolution bolchevique.

« Ni les calomnies, ni les mensonges ne peuvent rien contre ce fait : pour la première fois, dans l'histoire du monde, après des millénaires d'esclavages, les esclaves dont les maîtres veulent la guerre leur répondent : Votre guerre pour le butin, nous en ferons la guerre de tous les esclaves contre tous les maîtres.

« Pour la première fois, au cours des siècles, cette idée, cette espérance vague est devenue un programme politique clair et précis, déterminant l'action de millions d'opprimés, guidés par le prolétariat. Pour la première fois, elle s'est affirmée par une victoire du prolétariat sur la bourgeoisie internationale coalisée, habituée à faire la guerre et la paix au détriment des travailleurs.

« Mais cette première victoire n'est pas encore décisive. Notre Révolution d'Octobre n'y est arrivée qu'au prix de souffrances incommensurables, après bien des tâtonnements et des insuccès. Etait-il possible à un peuple arriéré, abandonné à lui-même, de résister, sans commettre des erreurs graves, aux agressions impérialistes des plus puissants pays civilisés? Encore une fois, nous ne craignons pas d'avouer et d'étudier nos fautes pour mieux les réparer.

« Il n'en est pas moins vrai que, pour la première fois dans l'histoire, la menace de transformer la guerre pour le compte des maîtres en une guerre des esclaves unis contre tous les maîtres a pris corps en dépit de tout.

« Nous avons commencé cette œuvre. Quand, où, dans quel délai les prolétaires réussiront-ils à l'amener à bonne fin? La question est secondaire. La voie est ouverte. Le chemin est tracé, voilà l'essentiel.

« La première révolution communiste a arraché une première centaine de millions d'hommes à l'horreur des guerres impérialistes et à la vilenie du régime dont elles découlent. Les révolutions suivantes libéreront le reste de l'humanité. »

Après ce long hymne de joie en l'honneur de l'œuvre politique accomplie par la Révolution d'Octobre, Lénine, sur un mode plus grave, a examiné, dans la seconde partie de son discours, l'œuvre économique du régime sans rien cacher des échecs survenus :

« Notre dernière tâche, la plus importante et la plus difficile, jusqu'ici loin d'être accomplie, c'est de jeter les fondements économiques de la nouvelle société socialiste qui succèdera à la société féodale détruite et à la société capitaliste ébranlée.

« Dans ce travail, le plus important, le plus difficile, nous avons commis le plus de fautes, éprouvé le plus de déconvenues. Il ne pouvait en être autrement. Mais nous sommes à l'œuvre. Notre nouvelle politique économique répare déjà quelques-unes de nos fautes. Nous apprenons à construire, sans erreur, l'édifice socialiste, dans un pays où prédomine la petite propriété paysanne.

« Encouragés par l'enthousiasme suscité tout d'abord dans les masses par nos buts politiques et entretenu ensuite par nos victoires militaires, nous avions cru pouvoir en tirer parti pour atteindre tout aussi bien nos objectifs économiques. Nous avons pensé — ou, pour mieux dire, nous avons voulu sans y bien penser — introduire par la législation de l'état prolétarien dans un pays de petite propriété paysanne l'industrie et la répartition communistes.

« La vie nous a révélé nos erreurs.

« Pour préparer la voie du communisme, il eût fallu passer par diverses périodes de transition, telles que le capitalisme d'état et le collectivisme. L'enthousiasme seul ne suffit pas. Le pont qui, dans un pays de petite propriété paysanne, conduit du capitalisme d'état au socialisme, ne pourra être construit que grâce à l'enthousiasme suscité par la grande révolution, grâce à l'intérêt personnel, grâce à bien des recherches économiques préalables. La vie même nous impose cette voie.

« Nous avons dû, au cours des dernières années,

changer plusieurs fois de chemin, non sans nous instruire. Nous étudions aujourd'hui les voies de notre nouvelle politique économique avec la circonspection, la patience, l'application la plus grande.

« L'état prolétarien doit devenir un propriétaire attentif, expérimenté, prévoyant. Il doit faire du commerce de gros, sous peine de ne jamais rétablir la prospérité économique. En présence d'un Occident capitaliste, nous n'avons pas d'autres voies vers le communisme. Le négociant en gros semble aussi éloigné que possible de l'idéal communiste. Mais ce n'est là qu'un des paradoxes qui, dans la réalité, nous conduiront au socialisme, en passant par l'économie rurale d'un peuple de petits propriétaires paysans et par le capitalisme d'état. La participation des travailleurs aux bénéfices intensifie la production, ce qui est précisément le but que nous devons atteindre à tout prix. Le commerce en gros associe économiquement des millions de petits paysans, les intéresse, les rapproche les uns des autres, les achemine vers l'association de production.

« La transformation nécessaire de notre politique économique est déjà commencée. Déjà elle nous a permis d'obtenir quelques succès incontestables bien que partiels. Nous terminons dans cette science nouvelle notre classe préparatoire. Nous allons passer aux classes suivantes, en vérifiant à chaque pas la théorie par la pratique, sans craindre de recommencer souvent le même devoir et en nous efforçant de nous corriger nous-mêmes par l'analyse minutieuse de nos fautes.

« Nous poursuivrons notre œuvre jusqu'au bout, bien que la situation économique et politique du monde nous rende cette tâche plus difficile que nous ne le pensions. Mais quoi qu'il nous en coûte, quelles que soient les souffrances de la période de transition, quelle que soit la misère, la ruine, la famine, nous ne nous laisserons décourager par rien et nous saurons assurer le triomphe de notre cause. »

J'ai tenu à donner de longs extraits de ce discours, car il me paraît capital.

Qu'on le juge comme on voudra. On ne repro chera pas à Lénine, je pense, d'avoir voulu farder la vérité.

Il proclame, net et cru, le résultat de ces quatre années de gouvernement bolchevik, dans ce qu'il a de grandiose, dans ce qu'il a de triste. Et nous n'aurons, si nous voulons, à notre tour, esquisser un jugement d'ensemble, qu'à reproduire son tableau en y ajoutant quelques touches.

Le bolchevisme a commis des erreurs.

Ma conclusion à moi, je le déclare de suite, sera moins sévère au bolchevisme que celle de Lénine. Je n'ai pas d'examen de conscience à passer, pas de *mea culpa* à faire et l'impartialité m'est plus permise qu'à ceux qui ont à prononcer sur leurs actes personnels.

Oui, la situation économique de la Russie est lamentable, mais ce n'est que dans une bien faible mesure la faute de ses dirigeants.

Ils ont commis des erreurs, eux-mêmes les premiers le reconnaissent. Elles se résument surtout en cette phrase du discours de Lénine : « Nous avons voulu introduire par la législation de l'état prolétarien dans un pays de petite propriété paysanne l'industrie et la répartition communistes. »

Ils ont cru que la possession du pouvoir permettait de résoudre tous les problèmes et qu'on pouvait établir le régime socialiste par décret.

Pénétrés de conceptions purement « politiques » plutôt que d'un esprit véritablement « ouvrier », ils ont opéré comme l'auraient fait chez nous, si l'occasion leur en avait été offerte, les hommes qui fondèrent notre parti dans les vingt dernières années du siècle précédent.

Pour qui connait l'histoire de nos doctrines, je dirai qu'ils ont fait du « guesdisme » et cela ne surprendra aucun de ceux qui savent que Plekhanov, cet autre Guesde, fut l'éducateur des social-démocrates dont les bolcheviks constituaient la fraction avancée.

Il n'entre, à aucun degré, dans ma pensée de formuler quoi que ce soit d'irrespectueux à l'adresse de Plekhanov ou de Guesde, ni de méconnaître leur rôle glorieux dans la formation de nos idées. Mais chaque génération possède ses caractéristiques et, lorsqu'on veut essayer de comprendre son action, il faut commencer par définir ses conceptions.

Le socialisme de nos aînés réduisait à la conquête du pouvoir le but qu'il poursuivait. Lorsqu'il prêchait l'organisation du prolétariat, il n'envisageait pour le présent que les luttes électorales, et pour l'avenir le coup de force qui changerait le régime.

Syndicat, coopérative, ce n'étaient pour lui que des mots qui définissaient des cadres. Il les recommandait aux travailleurs, se réjouissait de les leur voir adopter parce que toute espèce d'embrigadement, toute habitude de discipline accroissent la force d'attaque de la classe ouvrière.

Mais, à ses yeux, l'importance des institutions ouvrières restait toute relative.

Il ne leur attribuait pas une valeur propre. Elles n'étaient destinées qu'à jouer un rôle secondaire dans la préparation comme dans l'accomplissement de la révolution sociale.

Qu'on ne prenne pas trop strictement ce que j'énonce. On est toujours injuste lorsqu'on cherche à définir en quelques phrases. Guesde n'a jamais formulé sa conception avec la sécheresse étroite que je lui prête et je suis assurément injuste envers lui.

Je cherche seulement à dégager une idée générale. Dans l'ensemble, l'attention des anciens chefs du socialisme se concentrait surtout sur le côté purement politique — je ne dis pas politicien — du mouvement.

Ceci est vrai même pour Jaurès, dont l'ample génie se trouvait toujours étreint dans la pratique quotidienne par la préoccupation parlementaire. Même pour Vaillant, dans une moindre mesure, car son vieux blanquisme a toujours concilié avec la tradition barricadière l'instinct grève-généraliste de l'ouvrier parisien.

Les syndicats ont commencé à réagir entre 1890 et 1900 sous l'influence de Pelloutier. Les coopératives, à mesure qu'elles grandissaient et se reliaient entre elles, acquéraient à leur tour une personnalité.

Dans le parti lui-même, les hommes de ma géné

ration, entrant dans la vie publique à l'époque de l'affaire Dreyfus, aux environs de 1900, furent profondément impressionnés par les écrits où Georges Sorel synthétisait et précisait les idées nouvelles.

Le « syndicalisme », la « coopération » prirent corps. On s'aperçut que la bataille menée par le syndicat dépassait le cadre corporatif et préparait le prolétariat à sa tâche essentielle : la direction de la production au lendemain de la révolution. On se rendit compte que la coopérative, au lieu de se limiter au rôle de « vache à lait » du parti, devait être l'école d'administration des travailleurs en attendant qu'elle assume, dans la société future, le rôle d'organisme de répartition.

Le parti n'a pas diminué d'importance à mesure que « l'électoralisme » cessait d'apparaître, comme la préoccupation essentielle. Il reste le groupement d'agitation, le recruteur de consciences. Il conserve sa mission particulière, qui consiste à préparer le coup de force révolutionnaire par lequel le prolétariat s'emparera du pouvoir.

Mais l'expérience de la vie et le développement des évènements ont créé près de lui d'autres rouages et différencié leurs fonctions. Ils ont fait naître un réseau d'institutions propres à la classe ouvrière où son éducation se poursuit souvent plus utilement que dans les groupes politiques et dont l'existence, en tous cas, facilitera grandement la mise en route d'une machinerie sociale nouvelle.

La Révolution russe s'est accomplie sans que le peuple ouvrier eut eu le temps de se doter de ces institutions.

Elle a été dirigée par une petite troupe dont la valeur, l'héroïsme, le désintéressement, la cohésion incomparables ne pouvaient suppléer à toutes les lacunes qui résultaient de l'absence de préparation.

J'ai dit quelle était la formation socialiste des bolcheviks. Peut-être n'ont-ils pas saisi eux-mêmes la source de leur faiblesse. Peut-être n'ont-ils pas compris ce qui manquait à la base de leur mouvement.

Il n'existait pas de syndicats, autant dire, en

Russie il y a quatre ans. Ceux qui s'étaient formés pendant la révolution de 1905 avaient été traqués et dispersés par les policiers tsaristes aussitôt l'absolutisme rétabli. Il s'était constitué par contre des coopératives importantes.

Les bolcheviks n'ont pas essayé de développer les uns et d'utiliser les autres.

En rendant l'affiliation au syndicat obligatoire, ils ont annihilé l'esprit syndicaliste qui aurait probablement, au souffle des événements, merveilleusement fleuri pour le plus grand profit de la restauration industrielle. Quant aux coopératives, ils les ont négligées par défiance d'un personnel dirigeant dans lequel il n'aurait, sans doute, pas été impossible d'obtenir des changements.

J'incline à croire, étant donné les hommes, qu'ils n'ont pas senti la nécessité qui s'imposait, pour que le régime communiste fonctionnât au plus vite, de l'étayer sur le roc inébranlable d'un mouvement ouvrier conscient.

Presque tous sont des « intellectuels » dressés surtout au travail spéculatif. Tous ont vécu par la force des choses en conspirateurs et en exilés. Imbus de conceptions trop uniquement politiques, ils ont pensé que l'exercice jacobin de l'autorité suffirait pour fonder le socialisme. Ils ont cru que, des décrets déterminant les principes, des administrations d'état, même composées en partie d'adversaires, pourraient assurer militairement l'application des volontés des dirigeants.

Erreur manifeste, dont j'ai eu plus d'une fois l'intuition en écoutant Boukharine, Lénine, bien d'autres, insister à satiété sur la nécessité de détenir avant tout le pouvoir politique, nécessité trop certaine pour qu'on la conteste, mais qu'il ne faut pas mettre au premier plan de cette manière exclusive si l'on possède vraiment une vision du problème d'ensemble.

Il me semblait, en les écoutant, réentendre l'âpre voix de Guesde clamer son mot d'ordre habituel dans les congrès d'autrefois : « Prenez le pouvoir, prenez le pouvoir ! » Et chaque fois s'imposait à mon esprit la conclusion à laquelle, mes compagnons et moi, en nos controverses d'alors, nous aboutissions nécessairement :

Prendre le pouvoir? Oui, sans doute, c'est le premier point. Mais ensuite? Comment utiliser le pouvoir si l'on ne dispose pas de fédérations de métiers et d'industries entraînées, si l'on ne possède pas une C. G. T. toute prête à assumer la direction de la production, si l'on n'a pas derrière soi des cadres ouvriers assez avertis et solides pour que le succès économique suive le succès politique?

Chiapnikov, le leader de l' « opposition ouvrière », est, dans l'état-major bolchevik, le seul homme chez qui j'ai rencontré des préoccupations semblables à celles que j'énonce. Il s'est assimilé en France les conceptions de notre syndicalisme et, plus d'une fois, je lui ai entendu exprimer le regret clairvoyant que les groupements professionnels ne jouent pas un plus grand rôle dans l'organisation du travail. Alexandra Kollontaï partage ce point de vue. Mais il ne compte pas beaucoup d'autres défenseurs.

Je crois bien que la faute doctrinale la plus grave du bolchevisme se trouve ici et que les erreurs pratiques reconnues par Lénine découlent surtout de ce que lui et ses camarades ont méconnu, sous-estimé au moins, l'importance et la valeur des institutions prolétariennes sans lesquelles le mécanisme socialiste ne saurait fonctionner.

En même temps qu'ils régularisaient dans la campagne, pour s'assurer les sympathies de la masse rurale, l'établissement provisoire de la propriété individuelle, ils installaient dans les villes le régime communiste. La difficulté des échanges qui résulte de cette situation contradictoire ne pouvait être vaincue que par une abondance de production industrielle qui aurait eu raison des résistances paysannes et cette abondance ne pouvait être espérée que grâce au concours d'un mouvement ouvrier puissant.

La grandeur de l'œuvre accomplie.

Même avec ce concours, la Russie d'après-guerre pouvait-elle connaître une ère de prospérité ?

C'est une autre question et c'est sans doute la question fondamentale.

Il est clair que les fautes qu'avouent les bolcheviks ont pesé d'un bien faible poids dans un résultat qu'il convient d'attribuer avant tout à la situation matérielle de la Russie.

La Russie, de par sa constitution historique, ne peut être comparée aux autres nations européennes. Elle s'apparente de près au contraire aux pays asiatiques.

Elle s'accordait avant la guerre 150 millions d'habitants, en gros. Après l'amputation des provinces baltiques et de la Pologne, elle s'en compte 130 environ.

Sur ces 130 millions, 30 au moins, Bachkirs, Kirghizes, Tatars, Turkmènes, etc., n'ont pas encore dépassé le stade de l'existence patriarcale. Ils vivent dans l'indifférence musulmane, en proie à toutes les calamités naturelles : famines périodiques, épidémies annuelles.

Sur les 100 millions de Grands, Petits et Blancs Russiens, de Juifs ou d'Arméniens qui composent le reste, je ne sais et personne ne sait au juste combien ont reçu les premiers éléments de l'instruction la plus rudimentaire. On a pu voir au chapitre intitulé « L'héritage du tsarisme » ce qu'il faut penser à ce sujet.

Le niveau général de cette masse primitive ou attardée révèle ce que peut être sa moyenne de rendement.

Le paysan ignore la culture. Il travaille suivant des méthodes moyennageuses, grattant la terre avec des outils désuets, ne la fumant d'aucun engrais, la laissant fréquemment en friche, ne lui faisant produire que ce qu'elle ne peut ne pas donner.

L'ouvrier n'en sait guère davantage. La Russie possède un nombre infime de ceux qu'on dénomme qualifiés. Le reste, qui s'occupe tantôt aux champs et tantôt à la ville, ressortit à la catégorie des manœuvres. Ce n'est un mystère pour personne que, de l'ingénieur au contre-maître, les fabriques marchaient en 1914 avec un personnel technique en majorité étranger.

Un long tassement réparti sur des années, sur des siècles, avait permis à un équilibre relatif de s'établir sur ces conditions de pauvreté. La Russie vivait, vivotait sous les tsars. Au prix de l'effroyable dénuement où croupissaient cent cinquante millions d'hommes, quelques milliers de profiteurs faisaient figure dans le monde.

Le pays avait même réussi à exporter parfois et à donner ainsi l'apparence de la prospérité. On ne réfléchissait pas, lorsque le blé des terres noires arrivait en Europe, que le paysan qui l'avait semé se nourrissait de pain noir et de sel et buvait sans le sucrer son thé.

Tant bien que mal, le système social fonctionnait. L'alcoolisme officiel et la nagaïka cosaque le maintenaient sur l'océan de misère bestiale dont les romanciers classiques nous ont donné une faible idée (1).

Le moindre accroc devait déterminer un effondrement. Et ce qui survint fut l'effroyable cata-

____

(1) Pour trouver une description réaliste de l'existence du peuple des champs et des villes, ce n'est pas dans Tolstoï ou dans Tourguenev qu'il faut chercher, mais bien plutôt dans le premier volume des mémoires de Kropotkine : *Autour d'une vie*, ou dans les livres de Gorki, entre autres : *Ma vie d'enfant*.

clysme d'une guerre étrangère et de guerres civiles prolongées pendant plus de six ans.

Quand la succession du capitalisme s'est ouverte, tout s'en allait en pleine dissolution.

L'outillage public? Pour savoir à quel point il a toujours été dérisoire, il faut avoir vu ces lignes de chemins de fer où les rails sont maintenus par les têtes de deux gros clous sur des traverses qu'aucun ballast ne recouvre. Le manque d'entretien. qui, en occident même, a entraîné une situation désastreuse, a achevé là-bas de détériorer le peu qui existait.

L'agriculture? Aux raisons générales, que j'ai indiquées déjà, de son infériorité, joignez les raisons spéciales de sa décadence actuelle.

En bien des endroits, elle manque de bras, pour employer une formule célèbre. Cela arrive, hélas ! même dans un pays de 130 millions d'hommes quand la guerre en a tué des millions. Plus que les humains encore, elle a dévoré les chevaux, le bétail. Les machines ont toujours fait défaut, mais jamais à ce point, car celles qui existaient sont usées ou détruites. Pour onze provinces de la zone affamée, Münzenberg, secrétaire du Comité prolétarien de secours aux affamés, estime qu'il faudrait 700.000 charrues, 90.000 semeuses, 60.000 moissonneuses, simplement.

L'industrie? Si j'en crois les chiffres que nous a fournis, à Moscou, l'un des membres du Conseil de l'Économie Nationale, le Donetz produit 10 % du charbon qu'il produisait en 1914, le bassin de Bakou, 20 % du pétrole qu'on en attendait jadis et l'ensemble des usines 5 % de ce qu'elles donnaient, à peu près.

C'est l'arrêt presque complet. Pourquoi? Parce que le technicien étranger a quitté la Russie depuis la guerre et que l'ouvrier russe ne peut travailler sans lui. Parce que, sur 200.000 mineurs du Don mobilisés, 50.000 sont morts, que les soudards de Dénikine ont saboté de nombreux puits et que l'eau a noyé les autres...

Reprendre un pays dans cet état, s'entêter à le faire vivre, c'est comme un paradoxe.

On ne peut rien faire avec rien. Et la succession du tsarisme ne comprenait que des dettes.

Les bolcheviks l'ont recueillie. Le choix de l'heure ne leur appartenait pas. Ils ne pouvaient qu'accepter le pouvoir qui s'offrait ou faire faillite à leur doctrine. Ils ont choisi en hommes et endossé les responsabilités.

Qu'elles les accablent parfois, nul n'en doute. Mais qui donc à leur place serait certain d'avoir agi mieux qu'eux?

Supposez que vous héritiez d'une usine dont le personnel serait composé d'apprentis, dont les machines seraient incapables de tourner. Que feriez-vous?

Vous essaieriez de maintenir l'entreprise en marche tant bien que mal. Ensuite, si vous avez souci de l'avenir, vous reprendriez les choses par la base, vous éduqueriez vos ouvriers, vous remplaceriez votre matériel.

Ainsi ont fait les bolcheviks. Ils ont vécu comme ils ont pu, au milieu de difficultés quasi inextricables que multipliaient encore les criminelles agressions des alliés. Puis ils ont ouvert des écoles pour les enfants, pour les soldats, pour les adultes, créé des cours professionnels, des cours d'agriculture, répandu par tous les moyens l'instruction. En même temps, ils achetaient des charrues, des rails, des locomotives, ils commençaient à exécuter leur plan d'électrification.

Vous vous étonnez que tout n'aille pas pour le mieux dans la meilleure des républiques soviétiques?

Mais il faudra dix ans, vingt ans et plus peut-être pour que soit réalisé le programme dont l'exécution commence seulement.

Il ne s'agit pas en vérité de restaurer un pays dévasté par une série de calamités, mais de bâtir de toutes pièces un pays nouveau.

La Russie aux trois quarts sauvages du tsarisme n'est plus en cause. Elle a disparu avec son cortège d'horreurs, sombré dans sa pourriture. Entre cet état asiatique et l'état à fonder, nul lien de continuité n'existe. Il faut tout construire en commençant par les fondations.

La question qui se pose, c'est de faire entrer dans le cercle du monde civilisé une centaine de millions d'individus à peu près incultes, qui vivaient hors de ses frontières jusqu'ici.

C'est un accouchement formidable, tel que l'histoire n'en a pas encore connu. Il sera d'ailleurs suivi d'autres. On peut prévoir sans être grand clerc que de nouvelles masses qui s'éveillent vers l'orient réclameront bientôt, derrière les Russes, leur place dans le concert universel (1).

La crise russe, pour n'envisager qu'elle, sera longue certainement. Et pénible. On se figure à tort chez nous qu'un excès de souffrance peut l'arrêter. Un phénomène historique ne s'interrompt pas, quoiqu'il coûte. Et puis, des siècles de misère, l'habitude du malheur ont imprimé dans le caractère de ce peuple des sentiments de résignation que nous ne pouvons plus concevoir. Ce n'est pas le fatalisme musulman, c'est l'acceptation mystique sur laquelle Tolstoï a essayé d'édifier une morale. La capacité de souffrir semble bien là-bas illimitée.

La création ébauchée continuera, sans aucun doute. Les bolcheviks y présideront, comme ils l'ont fait jusqu'ici. Qu'on l'approuve ou qu'on le déplore, l'événement leur a remis les destinées de la nation et nulle lorgnette, si fine soit-elle, ne permet de découvrir un autre groupe qui puisse leur disputer leur mission.

Ils conduiront, qu'on le veuille ou non, l'évolution de leur pays. Ils ajusteront sa structure

____

(1) Le compte rendu sténographique du 1er Congrès des Peuples de l'Orient, tenu à Bakou en 1920, est un livre que tout « Européen » fera bien de méditer le jour où les publications de l'Internationale Communiste auront cours en Europe.

moderne et dirigeront son économie nationale vers des fins socialistes.

Dans l'ampleur du problème posé, devant la grandeur du but poursuivi, que comptent les erreurs reconnues par les bolcheviks eux-mêmes et sur lesquelles les conservateurs d'occident s'hypnotisent sottement?

S'ils étaient capables de quelque réflexion impartiale, s'ils pouvaient juger avec une certaine objectivité, ils ne s'étonneraient que d'une chose : c'est que la Russie, dans la situation matérielle où elle se trouve, ne se soit pas abîmée dans une léthargie complète et qu'elle garde assez de ressort pour réagir contre ses maux.

Elle possède des ressources d'énergie qui paraissent inépuisables. Ses nerfs ne sont pas suffisamment affinés par la pratique de la civilisation pour qu'elle s'émotionne outre mesure des sacrifices qu'elle devra consentir encore longtemps.

Elle supportera tout ce qu'il lui faudra supporter avant d'avoir achevé sa croissance et terminé son éducation.

Que le capitalisme des deux mondes se résigne! Il n'est pas en son pouvoir de changer le sort du peuple russe. Il a tout juste celui de prolonger ou d'abréger sa misère.

Jusqu'ici, son hostilité hargneuse s'est employée à l'aggraver. Il a galvaudé des milliards, sacrifié on ne sait combien d'existences dans des entreprises de brigand.

La famine ne le touche même pas. Il assiste, presque impassible, à des hécatombes lugubres qu'il dépendait de lui d'empêcher.

Pourtant, il serait facile de concevoir une politique à la fois plus perspicace et plus humaine.

Les bolcheviks ont suffisamment montré leur souplesse habile, ils ont assez prouvé leurs facultés d'adaptation pour que la bourgeoisie puisse sans crainte conclure avec eux des accords dont les conséquences seraient avantageuses à tous.

Wells a marqué, dans la conclusion de *La Russie telle que je viens de la voir*, les effets réciproques que la reprise de rapports loyaux ne manquerait pas de produire. Le communisme russe s'adoucirait, dit-il, et les nations, à son contact, hâteraient sans précipitation la marche qu'elles doivent inéluctablement poursuivre vers la démocratie.

Ainsi, le monde rétablirait progressivement son équilibre.

Cette leçon de sagesse peut encore être entendue. Des signes précurseurs paraissent indiquer qu'elle doit l'être. Trop de ruines, trop de deuils se sont accumulés sur le monde pour qu'on ne souhaite pas d'un cœur fervent que les ennemis de la Russie comprennent enfin.

Que la bourgeoisie française surtout ouvre les yeux ! Qu'elle y songe bien ! Si elle s'obstine, cela ne changera rien, finalement.

De nouveaux cadavres iront grossir un monceau qu'on ne mesure plus. Voilà tout.

Le principal résultat de son entêtement, ce sera de modifier, au détriment d'une classe qui a eu sa grandeur, mais que l'égoïsme caractéristique des décadences aveugle, le jugement que porteront sur elle les générations futures.

Pour les bolcheviks, l'avenir reconnaîtra ce qu'ils ont accompli de solide et de beau.

Il dira qu'ils ont pris en charge un pays que ses maîtres indignes avaient amené à une déliquescence complète et que, comme les tsars du XVIe siècle, ils se sont fait les rudes rassembleurs des territoires que se disputaient les aventuriers.

Il dira qu'ils ont tué la féodalité terrienne et détruit la suprématie d'une caste privilégiée méprisable entre toutes.

Il dira qu'ils ont libéré le prolétariat des champs et des villes et qu'après avoir brisé ses chaînes, ils l'ont affranchi de l'alcoolisme, ils ont commencé à l'instruire pour l'émanciper spirituellement.

Il dira qu'une Russie d'esclaves est devenue par

eux une Russie d'hommes, debout, comme la France de la Révolution, contre les tyrans.

Puis il examinera leurs erreurs, qu'ils auront eux-mêmes signalées. Il jugera la part qui leur incombe et celle qui ne leur revient pas.

Quand il aura pesé le tout dans une balance exacte, au-dessus des préoccupations dont les spectateurs actuels sont assaillis, il décidera que les bolcheviks ont été les bons serviteurs de leur pays et du progrès humain.

Paris, 18 février 1922.

TABLE DES MATIÈRES

CONCLUSION

Corbeil. — Imprimerie Crété

www.ingramcontent.com/pod-product-compliance
Lightning Source LLC
LaVergne TN
LVHW021941060726
842528LV00001B/246